国家社科基金面上项目"禽流感疫情冲击下养殖户经济损失的补偿机制研究"
（项目编号：14BJY121）

中国"三农"问题前沿丛书

养殖户经济损失评价及补偿政策优化

——以禽流感疫情冲击为例

ECONOMIC LOSSES EVALUATION OF
FARMERS AND
COMPENSATION POLICY
—— A CASE STUDY OF AVIAN INFLUENZA

刘明月　陆迁　著

社会科学文献出版社
SOCIAL SCIENCES ACADEMIC PRESS (CHINA)

目 录

CONTENTS

第一章 ◀

导论

一 研究背景

（一）禽流感疫情暴发给社会经济、人类生命安全带来重大影响

禽流感全名为鸟禽类流行性感冒，是一种由 A 型流感病毒引起的禽类（包括家禽和野禽）传染病，按照病原体（禽流感病毒）类型的不同可以分为非致病性、低致病性和高致病性禽流感三大类（李鹏、刘影，2009）。1878 年，意大利发生了最早的有历史记载的禽流感疫情，当时被称为"鸡瘟"，因造成大量鸡群感染死亡而得名。1901 年，人们发现这种疫病的病原为一种病毒，直到 1955 才证实其病原为 A 型流感病毒（李小云等，2010）。自 1959 年家禽首次暴发高致病性禽流感到 20 世纪末，全球共发生 18 起高致病性禽流感，其中 1997 年香港的禽流感事件首次证实 A 型禽流感病毒感染人类，引起世界的广泛关注。21 世纪以来，高致病性禽流感在世界各地不断暴发：2001 年香港再次暴发禽流感；2003 年，荷兰、比利时、德国等欧洲国家发生禽流感；2003 年末至 2004 年初，韩国、日本、越南等 10 个亚洲国家

或地区相继暴发禽流感（郭晓波，2004）。随着禽流感暴发的日趋频繁，我国也未能幸免：自 2004 年 1 月广西首次发生高致病性禽流感疫情至 2015 年，中国至少发生 133 次高致病性禽流感疫情，其中 H5N1 暴发 123 次，H5N2 暴发 3 次，H5N6 暴发 7 次；发病禽种包括鸡、鸭、鹅、野鸟、鹌鹑、珍禽等，死亡和被扑杀数达 3202.68 万只，除北京、山东、福建、重庆、海南 5 省份外，其他省份都有发生（Liu, et al., 2017）。

　　禽流感疫情带来的经济损失最直接的表现是大量家禽死亡或被扑杀，以及建立疫情监控的额外投入等，但其带来的潜在破坏力却不能被低估。虽然疫情多发生在一些农村地区，但是疫情的扩散蔓延、疫区隔离等防控措施的实施都会给相关上下游产业（旅游、宾馆、餐饮、交通运输等）带来不同程度的经济损失（刘明月，2013）。统计资料显示，美国在 1978 年的禽流感疫情中遭受的经济损失为 500 万美元，澳大利亚在 1985 年的禽流感疫情中遭受的经济损失为 200 万美元，巴基斯坦在 1998 年的禽流感疫情中遭受的经济损失达 900 多亿卢比，意大利在 2000 年的禽流感疫情中遭受的经济损失近 1000 亿里拉，荷兰在 2003 年的禽流感疫情中遭受的经济损失达 2.21 亿欧元（沙爱龙、刘泽隆，2007）。禽流感疫情给我国的经济也带来巨大损失，香港在 2001 年的禽流感疫情中遭受的经济损失约为 8000 万港币，中国内地在 2003～2006 年的禽流感疫情中遭受的经济损失约为 600 亿元人民币（沙爱龙、刘泽隆，2007）。禽流感疫情对我国经济所造成的影响，主要涉及四大主要行业（家禽养殖业、快餐业、旅游业和服装业）、粮食市场、金融市场及政府支出等，以及由此带来的消费者消费观念的变化等（张泉等，2006）。其中，家禽养殖业受到的冲击最为严重：禽流感暴发使大量家禽死亡或被扑杀，家禽存栏率和家禽产品产量的大幅度下降，造成家禽产品供给不足；由于禽流感是人畜共患疾病，消费者因恐惧而降低对家禽产品的消费，引起消费不足；同时，家禽产品出口受禁，国内加工企业产品订单取消，经营困难。据中国畜牧业协会初步测算，近年来暴发的 H7N9 禽流感疫情致使我国家禽业损失严重，截至 2013 年 4 月 15 日，肉鸡鸡苗已遭受超过 37 亿元的直接损失，活鸡及鸡肉产品已遭受超过 130 亿元的销售损失，家禽产业发展面临巨大压力和严峻挑战（农新办，2013）。

　　禽流感疫情暴发不仅会对社会经济造成严重损失，而且还会使人类感染发病，严重威胁社会公众的身体健康和生命安全。1997 年，中国香港首次出现人感染禽流感死亡病例，之后世界各地不断出现人感染禽流感病例的报道。根据世界动物卫生组织发布的信息，2003 年至 2016 年 9 月 21 日，全球共发生 856 例人感染 H5N1 禽流感病毒事件，其中 452 例死亡。这些人感染 H5N1 禽流感病例分布于 16 个国家，其中埃及出现的人感染 H5N1 禽流感病例最多，为 356 例，其次是印度尼西亚和越南，分别发生 199 例和 127 例。但整体来看，人类感染 H5N1 型禽流感病毒病例主要集中在东南亚国家，这不仅与禽流感疫情空间分布相关，还与这些国家公共卫生防控体系薄弱有关（李小云等，2010）。我国也有多起人感染 H5N1 型禽流感病例，根据世界动物卫生组织统计信息可知，我国于 2003 年至 2016 年 9 月 21 日共发生 53 例人感染 H5N1 型禽流感病毒事件。除 H5N1 型禽流感病毒外，近年来暴发的 H7N9 亚型禽流感也能感染人类，甚至致其死亡，但这种人感染禽流感病例主要发生在中国。2013~2016 年，中国共发生 798 例人感染 H7N9 亚型禽流感病例，其中至少 320 例死亡，这引起了社会公众的恐慌和不安（WHO，2016）。随着禽流感病毒的快速变异，人类的身体健康和生命安全将面临更大的威胁，防控禽流感疫情将是一项长期而艰巨的任务。

（二）养殖户因禽流感疫情暴发和强制扑杀等防控措施损失严重

禽流感疫情具有高传染性、高死亡率等特征，一旦发生能在较短时间内引起家禽大量死亡。欧洲、亚洲、非洲、大洋洲、北美洲和南美洲在 2003～2007 年因禽流感疫情暴发而死亡的禽鸟约有 1.5 亿，遭受的经济损失高达 100 亿美元（沙爱龙、刘泽隆，2007）。2005 年，印度尼西亚禽流感致使 120 万只家禽死亡，2006 年，家禽死亡数量呈上升趋势，仅前 3 个月因禽流感死亡的家禽就已超过 100 万只（国家动物流行病学中心动物卫生信息室，2006）。禽流感疫情也使我国家禽大量死亡，2005 年，我国半数以上省份先后发生 30 多起禽流感疫情，死亡 18.6 万只（蒋芳，2006）。2004～2014 年，我国东部、中部、西部地区分别发生 23 次、40 次、52 次禽流感疫情，分别致使 139969 只、95688 只、155844 只家禽死亡（黄泽颖、王济民，2015）。禽流感疫情发生后，世界各个国家政府和相关经济主体都积极采取防控措施来控制疫情的扩散蔓延，尽可能减少其带来的经济损失。目前来看，扑杀疫区（点）家禽仍将是扑灭禽流感疫情最直接最有效的措施，同时也对保护公众生命安全、维护正常社会秩序发挥重要作用，但这不可避免会给疫区（点）的养殖户带来严重的经济损失。1983～1984 年，美国的禽流感疫情致使被扑杀的鸡达到 1700 万只，造成的直接损失和间接损失分别为 3.49 亿美元、55 亿美元；1995 年，墨西哥的禽流感疫情致使 5000 万只鸡被扑杀，损失 200 万美元；2003 年，荷兰的禽流感疫情致使被扑杀的鸡达到 2100 万只，引致的经济损失为 2.21 亿欧元。而我国的家禽也因疫情防控而被大量扑杀，2004～2014 年，我国因 H5N1 亚型禽流感而被强制扑杀的家禽达 2970.74 万只，给家禽养殖行业带来巨大冲击。养殖户是家禽生产主体，无论是禽流感疫病传染还是强制扑杀，都给养殖户带来较大损失。在控制其他变量的条件下，一次禽流感发生会使农户人均家禽养殖收入平均降低65%，农户人均收入下降29%（于乐荣等，2009）。禽流感疫情对不同规模养殖户造成的影响是不同的，即冲击程度因饲养规模而异，以饲养家禽为主的养殖大户损失惨重，分散饲养的农户损失较小。禽流感疫情对养殖户造成的损失也因饲养品种而异，种禽养殖户损失最为严重，其次是商品家禽养殖户和散养农户。

（三）中国禽流感疫情补偿属于临时性政策支持，存在诸多问题

家禽是养殖户的合法财产，在政府实施强制扑杀等防控措施过程中受到损害，即养殖户为配合政府实现维护公众身体健康和社会稳定等公共目标而放弃自身利益，因此，理应得到政府相应的赔偿，这是WTO"绿箱政策"所容许的，也是国际通行的做法。发达国家禽流感疫情损失补偿已形成长效机制，补偿政策具体细致，科学严谨，具有很强的激励相容性和可操作性，实施效果较好。在欧洲，养殖户遭受的直接经济损失是由欧盟政府和国家政府共同分担的，而养殖户遭受的后续经济损失是由公共灾难救助（包括正式的公共赔偿计划和临时性的灾难支付）、公共－私人部门共担、私人保险来共同分担的，在这种分担机制下，养殖户有足够的能力来应对疫情风险（Koontz et al.，2006）。发达国家的补偿政策较为完善，不仅有明确的法律依据，而且补偿政策包含的范围较广，补偿标准则是主要依据价值评估和补偿比率来确定，同时在确定补偿标准时还考虑家禽种类和月龄，另外补偿政策还有系统的监督机制，包括内部控制机制、外部独立评审制度和社会责任制度等，以保证补偿政策实施的效果和补偿政策目标的实现。

在中国，养殖户遭受的部分疫情直接损失可由政府来分担，由于没有私人保险、动物疫情防控基金等支持，剩余的疫情损失只能

由养殖户自己承担，这也导致许多养殖户在疫后缩小生产规模或退出养殖行业，不利于家禽业持续健康发展。中国的禽流感疫情补偿目前没有专门的法律法规，多以《重大动物疫情应急条例》《高致病性禽流感防治经费管理暂行办法》等行政法规形式存在，缺乏权威性。补偿范围过小，不包括被损害的生产设备、消毒等防疫费用、病死家禽等（翁崇鹏、毛娅卿，2011）；补偿标准为"鸡、鸭、鹅等禽类每只10元，各地区可根据实际情况对不同禽类、同一种禽类的幼禽和成禽的补助有所区别"，补偿标准过低，补偿强度不足，同时不考虑家禽饲养模式、家禽月龄等导致补偿标准缺乏公平性（梅付春，2011；丛振华，2013；张淑霞、陆迁，2013）；补偿款发放程序复杂，发放速度较慢（梅付春，2011）；疫情缺乏监督机制，以至于骗取补偿款、截留补偿资金的现象多次出现（翁崇鹏、毛娅卿，2011；丛振华，2013）；补偿政策实施效果不明显，补偿政策的有效性和合理性有待提高（张莉琴等，2009）。禽流感疫情损失补偿金额将直接改变养殖户的成本与收益，进而引致养殖户生产投入行为、销售行为、疫情防控行为及疫后生产恢复行为等决策行为的改变。在我国不完善的疫情损失补偿条件下，养殖户上报疫情的比例较低，仅有9.1%的养殖户有过上报疫情的经历（张晨曦，2015），不文明销售行为频繁发生，有50%的养殖户出售过病死家禽（张淑霞等，2016），生产恢复能力不足，有44.64%的养殖户缩小生产规模，27.54%的养殖户恢复生产较慢（刘明月、陆迁，2016）。

　　基于以上背景，书中以疫区（点）蛋鸡养殖户为例，在公共物品理论、外部性理论、行政补偿理论、机制设计理论等理论基础上，对养殖户遭受的禽流感疫情损失及疫情损失补偿政策进行研究，试图回答养殖户遭受多少疫情损失、现有补偿政策实施效果如何、如何确定最优补偿标准、疫情补偿政策该如何优化等问题，以期为及时防控禽流感疫情扩散蔓延、促进家禽业健康持续发展提供理论和实证依据。

二 研究目的和意义

(一) 研究目的

禽流感疫情的每次暴发都会给家禽养殖业带来毁灭性的打击，已成为制约家禽业持续健康发展的关键因素。养殖户作为家禽生产主体，在疫情暴发和强制扑杀等防控措施下遭受严重损失，为此国家对疫区（疫点）养殖户的疫情损失给予一定补偿，但现有疫情补偿政策属于临时性政策支持，存在补偿范围过小、补偿标准不合理等问题，以至于补偿政策实施效果不明显。养殖户也是禽流感疫情的防控主体，在疫情损失得不到合理补偿的情况下不愿意主动上报疫情、对政府扑杀行动的配合度较低，甚至出现偷售病死家禽的现象，疫后也不愿意积极恢复生产，缩小生产规模或退出养殖行业，这将严重影响疫情补偿政策目标的实现，进而损害到社会公共利益。因此，评估养殖户疫情损失，确定合理的补偿标准，完善疫情补偿政策是实现疫情补偿政策目标，维护公共利益的重要途径。本书首先分析养殖户疫情损失构成，构建养殖户疫情损失评价模型，对养殖户的疫情损失进行测度；其次基于养殖户满意度视角对疫情补偿政策实施效果进行评价；最后基于养殖上报疫情和恢复生产视角确定合理的补偿标准，进而对疫情补偿政策设计进行优化，具体研究目的如下。

第一，构建养殖户经济损失评价模型及测评养殖户经济损失。测算养殖户遭受的疫情损失是确定合理补偿标准的基础，只有完善养殖户疫情损失构成，仔细评估养殖户遭受的疫情损失，才能制定出合理的补偿标准。书中首先分析养殖户疫情损失构成，依据损失核算的原则和方法构建疫情损失评价模型，对散养户和规模养殖户遭受的疫情损失进行度量。

第二，评价禽流感疫情补偿政策实施效果。对疫情补偿政策实施效果进行评价是判断疫情补偿政策是否实现补偿目标、是否在未来需要改进的重要方法。养殖户是疫情补偿政策的接受者，其满意程度直接反映补偿政策的实施效果。因此，书中基于养殖户满意度视角，利用因子分析对散养户和规模养殖户的满意度进行了测评，进而对补偿政策实施效果进行评价。

第三，确定禽流感疫情损失补偿标准。养殖户上报疫情和恢复生产是实现及时防控禽流感疫情、维护公众身体健康和社会稳定、促进家禽业健康持续发展等政策目标的重要途径。因此，合理的补偿标准要能激励其养殖户上报疫情和恢复生产，在实现养殖户个人利益的情况下实现公共目标，即实现激励相容。

第四，完善禽流感疫情补偿政策。首先，政府不仅要对养殖户遭受的疫情直接损失给予补偿，而且要分担养殖户遭受的疫情间接损失，这将会给国家财政带来巨大压力，需要设计合理的机制来分担养殖户疫情损失。其次，在借鉴发达国家补偿政策经验的基础上，对我国疫情补偿范围、补偿标准、补偿速度、补偿监督机制等进行完善，以期有较好的实施效果。

（二）研究意义

1. 实践意义

禽流感疫情暴发，不仅对社会经济造成巨大损失，同时也给社会公众的生命安全和社会稳定带来一定的威胁，防控禽流感疫情在我国已成为一项长期而艰巨的任务。养殖户不仅是家禽生产主体，还是疫情防控主体，在疫情损失得不到合理补偿的情况下不愿意主动上报疫情和积极恢复生产。因此，评估禽流感疫情冲击下养殖户的疫情损失、确定合理的补偿标准、完善疫情补偿政策对及时防控禽流感疫情、促进家禽业健康持续发展、维护社会公众利益具有重要的现实意义。

（1）对及时防控禽流感疫情具有重要意义

禽流感疫情具有高致病性、高死亡率、快速传播的特点，及时上报疫情和配合扑杀是控制疫情扩散、减小疫情损失的有效方法。在疫情补偿标准低于养殖户期望标准的情况下，他们不愿意主动上报疫情，因为一旦主动上报疫情，除自己需要承受大部分损失外，还要受到其他养殖户的抱怨。同时由于担心政府不会事后发放补偿金，他们不愿意配合政府的扑杀行动，延误疫情控制的最好时机，以至于增加政府疫情防控成本。他们甚至为减少疫情损失，将病死家禽偷售到市场中，这不仅加速疫情扩散，也威胁食品安全和社会公众生命安全。从养殖户上报疫情意愿及其意愿受偿水平出发制定疫情补偿标准，进而完善疫情补偿政策对于防控疫情扩散蔓延具有重要意义。

（2）对促进家禽业持续发展具有重要意义

禽流感疫情暴发后，大批家禽死亡，同时政府对疫点周围3km范围内的家禽进行扑杀，这些都使疫区（点）养殖户遭受严重损失。现有疫情补偿政策只对养殖户遭受的疫情直接损失给予补偿，在没有家禽商业保险、公共灾难救助等条件下，剩余的损失只能由养殖户自己承担。中国的家禽养殖目前还以"小规模、大群体"为主，养殖户的生产资金多来自亲戚朋友借贷等非正规渠道，疫后更难获得正规金融机构的帮助，以至于恢复生产能力不足，许多养殖户只能缩小生产规模或退出养殖行业，影响家禽产品市场供给。建立疫情损失分担机制，完善疫情补偿范围、补偿标准、补偿速度等，可以增加养殖户对生产恢复的信心和能力，有利于家禽业持续健康发展。

（3）对维护社会公众利益具有重要意义

禽流感疫情是人畜共患疫病，对人类的身体健康和生命安全构成重大威胁。自1997年香港首次出现人感染H5N1亚型禽流感病例以来，我国出现多起人感染禽流感病毒死亡病例，尤其是近

年来暴发的 **H7N9** 亚型禽流感，致使约 **320** 人感染禽流感病毒死亡，引起社会公众恐慌。禽流感病毒可通过受感染的家禽产品、被污染的家禽分泌物或排泄物、受污染的水等传染给人类。养殖户将病死家禽偷售到市场，不仅对公众食品安全构成威胁，同时也增加社会公众与禽流感病毒的接触概率，影响公众身体健康和生命安全。另外，家禽产品是我国公民主要的蛋白质来源，禽流感暴发引致家禽市场价格剧烈波动，也会损害社会公众福利。因此，完善疫情损失补偿政策，激励养殖户减少不文明销售行为和积极恢复生产，对维护社会公众利益具有重大意义。

2. 理论意义

禽流感疫情属于公共卫生事件，具有公共物品特性，其快速传播会给周围的养殖户带来严重损失，会对周围的环境造成污染，也会威胁社会公众的生命安全，即禽流感疫情暴发传播具有负外部性。疫情发生后，政府会采取强制扑杀、强制免疫等措施来防控禽流感疫情的扩散蔓延，社会公众的利益得到维护，即防控禽流感疫情具有正外部性。养殖户的家禽在政府防控措施实施过程中被扑杀，而政府实施强制扑杀等防控措施是为了维护社会公共利益，这意味着养殖户需要为社会公共利益而放弃个人利益，因此，政府理应对养殖户遭受的损失给予补偿，这实际上属于行政补偿。但目前的疫情损失构成不完善，评估方法不统一，以至于确定的补偿标准不合理，引致养殖户在追求个人利益最大化的情况下不愿意积极上报疫情和配合政府的扑杀行动，甚至出现偷卖病死家禽的行为，损害社会公共利益，出现激励不相容。书中首先在分析养殖户疫情损失构成的基础上，构建一个包括直接损失和间接损失在内的疫情损失评价模型，对养殖户遭受的疫情损失进行评估，其次基于养殖户上报疫情和恢复生产视角确定疫情补偿标准，在激励养殖户上报疫情和恢复生产的过程中实现疫情补偿政策目标，即在养殖户实现个人利益的同时实现公共目标，达到激励相容。书中设计的具有激励相容性的疫情补偿政策可为政府制定和完善相关补偿政策提供理论依据。

三 国内外研究动态

（一）国内研究动态

1. 禽流感疫情对社会经济影响的研究

（1）禽流感疫情对宏观经济的影响

禽流感疫情的肆虐给全球经济带来严重损失，截止到2007年，全球经济由于禽流感疫情至少损失150亿美元，我国经济至少损失600亿元（沙爱龙、刘泽隆，2007）。在疫情的冲击下，我国家禽业遭受的打击最为严重。2003年，我国家禽业总产值为2450亿元，但由于遭受禽流感疫情的冲击，2004年时大约减少268亿元。近年来暴发的H7N9疫情使家禽业整体损失已超过800亿元，许多家禽养殖户（场）被迫关门，面临停产和破产（中国经营网，2014）。禽流感疫情发生之后，大量家禽死亡或被扑杀，直接影响家禽市场的供给。2005年，我国共发生约30起高致病性禽流感疫情，共有15.82万只家禽发病，15.12万只因病死亡，2222.58万只家禽被扑杀（于乐荣等，2009），到2005年底，肉鸡的存栏和出栏仅在正常水平的70%左右（蒋芳，2006）。虽然扑杀数量巨大，但相对于我国家禽存栏来说，影响并不大，而疫情对消费者的心理影响更为严重，"谈鸡色变"导致社会公众对家禽产品的消费需求迅速减小，导致家禽产品价格短时间内暴跌。其中，疫情对肉鸡市场的影响在40%左右，对蛋鸡市场的影响在30%左右，肉鸡市场遭受的冲击效应较大。这是因为多数感染禽流感死亡病例是由死者生前接触活禽或食用禽肉等引起的，很少有因为食用禽蛋而感染发病的，国内60%以上消费者对鸡肉持否定态度，所以，活禽、禽肉的消费下降幅度最大（沙爱龙、刘泽隆，2007），活鸡价格暴跌。林莉和林伯全（2007）认为禽流感疫情致使肉禽的价格下跌幅度大于蛋禽，雏禽大于成禽。2005 年全面暴发的禽流感疫情使活鸡价格和雏鸡价格一路下跌，直到 2007 年才恢复到原有的价格走势（唐江桥、徐学荣，2010）。蛋鸡市场价格也出现了暴跌，禽流感疫情初期，需求下降仅在 10% 以内，影响并不明显；疫情大规模发生以后，鸡蛋的消费需求下降幅度较大，达到 20% 左右，但有些地区的下降幅度甚至超过 40%，引致鸡蛋价格偏离正常态势，急速下降（冯永辉，2005）。

　　禽流感疫情的冲击效应也波及了家禽养殖业的上下游产业。农村地区的家禽养殖以散养为主，家禽喂养主要以玉米、麸皮等粮食为主，外加部分饲料，但在饲养规模较大、生产设备先进的养殖场，饲料成为家禽喂养的主要食料，其商品购买量在饲料市场的占比较大（张泉等，2006），因此，随着家禽数量的减少，饲料的市场需求也会减少。据估计，由于禽流感疫情发生，2004 年肉禽配合饲料同比减少 104 万吨，减幅 6%，蛋禽配合饲料同比减少 67 万吨，减幅 5%（黄德林等，2004）。而玉米和豆粕是饲料的主要原料，其市场需求也受到疫情的严重影响，2004 年上半年肉禽蛋饲养对玉米的需求下降 15%～30%，玉米价格走低，大豆价格也出现暴跌（曹智，2006）。人感染禽流感病例出现以后，消费者对家禽产品产生恐惧心理，逐渐减少对炸鸡、鸡肉汉堡等快餐食品的消费需求，导致相关快餐业生意萧条，遭受严重损失，部分经营者表示将用鱼等其他原料来取代炸鸡供应，或关门转行，离开快餐业（李小云等，2010）。家禽羽毛是羽绒及其制品的原料，大量家禽被扑杀和消灭，将严重影响羽绒及其制品的生产和供应。我国每年生产出口的羽绒产品数量为全球最大，达到 8 万吨，约占世界羽绒贸易总量的 80%，中国海关总署的统计数据显示，2002 年中国出口羽毛和羽绒的价值达 2.57 亿美元。

禽流感疫情发生之后，国外企业因害怕羽绒产品携带病毒而撤销订单的情况时有发生，此类产品的生产企业库存可能会上升，甚至出现积压。据安邦集团研究总部估计，在需求受到一定影响以及原料成本压力上升的双重压力下，羽绒及相关的服装行业生产因此遭受的损失，可能高达产值的10%以上（张泉等，2006）。

旅游业、政府投入、公共卫生等都在一定程度上受到禽流感疫情的影响。据旅游市场2009年5月月报可知，禽流感疫情主要通过三个方面对旅游业产生影响。第一，国家采取干预措施直接造成旅游业锐减。禽流感发生后，政府为防止本地区发生疫情，会采取限制本地居民前往或途径疫区旅游，或禁止疫区游客来本地区旅游等临时性干预措施，进而造成旅游人数骤减。第二，禽流感疫情影响旅游消费心理。由于禽流感是人畜共患疾病，游客出于身体健康和生产安全的担忧，往往更改出游计划或最终放弃出游计划，从而对旅游行业造成影响，张泉等（2006）也得到类似结论。第三，禽流感疫情降低旅游消费能力。收入水平决定消费能力，但禽流感疫情的发生往往使国民经济受到影响，尤其是使当地经济遭受重创，以至于养殖户等社会公众的收入水平下降，正常的生活节奏被打乱，旅游消费能力下降。政府的投入也会因为疫情发生而增加，禽流感作为一种突发性的公共卫生事件，一旦发生，政府对疫情防控、灾后恢复等的财政投入不可避免，并随着疫情规模和持续时间发生变化。禽流感病毒能直接感染人类，尤其是2013年暴发的H7N9疫情，导致多人感染死亡，据世界卫生组织统计，截至2014年2月4日，我国共报告人感染H7N9禽流感确诊病例286例，死亡60例，引起了社会恐慌（中国新闻网，2014）。

（2）禽流感疫情对微观经济的影响

目前，我国家禽饲养以散养为主，散养户在总养殖户中的占比达到60%左右，而饲养数量小于50只的散养户约有1113亿户

（于乐荣等，2009），家禽养殖不仅为养殖户提供日常所需的动物蛋白，还是养殖户收入的重要组成部分，当禽流感疫情等突发性公共卫生事件暴发后，养殖户该如何应对？禽流感疫情对养殖户的冲击程度如何？这样的冲击是否会引致养殖户家禽生产投入、防控投入、不安全销售等决策行为的变化呢？这些问题引起了学者们的广泛关注，黄德林等（2004）通过建立农户畜产品生产收入模型对养殖户遭受的损失进行测算，认为禽流感疫情的发生使2004 年养殖户来自肉禽的人均收入比 2003 年减少 6.29 元，收入下降 70.69%，而养殖户来自蛋禽的人均收入比 2003 年减少 8.20元，收入下降 14.35%。于乐荣等（2009）认为禽流感疫情暴发确实对中国家禽养殖户的生活产生了巨大影响，养殖户来自家禽养殖的收入及家庭收入都明显下降，但禽流感暴发对养殖户其他替代收入的影响不显著。在控制其他变量的情况下，禽流感疫情发生一次会使养殖户人均家禽养殖收入平均下降 65%，养殖户人均收入平均降低 29%。疫情对不同养殖户造成的影响是不同的，冲击程度因饲养规模而异，中小规模养殖农户的家禽养殖数量减少，短期内恢复生产比较困难，来自家禽养殖的收入出现下降态势；散养户遭受的损失相对较小，生产恢复容易且速度快，出现饲养规模增加态势（于乐荣等，2009）。周立楠和李雯洁（2006）也得到类似结论，认为 2005 年 11 月暴发于新疆的禽流感疫情，对以饲养家禽为主的养殖大户造成的损失惨重，分散饲养的农户损失较小。养殖户因饲养家禽种类不同而遭受的损失也不相同，张莉琴等（2009）分别计算了种鸡繁育、商品鸡规模养殖和散养三种模式养殖户在禽流感防治中的成本效益，认为损失最严重的是种禽养殖户，其次是商品禽养殖户，散养户损失相对较小。

　　有学者把高致病性禽流感疫情对养殖户的损失分为直接损失和后续损失，直接损失是指疫情暴发时的扑杀及处理、组织等成本，包括扑杀禽只的损失和控制支出、扑杀和处理费用、紧急消

毒、紧急免疫、组织成本和管理成本、监测成本；后续损失包括
生产中断带来的损失、受区域影响损失、紧急免疫导致的损失、
市场价格影响的损失（张莉琴等，2009）。康小玮（2006）利用
同样的方法核算了疫区养殖户的损失，并认为受威胁区和非疫区
养殖户的损失包括强制免疫时养殖户承担的直接费用、养殖户强
制免疫造成产量下降和市场关闭造成销售量下降带来的收入减
少。而刘瑞鹏（2012）从理论上把蛋鸡养殖户遭受的禽流感疫情
损失分为直接经济损失和间接经济损失，其中直接经济损失是指
既有家禽产品的市场价值损失与禽流感疫情暴发给蛋鸡养殖户带
来的额外支付费用之和，即直接经济损失 = 蛋鸡价值损失 + 鸡蛋
损失 +（免疫费用 + 处理费用 + 设施损毁费用 + 疫后饲料销毁费
用）+ 其他损失；而间接经济损失是指禽流感疫情暴发给蛋鸡养
殖户带来的额外支付费用及预期机会收益的损失，即间接经济损
失 = 鸡蛋损失 + 淘汰鸡的价值损失 +（疫情处理费 + 免疫费 + 设
施损毁费 + 饲料浪费 + 其他损失）-（人工机会成本 + 饲料机会
成本 + 其他机会成本）。张淑霞和陆迁（2013）建立了蛋鸡养殖
户经济损失评价模型，从直接损失和间接损失两个方面测算了禽
流感疫情对养殖户造成的损失，认为在养殖户具有相同的饲养技
术和防控水平的条件下，禽流感疫情给养殖户带来的损失为 37. 83
元/只，其中直接经济损失（90%）大于间接经济损失（10%），
但禽流感疫情对不同日龄蛋鸡造成的经济损失不同（100 日龄、
240 日龄和 360 日龄蛋鸡遭受的平均经济损失分别为 35. 81 元、
57. 74 元和 27. 29 元）。

禽流感疫情除了使家禽生产者遭受严重的损失以外，也沉重
打击了消费者的消费信心，甚至改变了消费者的生活。我国不仅
是禽肉生产大国也是消费大国，禽肉已经成为仅次于猪肉的第二
大肉类消费品。近年来，随着居民生活水平的提高和畜产品供给
的迅速增加，我国居民对禽肉的消费需求迅速增长，人均禽肉消

费量从 1985 年的 1.55 公斤上升到 2010 年的 7.19 公斤，后者是前者的 4.6 倍（陈琼等，2012）。我国禽肉消费的区域特征明显，上海、江苏、广东、广西等南方省份的禽肉消费量较大，而这些地区往往又是禽流感疫情的多发地区，因此，疫情暴发将导致这些地区禽肉消费需求骤降（聂凤英，2004）。社会公众的消费信心主要来自人们对某种消费品的实用性、安全性等的看法，并直接决定着社会公众的消费行为。禽流感疫情暴发后，国内外媒体对其进行广泛宣传，尤其是人感染禽流感死亡事件的出现引起了社会恐慌，消费者对家禽产品产生恐惧心理。在这种情况下，部分居民对禽流感疫情相关知识了解甚少，不清楚禽流感疫情的传播途径，加上社会上有关禽类产品安全的报道声音很弱，导致消费者对大型养殖场生产的、在正规经营场所销售的禽肉产品仍持怀疑态度，消费信心不足。消费者出于身体健康和生命安全的考虑放弃消费，家禽产品需求量迅速下降，市场低迷（武深树等，2004；常平凡，2004；蒋芳，2006；冯永辉，2005）。我国居民有消费活鸡的习惯，由于疫情的发生，消费者转向消费熟制禽肉或者放弃消费，生活质量受到影响。

2. 禽流感疫情的补偿政策研究

(1) 补偿政策实施研究

高致病性禽流感暴发以后，政府及时采取防控措施，阻止了疫情的蔓延，但是扑杀家禽和强制免疫都会给相关养殖户带来相应的经济损失。众多学者认为应该给予受损养殖户一定补偿，例如，茅于轼认为，国家在疫区（点）执行强制扑杀政策是为了维护整个社会的公共利益，而放弃疫区（点）养殖户的个人利益，进而使整个社会福利损失最小化的应急选择，因此，国家应该给予疫区（点）养殖户相应的经济补偿。根据《高致病性禽流感防治经费管理暂行办法》可知，国家对强制免疫进行补助，对因强制扑杀而遭受损失的养殖户给予补偿，并根据地区差异和各地财政状况实行差别化的损失补偿政策。强制免疫疫苗费用全部由国家承担，非强制免疫疫苗费用由国家和养殖户共同分担（两者各承担 50%）。禽流感疫情补偿政策对每只被扑杀的鸡、鸭、鹅等禽类补助 10 元，各地区可根据实际情况对不同禽类、不同禽龄的家禽进行差异化补助，补偿金额由中央和地方财政共同承担（中央财政在东、中、西部地区承担的比例分别为 20%、50%、80%，剩余部分由地方财政负担）（国务院，2004）。补偿政策关系着养殖户配合扑杀行动的积极性，梅付春和张陆彪（2008）通过二分类 Logistic 回归模型分析了影响禽流感疫区（点）散养户配合扑杀补偿政策的因素，认为养殖户补偿的满意度对配合意愿的影响程度最大，且为正向影响，即补偿标准越高，散养户配合扑杀补偿标准的意愿越大。闫振宇等（2012）也有类似观点，认为政府的扑杀补偿金额会显著影响养殖户的上报疫情意愿，疫情损失补偿金额越合理，养殖户上报疫情的意向就越大。此外，补偿政策还影响着疫区家禽业的灾后恢复，张淑霞等（2015）采用 Heckman 模型对养殖户生产恢复的主要影响因素进行分析，发现疫情补偿政策显著正向影响养殖户生产恢复决策。禽流感疫情的暴发使疫区（点）养殖户感受到家禽养殖业的风险，如果没有相应的补偿政策，他们就会感受到没有切实的保障，缺乏恢复生产的条件，在疫后纷纷选择放弃家禽养殖，这对疫区（点）的家禽养殖行业灾后重建来说是极为不利的。

（2）补偿政策优化研究

我国目前实施的禽流感疫情损失补偿政策实质上属于一种行政补偿政策（王晓琳，2004），而行政补偿方式的选择有直接补偿和间接补偿两种。我国目前对高致病性禽流感防治中养殖户的补偿方式就是直接补偿与间接补偿相结合的方式，既对扑杀的家禽给予现金补偿，又采取了减息、免税等优惠政策。这两种补偿方式的结合一方面可以最大限度弥补养殖户所遭受的直接损失；

另一方面也可以发挥间接补偿灵活高效的优势，对养殖户的后续损失给予一定程度的补偿。康小玮（2006）通过对天津市津南区和安徽省马鞍山市的养殖户调研发现，直接的现金补偿基本能够按时发放，而间接的政策性补偿在一些地区却没有较好地发挥作用；间接补偿中占据重要地位的税收优惠等措施并没有对养殖户产生影响，贷款利息补贴并没有较好地贯彻执行；间接补偿种类少，没有充分结合地方特点，政府应该对其给予较多的政策支持。张莉琴等（2009）通过对天津、安徽等疫区的调研发现，政府的补偿政策对不同类型养殖户的实施效果是不同的：种禽养殖户损失最为严重，政府给予的补偿金额远远不能弥补其损失；散养户损失较小，政府的补偿金额往往能弥补其大部分损失，补偿较为充分。所以，政府应该根据不同类型养殖户的损失程度给予不同的补贴扶持标准，重点扶持在疫情中损失严重的规模养殖户，特别是种禽养殖户。张淑霞和陆迁（2013）也认为我国目前的疫情损失补偿金额过低，仅能弥补蛋鸡养殖户疫情损失的26.43%，尚不到蛋鸡养殖户疫情损失的1/3。此外，疫情损失补偿金额对不同日龄蛋鸡的补偿强度各异，100日龄、240日龄、360日龄蛋鸡的补偿强度分别为31.61%、17.32%、42.9%，这意味着政府还应该针对不同日龄实行差别化的补偿标准。此外，我国的补偿标准除了依据养殖户的直接经济损失以外，还要考虑疫情事件造成的在畜产品市场价格冲击下养殖户的损失。

我国禽流感疫情补偿工作还处于尝试阶段，属于"临时性政策支持"，存在诸多问题：补偿政策多为行政法法规，有待法律化（梅付春，2011；丛振华，2013），补偿范围偏小，补偿标准不合理，补偿程序复杂，缺失补偿监督机制（翁崇鹏、毛娅卿，2011；梅付春，2011；丛振华，2013；张淑霞、陆迁，2013），以至于补偿政策的实施效果不明显，其有效性和合理性有待提高（张莉琴等，2009）。补偿标准为补偿政策的核心，直接关系着补偿政策目标能否实现，学者们对补偿标准的确定有不同的观点。康小玮（2006）认为应在综合评价完全补偿额度、成本补偿额度和国家能够承担的补偿额度三个方面问题的基础上确定出合理可行的补偿标准，而梅付春（2011）发现只有将疫情损失补偿金额提高至市价水平，才能鼓励养殖户积极上报疫情，杜绝养殖户道德风险的发生，在一定程度上弥补现有补偿标的准缺陷，但这也不可避免地会增加政府支出成本。还有学者认为养殖户是补偿标准的接受者，从养殖户受偿意愿角度来确定补偿标准可以使其更公平、更有效。王凤霞（2010）则从主动上报疫情角度分析养殖户的受偿意愿，认为在提高补偿额度的条件下能够提高养殖户的报告意愿，在保证规模养殖户的报告意愿在 50% 以上的基础上，需要对蛋鸡补贴 8～10 元/只，对肉鸡补贴 6～8 元/只。

禽流感疫情损失如果单由政府来分担，将会给政府财政带来巨大压力，那该如何建立疫情损失分担机制呢？学者们为此进行了探讨。梁瑞华（2007）认为中央政府、地方政府和养殖户个人应该共同分担补偿成本。他通过得益矩阵和均衡分析得出，在政府的五种补偿政策分担模式（政府全部承担、中央政府＋地方政府不同比例分担、中央政府＋个人不同比例分担、中央政府＋地方政府＋个人不同比例分担、个人全部承担）中，最佳的补偿政策分担模式为中央政府＋地方政府＋个人不同比例分担。但在实际操作中，地方政府的行为有较大的不确定性，若地方政府不承担属于自己的补偿份额，就会把此部分补偿金额转嫁到养殖户身上，但养殖户可能不给予配合，所以中央政府＋个人不同比例的分担模式可能是最容易实现的补偿政策分担模式。还有学者认为，为了建立禽流感疫情补偿政策的长效机制，应该引入农业保险，这样资本构成高的养殖户（包括种禽养殖户和规模养殖户）利益才会得到有效保护（张莉琴，2009）。方明旺（2016）认为在充分考虑我国国情的情况下，我国未来应构建以"国家财政＋

政策性农业保险"模式为核心内容的扑杀补偿机制，在加大国家财政支持力度的同时，充分发挥其他补偿主体尤其是政策性农业保险在补偿工作中的巨大作用。除大力推广政策性农业保险外，我国还可以通过建立重大动物疫情基金来进行分担（白雪峰等，2008），这种方式在欧洲的疫情损失分担机制中较为常见。方堃（2005）认为我国应该建立一种由国家公共补偿机制和商业保险机制相结合的农业公共灾害社会保险制度来应对各种农业公共灾害。虽然多数学者从疫情补偿范围、标准、方式等方面对完善疫情补偿政策提出诸多建议，但对于如何确定疫情补偿标准、疫情损失补偿金额该如何分担等问题有待进一步深入研究。

（二）国外研究动态

1. 禽流感疫情对社会经济影响的研究

（1）禽流感疫情对宏观经济的影响

禽流感是一种毁灭性的疾病，每一次暴发都给社会经济带来严重影响，目前在美洲、欧洲、亚洲、非洲、大洋洲等世界各地都发生过禽流感。在美国，1978 年的禽流感疫情带来的经济损失超过 500 万美元，1983~1984 年的禽流感疫情带来的直接损失约为 3.49 亿美元，间接损失约为 55 亿美元（Gasley，2003）。Landman（2004）分析了荷兰暴发的高致病性禽流感疫情，认为此次疫情给该国带来了 2.7 亿欧元的直接损失，以及超过 7.5 亿欧元的间接损失。据世界卫生组织 2006 年统计，禽流感对亚洲禽业部门造成的经济损失约为 100 亿美元。在越南，禽流感疫情带来的经济损失估计超过 2 亿美元，而在印度尼西亚，禽流感疫情带来的经济损失更是超过 3.87 亿美元（Hall et al.，2006）。在澳大利亚，1985 年的禽流感疫情带来的直接经济损失超过了 300 万美元，其中约 100 万元赔偿给农场主，200 多万美元是清除疫情行动所需要的全部费用。禽流感疫情暴发对 GDP 的冲击程度主要取决于它的传播速度、被消灭和控制的速度、当地家禽业的结构及当地家禽业对 GDP 的贡献等（FAO，2004）。Chang 等（2007）评估了禽流感疫情暴发对台湾宏观经济的冲击程度，通过投入产出模型和一般均衡模型模拟了国内消费、出口以及劳动力供给可能遭受的损失，得出的结论如下：若禽流感疫情仅限于禽类部门，实际 GDP 则会下降 0.1% ~ 0.4%；若禽流感疫情出现在人类之间传播，实际 GDP 则会下降 4.2% ~ 5.9%，同时劳动力的需求将会降低 4.9% ~ 6.4%。而在一般均衡模型中，它是允许资源流动和替代的，此时实际 GDP 下降 2.0% ~ 2.4%，劳动力需求下降 2.2% ~ 2.4%。对于禽类出口国家来说，禽流感对宏观经济的影响较大，比如在泰国，禽流感疫情暴发导致 2004 年 GDP 下降了 1.5%（Verbiest and Castillo，2004）。

家禽养殖业是受禽流感影响最直接、最严重的产业。疫情暴发使大量家禽死亡或被扑杀，影响家禽产品供给，同时禽流感疫情还对社会公众的消费信心造成一定影响，导致禽类产品需求急速下降，甚至还影响家禽产品出口。1983 ~ 1984 年禽流感暴发使美国约有 1700 万只鸡被扑杀，1985 年禽流感使澳大利亚约有 24 万只鸡被扑杀（沙爱龙、刘泽隆，2007）。1999 ~ 2001 年，意大利发生禽流感，导致 1300 多万鸡死亡或被宰杀。2003 ~ 2004 年，印度尼西亚暴发禽流感疫情，死亡和扑杀家禽 1710 万只，其中蛋鸡 1500 万只、代种鸡 200 万只、肉鸡 10 万只（Hartono，2004）。2004 ~ 2006 年，泰国共扑杀家禽 6380 万只（NaRanong，2007），国内家禽供给减少，加上许多国家禁止从泰国进口家禽产品，导致该国鸡肉出口受到严重影响，处于完全停滞状态。2003 年，荷兰暴发禽流感疫情，约有 1400 万只家禽被隔离，1800 多万只病鸡被扑杀，欧盟为防止禽流感疫情扩散至欧洲其他国家，禁止荷兰出口活禽及其产品，以至于荷兰的家禽出口遭受严重损失。Aral 等（2010）研究了 2005 ~ 2006 年禽流感疫情对土耳其肉鸡加工企业的经济影响，结果表明：肉鸡产品生产和企业收入分别降低 34.8% 和 44.3%，生产者的贷款上涨了 161%，56% 的生产者由于疫情的暴发取消了扩张企业规模的决定。禽流感疫情在亚洲地区的发生，致使以经营家禽产品为主的快餐店生意萧条，营业收入骤降。日本 1000 多家肯德基连锁店从 2004 年开始顾客稀少；马来西亚肯德基连锁店生意一落千丈，其股票的市值也不断下跌；韩国数百家肯德基连锁店则无人问津（郑国中，2004）。

禽流感疫情暴发对旅游业的影响也较为严重。根据《华尔街日报》报道，禽流感疫情的不断出现已使亚洲旅游业遭受严重损失。由于禽流感疫情肆虐，游客的恐惧心理逐渐增加，纷纷改变或放弃出游计划，致使泰国和马来西亚的旅游业收入锐减，损失严重（李小云等，2010）。Hsiao 等（2008，2009）基于面板数据采用固定效应与随机效应模型分别估计了禽流感疫情给全球和亚洲旅游业带来的影响，结果一致认为，家禽暴发禽流感疫情数量显著影响全球和亚洲旅游业，游客会因为禽流感疫情具有高死亡率、人畜共患等特征改变出游目的地，发生疫情国家的旅游业进而受到影响。禽流感疫情的发生也会引起大的家禽生产企业工人的失业率上升，例如，在越南和印度尼西亚，一般是规模较大的工业和企业从事家禽生产，疫情发生使其破产，导致大规模的工人失业。另外，禽流感疫情还感染人类，对人类的健康构成严重隐患，有记录的第一次禽流感病毒感染人类事件发生在 1997 年的中国香港。据世界卫生组织统计，2003 ~ 2016 年，全球共发生 856 例人感染 H5N1 禽流感病毒事件，其中 452 例死亡。这些感染 H5N1 禽流感的病例分布于 16 个国家，分别为阿塞拜疆（8 例）、孟加拉国（8 例）、柬埔寨（56 例）、加拿大（1 例）、中国（53 例）、吉布提（1 例）、埃及（356 例）、印度尼西亚（199 例）、伊拉克（3 例）、老挝（2 例）、缅甸（1 例）、尼日利亚

（1 例）、巴基斯坦（3 例）、泰国（25 例）、土耳其（12 例）、越南（127 例）（WHO，2016），但整体来看，人类感染 H5N1 型禽流感病毒病例主要集中在东南亚国家，这不仅与禽流感疫情空间分布相关，还与这些国家公共卫生防控体系薄弱有关。

（2）禽流感疫情对微观经济的影响

禽流感疫情微观层次的影响主要表现为禽鸟死亡所带来的损失、生产减少所导致的损失以及对于贫困或者是脆弱家庭生计的影响（于乐荣等，2009），影响涉及农民、商人以及小摊贩等市场链上的各个环节。其中对于零售商和庭院饲养生产者来说，从绝对数量上看损失较小，但相对于其资产和收入来说损失是很大的。Verbiest 和 Castillo（2004）认为禽流感疫情在 2004 年对柬埔寨、印度尼西亚、老挝、泰国和越南的影响最为严重，但疫情对这些国家造成的宏观方面影响相对不严重，因为家禽业对这些地区的经济贡献度不大。然而，禽流感疫情对养殖农户微观层面的影响更加深远，特别是在小农户以养殖禽类为生并且没能力支付扑杀和重新投入养殖成本的地区更加明显。在越南，家禽生产主要来源于庭院生产，因此禽流感的暴发会直接对农户生计产生冲击，例如，根据越南家庭生活水平调查数据可知，禽流感发生后，绝大多数贫苦家禽养殖户收入损失严重，生产设备损失仅占收入损失的 10%（Beach et al.，2007），基于同样数据，Phan 等（2007）认为疫情使传统小农户整体收入平均下降 2.1%。Obayelu（2007）通过理论和实证研究的方法评估了 2006 年禽流感疫情对尼日利亚社会经济造成的影响，认为疫情降低了生产者和消费者的信心，75%的家禽养殖户停止补栏，处理掉原有的家禽离开家禽行业，80%的消费者由于担心会被病毒感染而停止对家禽的购买和消费。

禽流感疫情的暴发会降低消费者的消费信心，还会影响居民对禽流感的认知。Tiensin 等（2005）认为 2004 年泰国发生禽流感以后，公众由于缺乏对禽流感的认知和相关信息的交流，对禽类产品丧失信心。消费者对家禽产品的信心降低以后，会转向其他替代品进行消费，国内禽产品消费量迅速下降，加上家禽进口国家对泰国家禽生产的限制，致使泰国家禽工业遭受打击。因此，提高公众对于禽流感的认识，增强消费者对于禽类产品消费信心是非常重要的。对于禽流感的认知方面，Olsen 等（2006）在泰国农村做了一项调查并和以前的数据进行比较，发现农村中认为"空手接触生病或死亡的家禽是安全的"的居民比例大大下降，"使用不同刀具分开来切禽肉和其他食品"的居民比例明显增加。Liu 等（2007）利用调研数据通过因子分析、聚类分析和回归方法分析了消费者对发生在中国台湾的禽流感的认知情况。研究发现电视是中国台湾消费者得知禽流感以及由此引发的健康风险的最普遍的信息渠道，性别、教育、职业等社会人口特征也会影响消费者对禽流感的认知。

2. 禽流感疫情的补偿政策研究

禽流感疫情暴发以后，各国政府采取强制扑杀等防控措施来防止疫情的传播蔓延，随后出台相关的法律或行政法规对养殖户遭受的疫情损失给予补偿。在发达国家，政府的疫情损失补偿政策不仅有明确的法律依据，而且对补偿范围、标准、方式、速度及补偿监督机制等做了详细说明。例如，在加拿大，《动物卫生法》（Health of Animal Act）中规定当动物在进行检测、治疗等必要的处置时受伤或死亡，或因防控疫情而被扑杀，则要按照动物的平均市场价值支付动物补偿金（白雪峰，2008）。而《动物扑杀补偿条例》（Compensation for Destroyed Animals Regulations）中则规定了家禽、家畜、宠物等不同动物补偿金额的最高值，同时还要求政府向动物所有者支付清洗费用、运输费用、无害化处理等费用（Canadian Food Inspection Agency，2000）。地方各省也可根据自己的实际情况制定地方性法规，加拿大不列颠哥伦比亚省则制定了《不列颠哥伦比亚省动物扑杀（禽流感）补偿条例》

[Compensation for Certain Birds Destroyed in British Columbia (Avian Influenza) Regulations]，将联邦政府颁布的《动物扑杀补偿条例》中规定的动物补偿种类、补偿金额最高值等作为参数，制定出考虑禽龄、市场价格等因素在内的补偿标准，使鸡、鸭和鹅的禽流感疫情补偿方案更加科学化（Canadian Food Inspection Agency，2004）。在其他发展中国家，疫情补偿政策也存在诸多问题，这也引起学者们的广泛关注。Pratt 和 Falconi（2007）认为禽流感扑杀措施必须伴随一个补偿政策，对家禽养殖户受感染死亡或被扑杀的家禽数量进行补偿。因为农户只有获得应有的补偿，才可能在禽流感发生时报告受感染的家禽数量而不是出售它们以减少损失。所以，补偿政策在控制禽流感策略中具有至关重要作用，它为生产者提供一个激励用于报告疾病疫情和服从扑杀措施，这可以减少疫情发生和控制措施之间的时间差（Delgado et al.，2006；Vu，2011）。

目前不同地区在补偿标准方面存在很大差异。在发达国家，补偿比率一般处于 50% ~ 100%，例如，美国按照禽流感疫情中受损物品评估价值的 50% ~ 75% 进行补偿，在紧急情况下，对扑杀家禽和消毒费用等损失的补偿水平可达到 100%；德国按照全市场价值对疫情中被扑杀的家禽、消毒处理费用、实验室成本等损失进行补偿，即补偿比率为 100%；荷兰对被扑杀的健康家禽的补偿比率为 100%，对被扑杀的染病家禽的补偿比率则为 50%，但对死亡的家禽则不给予补偿（Delgado et al.，2006）；日本按照被扑杀家禽市场价值的 80% 进行补偿，对无害化处理成本、鸡蛋因疫情暴发无法流入市场发生损失的补偿比例为 50%（Pratt and Falconi，2007）。补偿标准往往是在政府的指导方针下，由独立的具有认证资格的评估机构进行确定。在其他发展中国家，疫情补偿标准的差异较大。泰国作为禽流感疫病高发地区具有一套较为完善的疫情补偿机制，实施效果较好（Otte et al. 2008）。泰国政府在疫情防控的不同阶段实施不同的补偿标准，在疫情发生的第一阶段（2004 年 1~5 月）按照动物市价的 100% 给予补偿，为了激励养殖户及时上报疫情，在疫情发生的第二阶段（2004 年 7~12 月）按照动物市场价值的 75% 给予补偿（Delgado et al.，2006；Pratt and Falconi，2007）。在越南，政府的补偿标准较低，按照被扑杀动物价值的 15% 对养殖户进行补偿，并且小农户在获得补偿方面存在很大困难。在尼日利亚，政府不考虑家禽种类和年龄，按照一只 250 奈拉（1.90 美元）的标准对被扑杀的家禽进行补偿，但受偿仅限于大规模商业养殖户，不包括小规模和散养户（Delgado et al.，2006）。老挝和柬埔寨属于疫情低发病地区，这些国家没有相应补偿措施，但柬埔寨政府宣布，可以为家禽养殖户提供疫苗和技术支持（Burgos et al.，2008）。

以禽流感疫情为代表的突发性疫情事件给养殖户带来的损失是巨大的，单凭养殖户自身力量是无法承担的，以至于影响疫情防控体系的正常运行和家禽养殖业健康持续发展，所以，各个国家都试图建立相应的疫情损失分担机制，通过风险转移等手段来分担养殖户遭受的疫情损失。在发达国家，除政府的疫情补偿政策以外，还存在着公共灾难救助（Public Disaster Assistance）、公共 - 私人部门共担（Public-Private Partnerships）和私人保险（Private Insurance）等形式（Koontz et al.，2006）来分担疫情损失。在德国，养殖户遭受的疫情损失除国家政府和欧盟政府财政支持外，还可由动物疫情防治基金和私人保险来分担。动物疫情防治基金依法建立，按照养殖登记数量向养殖户统一收取税费，主要分担养殖户遭受的疫情直接损失，分担比例为政府财政与动物疫病防治基金各 50%（白雪峰等，2008）。私人保险计划主要用来分担养殖户遭受的商业中断带来的损失、疫情暴发带来的价格损失、处于限制区域内而遭受的损失等后续损失（Koontz et al.，2006）。在美国和日本，政府主要通过政策性农业保险来分担养殖户疫情损失。美国的农业保险是由美国联邦农作物保险公司、私营保险公司、农作物保险协会共同参与开办，政府通过保费补贴、业务费用补贴、再保险、免税形式对农作物保险给予扶持，例如，美国对农民所交保险费的补贴比例达到50%~80%。日本的政策性农业保险为"三级"村民共济制度。村农业共济联合会承办各种农业保险业务，县共济联合会承担村农业共济组织的分险业务，再由全国农业保险协会向各级共济联合会提供再保险，日本政府对畜牧业保险补贴额达保费的30%~50%（白雪峰等，2008）。

（三）研究评述

现有国内外关于禽流感疫情对社会经济影响的研究主要集中在宏观经济影响层面，例如前面论述的GDP的损失、家禽养殖业及相关行业的损失以及对公共卫生的威胁等，而有关禽流感疫情对农户层面影响的研究相对比较缺乏。目前，多数学者一致认为禽流感疫情对养殖户造成了较大的经济损失，并从收入变动角度对养殖户遭受的疫情损失进行评估，少数学者也从损失角度对养殖户遭受的疫情冲击进行分析，为本书的研究提供借鉴。但现有相关研究较多关注于养殖户遭受的疫情直接损失，往往忽视了禽流感疫情给养殖户带来的禁养期折旧、未收回的成本投入、预期利益损失、贷款利息等间接损失，缺乏一个完整的养殖户经济损失的评估模型，以至于在疫情补偿标准确定方面出现偏差。

国内有关禽流感补偿政策的研究主要集中在补偿政策实施和优化机制方面，即补偿政策实施必要性、补偿政策完善、补偿标准确定、疫情损失分担机制方面。疫情补偿政策在发达国家已形成长效机制，实施的效果较好，对本书的研究具有重大启发。虽然多数学者们已意识到我国现有的补偿政策存在补偿范围偏小、补偿标准过低、补偿程序复杂等问题，但仅限于对疫情补偿政策进行评价，没有回答补偿标准该如何确定、疫情损失该如何分担等问题。补偿标准是疫情补偿政策的核心，也有学者认为我国应该按照家禽市价进行补偿，但在没有疫情间接损失分担机制的情况下，在不考虑养殖户饲养规模和家禽月龄的情况下，依然会出现不公平现象，引致养殖户发生不主动上报、不配合扑杀等行为，出现激励不相容。养殖户是家禽生产主体和疫情防控主体，其上报疫情和恢复生产的行为直接影响着禽流感疫情防控、家禽业健康发展等补偿政策目标的实现，同时还是疫情补偿政策接受者，补偿标准的高低直接影响养殖户的防控行为和恢复生产行为，因此，合理的补偿标准要能激励其养殖户上报疫情和恢复生产，只有这样社会公共目标才能实现，但目前有关此方面的研究较为缺乏。

基于上述分析，本书首先完善养殖户疫情损失构成，构建系统完整的疫情损失评估模型，评估养殖户遭受的疫情损失。其次，基于养殖户上报疫情和恢复生产视角确定合理的补偿标准，并设计疫情损失分担机制，为政府完善现有禽流感疫情补偿政策提供理论和实证依据。

四　研究内容

本书按照"疫情补偿政策补偿情况—疫情补偿政策实施效果评价—疫情补偿政策优化"来安排文章研究内容，具体见图1-1。首先，分析禽流感疫情冲击下养殖户的经济损失构成，建立系统完整的疫情损失评价模型，测算养殖户遭受的疫情损失，进而分析现有疫情补偿强度；其次，从养殖户满意度视角对现有补偿政策的实施效果进行评价，分析现有疫情补偿政策存在的问题；再次，基于养殖户上报疫情和恢复生产视角确定合理的补偿标准；最后，在借鉴发达国家补偿政策经验的基础上对我国的疫情补偿政策进行完善，重点研究内容主要包括以下四个方面。

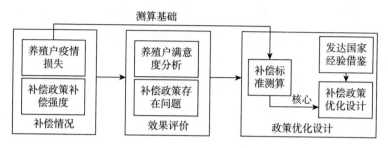

图 1-1　研究内容关系

（一）禽流感疫情冲击下养殖户经济损失核算

首先，分析养殖户疫情损失构成，包括疫情直接经济损失和间接经济损失的构成，进而依据损失核算的原则和方法构建疫情损失评价模型；其次，在调研数据的基础上，分别度量散养户和规模养殖户的直接经济损失、间接经济损失和总经济损失，并进行比较分析；最后，在核算的养殖户疫情损失基础上对现有疫情补偿政策的补偿强度进行分析。

（二）现有禽流感补偿政策实施效果评价

养殖户是疫情补偿政策的接受者，其满意程度直接反映补偿政策的实施效果。书中首先基于养殖户满意度视角，利用因子分析对散养户和规模养殖户补偿政策整体满意度进行测度，并进行对比分析。其次，利用有序 Probit 模型对散养户和规模养殖户补偿政策整体满意度、补偿范围满意度、补偿标准满意度及补偿速度满意度的影响因素进行分析，寻找影响其满意度的主要因素。最后，对现有禽流感疫情补偿政策不足之处进行分析，为后面的政策优化设计奠定基础。

（三）禽流感疫情补偿标准的确定

首先，采用非参数估计方法对养殖户（散养户和规模养殖户）上报疫情和恢复生产情景下愿意接受的补偿强度进行测算；其次，利用参数估计方法（Heckman Selection Model）对养殖户（散养户和规模养殖户）上报疫情和恢复生产意愿及其意愿受偿强度的影响因素进行分析，进而测算养殖户（散养户和规模养殖户）在上报疫情和恢复生产情景下愿意接受的补偿强度；最后，在已核算的养殖户疫情损失基础上，基于非参数估计方法和参数估计方法测算的补偿强度，确定出能激励养殖户上报疫情和恢复生产的补偿标准。

（四）禽流感补偿政策优化设计

首先，对发达国家的禽流感疫情损失分担机制和疫情补偿政策进行分析，为我国疫情补偿政策的进一步完善提供经验借鉴。其次，在考虑我国国情和经验借鉴的基础上，设计出合适的疫情损失分担机制。再次，在已确定的禽流感补偿标准的基础上，对我国的疫情补偿政策进行完善，包括补偿范围、补偿标准、补偿速度、补偿监督机制等，以保证补偿政策的良好运行和补偿政策目标的实现。

五　研究思路、研究方法与数据资料

（一）研究思路

本研究主轴沿着"禽流感疫情冲击—养殖户经济损失测评—现有补偿政策评价—补偿标准确定—补偿政策优化设计"这条内在逻辑线路展开。第一，梳理相关理论文献，界定禽流感、散养户与规模养殖户、疫情补偿政策等相关概念，并根据公共物品、外部性、行政补偿、机制设计等理论构建本书的理论框架。第二，分析我国及宁夏地区的家禽生产情况、禽流感暴发特征、禽流感防控政策及禽流感补偿政策，为后续研究奠定基础。第三，从直接损失和间接损失两个方面，构建养殖户疫情损失评价模型，对养殖户疫情经济损失进行定量测评。第四，对现行疫情损失补偿政策实施效果进行评价，找出疫情补偿政策设计和执行中存在的问题。第五，基于养殖户上报疫情和恢复生产视角，利用非参数估计和参数估计方法确定合理的补偿标准。第六，设计疫情损失分担机制，并对疫情补偿政策提出优化方案。具体的技术路线图如图 1 - 2 所示。

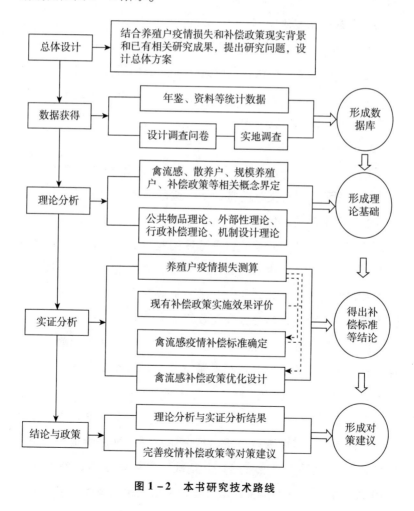

图 1 - 2　本书研究技术路线

（二）研究方法

本书采用规范分析与实证分析相结合的研究方法，首先在国内外研究综述的基础上，利用规范分析方法归纳养殖户疫情损失和疫情补偿政策的理论基础。其次利用实证研究方法揭示中国和宁夏地区家禽生产特征、禽流感暴发特征，测算养殖户的疫情损失，评估现有疫情政策实施效果，并对疫情补偿标准进行确定。具体研究方法包括以下两方面。

1. 文献研究方法

通过搜集、整理国内外关于禽流感疫情冲击、养殖户经济损失、疫情补偿标准、疫情补偿政策优化方面的研究文献，了解文章研究问题的现状和进展，借鉴吸收先进的研究方法，为实证研究提供理论基础和研究方法。

2. 计量模型方法

第一，利用因子分析测评养殖户补偿政策整体满意度。首先，在梳理相关研究文献的基础上，选取散养户和规模养殖户补偿范围满意度、补偿标准满意度、补偿速度满意度作为评价散养户和规模养殖户补偿政策整体满意度的指标。其次，对选取的指标进行可行性检验，进而计算散养户和规模养殖户疫情补偿政策整体满意度得分。此外，通过对比分析散养户和规模养殖户的补偿政策整体满意度，对疫情补偿政策实施效果进行评价。

第二，利用多元有序 Probit 模型对养殖户补偿政策整体满意度、补偿范围满意度、补偿标准满意度、补偿速度满意度的影响因素进行分析。养殖户补偿政策整体满意度、补偿范围满意度、补偿标准满意度、补偿速度满意度都为多元有序变量，因此选取多元有序 Probit 模型进行分析。把个体特征、家庭特征、疫情风险和政策环境四个方面的 11 个变量作为解释变量，利用 Stata 12.0 进行估计，进而探究影响养殖户补偿政策整体满意度、补偿范围满意度、补偿标准满意度、补偿速度满意度的主要因素。

第三，利用 Heckman 两步法对养殖户上报疫情和恢复生产情景下的受偿水平进行测算。之所以选择该模型是因为调查样本中既包括愿意上报疫情和恢复生产的养殖户，也包括不愿意上报疫情和恢复生产的养殖户。养殖户上报疫情和恢复生产情景下的受偿水平是否被观察到，取决于养殖户先前的选择，即只有养殖户先选择上报疫情和恢复生产，这两种情景下的受偿水平才能被观察到。模型的被解释变量为养殖户上报疫情或恢复生产意愿及其意愿受偿强度，解释变量为个体特征变量、家庭特征变量、疫情认知特征变量、外部支持变量、政策背景认知等变量，先对养殖户上报疫情和恢复生产意愿及其意愿受偿强度的影响因素进行分析，在此基础上测算养殖户上报疫情和恢复生产情景下的受偿水平。

（三）数据来源及调查方案设计

书中关于中国和宁夏家禽业发展情况、禽流感疫情暴发情况等所涉及的数据主要来自《中国统计年鉴》、《宁夏统计年鉴》、中国农业部《兽医公报》等统计数据和中国农业部应急管理疫情发布的官方报道等网络数据。书中关于养殖户疫情损失测算、现有疫情补偿实施效果评价、疫情补偿标准确定等所涉及的养殖户数据主要来自禽流感疫区的实地调查。

研究禽流感疫情冲击下养殖户经济损失和补偿政策问题，必须选择有禽流感暴发历史和有疫情补偿政策的区域开展研究。课题组成员于 2014 年 6 月对宁夏中卫市沙坡区家禽养殖户进行实地调查。选择该区域进行调研主要基于以下两点：该地区家禽生产始于 20 世纪 90 年代，为宁夏乃至西北地区养鸡第一大市，参与家禽养殖的农户较多且集中；2012 年 4 ~ 6 月发生高致病性禽流感疫情，扑杀鸡 513 万只，对当地养鸡业造成毁灭性打击；疫情过后，当地政府制定《宁夏回族自治区高致病性禽流感防治应急预案》对养殖户给予相应补偿，选择该地区研究养殖户疫情损失和补偿政策优化具有代表性。调查抽样过程为：首先在沙坡区的乡镇中抽取出 2012 年发生禽流感疫情的宣和镇和永康镇，其次在两个镇随机抽取 5 个养殖园区（宣和养殖一园区、二园区、三园区、四园区、永康养殖园区）和 12 个村（宣和村、宣和林场、永和村、张宏村、三营村、旧营村、何营村、赵滩村、沙滩村、徐庄村、彩达村、永康村）的 400 名养殖户进行问卷调查，最后收回问卷 400 份，其中有效问卷 363 份（散养户 105 份，规模养殖户 258 份），问卷有效率为 90.75%。调查问卷内容主要涉及个人特征、家庭特征、疫情风险认知、生产损失情况、政策环境认知、生产恢复情况等方面。

六　本书创新之处

第一，构建包括直接损失和间接损失在内的疫情损失评估模型，利用宁夏中卫市调研数据，对养殖户疫情经济损失进行测算。结果显示，在禽流感疫情冲击下，散养户和规模养殖户遭受的疫情损失平均为 41.08 元/只和 48.95 元/只，其中直接经济损失平均为 15.21 元/只和 15.92 元/只，分别占其总经济损失的 37.03%、32.53%；间接经济损失平均为 25.87 元/只和 33.03 元/只，分别占其总经济损失的 62.97%、67.47%。可见，散养户和规模养殖户遭受的间接经济损失大于直接经济损失，而且散养户遭受的疫情损失小于规模养殖户。另外，养殖户遭受的疫情损失也因蛋鸡月龄而异，即养殖户疫情损失随蛋鸡月龄的增加呈不规则的倒 "V" 形，其中，5 个月龄蛋鸡给养殖户带来的疫情损失最大。这意味着政府不仅要对养殖户的直接损失给予补偿，还应该分担养殖户的疫情间接损失，同时要考虑养殖户的饲养规模和蛋鸡月龄。

第二，基于养殖户满意度视角，利用因子分析对养殖户疫情补偿政策整体满意度进行测算，进而评估现有疫情补偿政策的实施效果。结果表明，散养户和规模养殖户对疫情补偿政策整体满意度分别为 47.6%、46%，其中，散养户和规模养殖户对补偿范围满意度分别为 51.6%、49.8%，对补偿标准满意度分别为 40.8%、39.8%，对补偿速度满意度分别为 46.2%、44%。可见，散养户和规模养殖户对疫情补偿政策整体上处于不满意状态，其中对补偿标准最不满意，其次是补偿速度和补偿范围，但散养户的满意度略高于规模养殖户。这意味着现行疫情损失补偿政策并未达到预期目标，需要从补偿标准、补偿速度和补偿范围等方面进行优化，以提高政策实施效果。

第三，利用非参数估计和参数估计方法，确定疫情损失补偿标准，验证了疫情损失补偿政策能同时实现养殖户上报疫情和恢复生产的激励目标。在非参数估计方法下，散养户基于上报疫情和恢复生产的平均受偿标准区间为 [21.93 元/只，22.39 元/只]，规模养殖户基于上报疫情和恢复生产的平均受偿标准区间为 [30.64 元/只，31.46 元/只]。在参数估计方法下，散养户在上报疫情和恢复生产情景下的平均受偿标准为 23.12 元/只，规模养殖户在上报疫情和恢复生产情景下的平均受偿标准为 33.13 元/只。基于非参数估计和参数估计两种方法，散养户在上报疫情和恢复生产两种情景下可接受的补偿标准平均为 22.64 元/只，规模养殖户在上报疫情和恢复生产两种情景下可接受的补偿标准平均为 32.09 元/只。这意味着合理的补偿标准至少不小于养殖户基于上报疫情和恢复生产意愿的受偿标准，同时还要考虑养殖户的饲养规模和蛋鸡月龄。

第四，提出"政府财政＋动物疫情防控基金＋政策性家禽保险"的疫情损失分担机制，同时对疫情补偿政策进行完善。我国疫情补偿政策不仅要分担养殖户疫情直接损失，同时也要对养殖户疫情间接损失给予相应补偿。在借鉴国外先进经验的基础上，针对我国国情提出疫情损失由"政府财政＋动物疫情防控基金＋政策性家禽保险"的方式来分担。疫情损失补偿范围除被扑杀的蛋鸡、疫情处置费用、被污染的鸡蛋和饲料等，还应该包括病死家禽、被损坏的生产设备等损失；补偿标准需提高至养殖户在上报疫情和恢复生产情景下可接受的最低补偿水平，同时要考虑养殖户饲养方式和家禽月龄；补偿程序要化繁为简，提高补偿速度；补偿政策监督机制要系统、完善，以保证疫情补偿政策的实施效果。

第二章 ◀

概念界定与理论基础

　　禽流感暴发不仅给社会经济造成巨大损失，而且危及食品安全和社会稳定，已成为制约家禽业持续健康发展的关键因素。养殖户是家禽生产主体，在疫情冲击下遭受了严重的经济损失，同时其也是疫情防控的主体，直接影响农村动物疫情防控体系的健全，因此，核算禽流感疫情冲击下养殖户的经济损失，确定合理的疫情补偿标准，优化疫情补偿政策对禽流感疫情防控和家禽业持续发展具有重要意义。禽流感疫情属于公共卫生事件，具有典型的公共物品特征，理清禽流感疫情补偿政策实施的必要性、疫情补偿标准确定的合理性及其对养殖户防控行为和生产恢复行为的影响机制是优化禽流感疫情补偿政策的前提与基础。基于此，本章首先界定禽流感、养殖户等相关研究对象概念，在此基础上梳理公共物品、外部性、行政补偿等理论，进而构建文章的理论框架，为后面实证部分提供理论依据。

一　概念界定

（一）禽流感

　　禽流感（Avian Influenza，AI）的全称为禽流行性感冒，是由 A 型流感病毒引起的禽类传染病。根据禽流感病毒致病性的强弱，可将禽流感分为无致病性禽流感（Naught Pathogenic Avian Influenza，NPAI）、低致病性禽流感（Low Pathogenic Avian Influenza，LPAI）和高致病性禽流感（Highly Pathogenic Avian Influenza，HPAI）（张瑞莉等，2005）。禽类感染无致病性禽流感后体内会产生病毒抗体，不会有明显症状，感染低致病性禽流感后会出现轻度呼吸道症状，并伴随食量减少和产蛋量下降，甚至出现零星死亡，但死亡率一般不超过 10%。禽类若感染高致病性禽流感，一般会出现急性败血性死亡等症状，传播速度快且死亡率可高达 100%。目前，高致病性禽流感已被世界动物卫生组织（OIE）和我国政府列为 A 类动物传染病（张瑞莉等，2005）。通常我们所说的禽流感，若未加特殊说明，一般是指高致病性禽流感，本书中的禽流感主要也是指高致病性禽流感。

1. 禽流感病毒

禽流感的病原体是禽流感病毒（Avian Influenza Virus，AIV），属于正粘病毒科（Orthomyxoviridae）的流感病毒属。正粘病毒科只有一个属，即流感病毒属，根据流感病毒核蛋白（Nucleo Proteins，NP）和基质蛋白（Matrix Proteins，MP）的抗原性不同，将其分为 A、B、C 3 个血清型（宋敏训等，2004）。其中，A 型流感病毒除感染禽类外，还能感染人和其他种属的动物，如马、猪、海豹等，而 B 型和 C 型则主要感染人，虽然曾从海豹身上分离到 B 型流感病毒，从猪身上分离到 C 型流感病毒，但尚无明确证据证实 B 型和 C 型流感病毒能感染禽类。A 型流感病毒可根据病毒表面血凝素（Hemagglutinin，HA）和神经氨酸酶（Neuraminidase，NA）的差异分为不同的亚型。迄今为止，已有 16 个 HA（H1 - H16）和 9 个 NA（N1 - N9）被鉴定，它们之间可发生随机组合，从而形成许多不同的亚型。目前，已被发现的流感病毒亚型至少有 80 余种，其中高致病性亚型主要是 H5 和 H7（张瑞莉等，2005）。

2. 易感动物与传播途径

许多家禽（火鸡、鸡、珍珠鸡、石鸡、鹌鹑、雉、鹅和鸭）和野禽（矶鹬、三趾鹬、天鹅、鹭、海鸠、鸥和海鹦等）都可感染禽流感病毒，其中，火鸡和鸡是最易感染禽流感病毒的禽类。迁徙水禽感染禽流感病毒的种类较多，且病毒亚型变化较大，而野生水禽可感染的病毒种类几乎包括所有亚型。近年来，猪和人类也可感染某些禽流感病毒，而且出现严重症状（张瑞莉等，2005）。禽流感在不同地域间的传播途径主要有人为传播和候鸟传播两种，其中候鸟传播是主要的传播途径。人为传播主要是指由于人类活动造成的禽流感传播，例如，将带病毒的家禽出口到别的国家造成的病毒传播，非法猎捕或售卖携带病毒的野生鸟类造成的传播，将带有禽流感病毒的粪便、羽毛等人为带到其他地方造成的传播等。而候鸟传播途径主要是指候鸟迁徙造成的禽流感传播，野生水禽类是禽流感病毒的天然宿主，候鸟在迁徙过程中可能将禽流感病毒传染给其他禽类或动物。

禽流感病毒在不同个体之间的传播主要是横向传播，即通过与染病禽类的直接接触，或与病毒污染物（被污染的饮水、被污染的饲料、被污染的生产工具等）的间接接触而导致的传播。被禽流感病毒污染的羽毛和粪便也是重要的传染物，例如，被感染的候鸟过境时，将带有病毒的羽毛或粪便落入家禽养殖户的禽舍内，进而导致病毒传播。禽流感病毒是否能够垂直传播，即禽蛋感染病毒导致孵出的雏鸟也感染病毒，目前尚未得到证实。但从自然感染禽流感病毒的鸡蛋蛋黄、蛋清及蛋壳中均能分离到病毒，所以，若鸡群感染禽流感病毒，其生产的蛋不能用作孵化，未经过消毒处理的不能运送到非疫区（鞠珍香，2007）。人类主要是通过接触染病的鸡、鸭等禽类而感染禽流感病毒，也存在呼吸道被传染的可能。研究表明，食用煮熟病鸡的肉和蛋，不会感染禽流感病毒，目前还未发现因食用鸡肉和鸡蛋而感染禽流感病毒的病例，也未发现禽流感在人与人之间相互传播的病例。

（二）禽流感疫情的疫点、疫区与受威胁区

根据《重大动物疫情应急条例》可知，重大动物疫情是指具有高发病率、高死亡率的动物疫情（如高致病性禽流感等）突然发生，在短时间内迅速传播，不仅严重危害养殖业生产安全，而且严重威胁社会公众的身体健康和生命安全的情形（国务院，2005）。禽流感疫情属于重大动物疫情，因此，书中认为禽流感疫情是指高致病性禽流感的突然暴发和迅速扩散蔓延，使当地家禽业生产遭受严重损失，并使公众身体健康和生命安全遭受严重威胁的情形。《全国高致病性禽流感应急预案》中明确规定了疫点、疫区和受威胁区的划分方法，所谓疫点就是指发病禽类所在的地点，一般是指发病禽类所在的养殖场（户）或其他有关屠宰、经营单位等，如果为农村散养，则应该将发病禽类所在的自然村划为疫点。所谓疫区就是指以疫点为中心，半径 3km 范围内的区域，而受威胁区则是指距离疫区周边 5km 内的区域（国务院，2004）。如果用图表示疫点、疫区和受威胁区，则表示为图2－1。禽流感暴发后，疫点、疫区和受威胁区的养殖户遭受的损

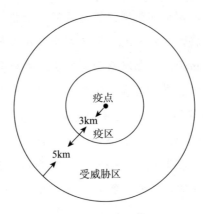

图 2－1　禽流感疫情的疫点、疫区与受威胁区划分

失不同，疫情防控政策和补偿政策也不同。本书的研究对象为疫区内的蛋鸡养殖户（也包括疫点内蛋鸡养殖户），这意味着受威胁区的蛋鸡养殖户不在本书的研究范围内。

（三）蛋鸡散养户与规模养殖户

家禽养殖户是从事家禽生产的农户，根据其饲养家禽的目的和规模可分为散养户和规模养殖户，其中，散养户是指以家庭自用为目的而饲养少量家禽的家禽养殖户，而规模养殖户则是指以营利为目的、饲养家禽数量较大，且产品具有较高商品率的家禽养殖户（梅付春，2011）。本研究中的散养户和规模养殖户均指从事蛋鸡生产的散养农户和规模农户，蛋鸡散养户是指以自家消费为目的而饲养少量蛋鸡的养殖户，蛋鸡规模养殖户则是指以较多精力从事蛋鸡养殖，蛋鸡饲养量相对较大、产品商品率较高，蛋鸡养殖收入在家庭收入中占据一定比重的养殖户。目前，关于家禽养殖规模划分并没有统一的标准，李小云等（2010）将散养户定义为家禽养殖数量在 100 只以下（包括 100 只）的农户，规模养殖户则为家禽养殖规模在 100 只以上的农户，梅付春（2011）也把家禽年存栏数量在 100 只以上的养殖户定义为规模养殖户。张莉琴等（2009）则把饲养规模在 300 及 300 只以下的养殖户定义为家禽散养农户，把饲养数量大于 300 只的养殖户定义为规模养殖户。现有关于蛋鸡养殖规模的划分标准较少，《全国农产品成本收益资料汇编（2015）》中把饲养蛋鸡规模在 300 及 300 只以下的养殖户定义为蛋鸡散养户，把饲养蛋鸡规模在 300 只以上的养殖户定义为蛋鸡规模养殖户，因此，书中根据《全国农产品成本收益资料汇编（2015）》中的划分标准，结合调研地区养殖户饲养规模的分布情况（见图 2-2），把饲养蛋鸡规模在 300 及 300 只以下的养殖户定义为蛋鸡散养农户，把饲养蛋鸡规模在 300 只以上的养殖户定义为蛋鸡规模养殖户。本书的研究对象为疫区蛋鸡散养户和规模养殖户，疫区其他家禽散养户和规模养殖户也不在本书的研究范围之内。

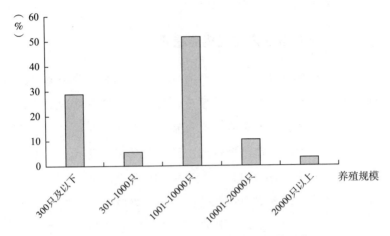

图 2-2　调研区域蛋鸡养殖户饲养规模分布

（四）禽流感疫情补偿政策

高致病性禽流感引起两种性质的损失，第一种是禽流感作为自然灾害，它的暴发使养殖户饲养的家禽大量死亡以致活禽交易市场、饲料市场、禽类产品加工市场等整个家禽产业链市场价格发生剧烈波动，进而遭受严重损失；第二种是国家为防控禽流感疫情而采取的强制扑杀等措施给养殖户带来的收入下降和机会成本等损失。对第一种性质损失的补偿可称为灾害损失补偿，而对第二种性质损失的补偿可称为行政补偿（康小玮，2006）。本书中的禽流感疫情补偿政策主要是指国家采取禽流感疫情防控措施后给养殖户的行政补偿，不包含灾害损失补偿的部分。严格地说，禽流感疫情补偿政策是禽流感疫情暴发后，政府为弥补疫区（点）养殖户在疫情中因政府采取强制扑杀等防控措施而遭受的家禽死亡等损失而制定的补偿政策。补偿的受益人是拥有被扑杀家禽所有权的养殖户，而补偿的对象则是指因禽流感疫情而被扑杀的家禽等损失。

1. 禽流感疫情补偿范围

禽流感疫情补偿范围直接关系到养殖户经济损失的补偿程度，扩大补偿范围在一定程度上可以提高养殖户的损失承受能力，促进其积极恢复生产等。从理论上讲，养殖户因禽流感疫情暴发而遭受的损失都应该在补偿范围之内，不仅包括因防控疫情扩散蔓延而扑杀的家禽，还包括养殖户对禽舍等的消毒费用、对病死家禽进行无害化处理的费用、因扑杀家禽所发生的运输费用、屠宰费用等，因此，疫情补偿范围应涵盖预防、控制和扑灭动物疫情的整个过程（毛微，2015）。书中的疫情补偿范围重点是指政府对受损养殖户的补偿项目，即确定哪些损失应该得到补偿的问题。

2. 禽流感疫情补偿标准

禽流感疫情补偿标准是疫情补偿政策最实质、最核心的部分，是指政府根据疫情补偿范围，结合养殖户的疫情损失、政府的财政力度等发放给受损养殖户的补偿金额。它是衡量国家对高致病性禽流感防控过程中受损养殖户的现金补偿额度高度和政策扶持力度大小的尺度（康小玮，2006）。例如，我国《高致病性禽流感防治经费管理暂行办法》规定：对被扑杀的鸡、鸭、鹅等禽类每只给予 10 元补助，各地区可根据实际情况对不同禽类、不同禽龄实施差异化补助（国务院，2004），其中"对鸡、鸭、鹅等禽类每只补助 10 元"就是禽流感疫情补偿标准。书中的疫情补偿标准主要是指政府对在疫情中遭受损失的养殖户的补偿金额。

3. 禽流感疫情补偿速度

禽流感疫情补偿速度直接影响养殖户疫后的生活水平及家禽养殖的恢复情况。禽流感暴发后，政府对在高致病性禽流感防控过程中遭受损失的养殖户进行补偿方式主要包括财政直接补偿

（通过账户或发放现金）和政策性间接补偿（经济上的扶持政策）两种，书中的疫情补偿速度主要是指财政直接补偿速度，即疫情补偿款发放到受损养殖户手中的时间长度。现有疫情补偿款一般是分两次发放的，一次是由省级政府承担的部分，发放速度较快，另一次是由中央政府承担的部分，需要经过自下而上申请，自上而下审批的过程，程序较为复杂，发放速度较慢，如果能提高疫情补偿款的发放速度，将能及时安抚受损养殖户的养殖信心，激励其及时恢复生产。

二 理论基础

（一）公共物品理论

现代公共物品理论的诞生以萨缪尔森（Samuelson）发表的《公共支出的纯理论》为标志，他认为公共物品是指每个人对某种产品的消费不会导致其他人对该产品消费的减少。在此基础上，经马斯格雷（Musgrave）等人的进一步研究和完善，逐步形成公共物品的两大特性，即非竞争性与非排他性（康之望，2016）。非竞争性是指任何人对某一种公共物品的消费不影响其他人对该物品的消费水平，也不影响整个社会的利益，这意味着对于某一种给定水平的公共物品，增加额外消费者的边际成本为零。非排他性是指任何人在消费某种公共物品时，无法排除其他人也同时消费该公共物品，即使你不愿意消费这一公共物品，也没有办法排斥。同时具备非竞争性和非排他性的物品为纯公共物品，如国防、公共安全等，这些公共物品一旦被国家提供，该国所有的居民都能享用，任何人不能排除其他人来享用该物品，同时增加居民数量也不会减少其他居民享受到的公共安全服务。但在现实中共同满足非竞争性和非排他性的纯公共物品较少，更多的是具有两者中一种特性的物品，这类物品常被叫作准公共物品。准公共物品有两类：一类是俱乐部物品，即具有非竞争性但不具有非排他性的物品，例如，电影院、游泳馆、高速公路等；另一类是具有非排他性但不具有非竞争性的物品，如公共池塘中的鱼，增加一个人捕鱼会使其他人捕鱼的数量减少，即具有竞争性，但由于池塘是公共资源，因而无法对公众所捕的鱼收费，即具有非排他性。

纯公共物品具有非排他性和非竞争性，导致纯公共物品在消费过程中容易出现"搭便车"现象。所谓"搭便车"现象是指参与者不需要支付任何成本就可以享受到与支付者完全等价的物品效用的现象，该问题影响着公共物品供给成本分担的公平性及公共物品供给的持续性和永久性。这样的结果导致私人企业出于理性经济人和成本收益理论，不会向社会提供公共物品，所以纯公共物品的最佳供给方式只能由政府来提供。通常认为，在将消费者数量控制在一定范围内的情况下，俱乐部物品具有非竞争性，如果消费者数量过多就会出现拥挤现象，但可以通过收取费用的方式实现排他性，因此，这类准公共物品可以选择政府提供也可选择市场提供。公共资源物品在使用过程中容易出现"公地悲剧"的现象，因此这类准公共物品既可由政府供给，也可由私人或特定组织来供给，或可混合承担。

高致病性禽流感属于突发性的公共卫生事件。人们普遍认为，公共卫生事件具有公共物品的特性，即防控禽流感疫情等公共卫生事件带来的食品安全和人类生命健康等益处由社会公众共同享用。防控禽流感疫情具有非竞争性，即增加或减少一个居民享受禽流感疫情防控带来的益处不影响其他居民的享用水平，也不影响整个社会的利益；防控禽流感疫情也具有非排他性，即自己享用禽流感疫情防控带来的益处时不能排除其他人对此益处的享用。对于整个国家来说，禽流感疫情防控属于纯公共物品，由于关系到社会公众的身体健康和整个社会的稳定发展，国家应该提供免费的疫苗及相配套的免疫设施、提供专项资金用于禽流感疫情的防控措施和补偿政策等。对于地方政府来说，禽流感疫情防控属于准公共物品，地方政府应该积极配合国家的免疫方案，包括血清取样、发放疫苗、改善养殖环境等，同时也有义务承担部分疫情补贴（李小云等，2010）。

（二）外部性理论

不同的经济学家对外部性有不同的定义，但归纳起来主要有两类定义：第一类是从外部性的产生主体角度来定义，第二类则是从外部性的接受主体来定义。总之，外部性是某个经济主体对另一个经济主体产生一种外部影响，而这种外部影响不能通过市场价格来进行买卖（沈满洪、何灵巧，2002）。依据外部影响效果，外部性可以分为正外部性（外部经济）与负外部性（外部不经济），其中正外部性是指某个经济主体在生产或消费过程中给其他经济主体带来经济利益，但未得到应有的补偿；负外部性是指某个经济主体在生产或消费过程中给其经济主体造成损失，但未给予相应的补偿（叶晗，2014）。外部性问题的实质就是社会成本（Social Cost，SC）与私人成本（Private Cost，PC）之间发生偏离。所谓私人成本（PC），就是指在生产或消费过程中，某一经济主体所承担的成本费用，社会成本则是指该经济主体生产或消费活动带来的由社会承担的成本费用。当存在外部性时，社会成本（SC）不仅包括私人成本（PC），还包括某一经济主体生产行为或消费行为所造成的外部成本（External Cost，EC）。此时，社会成本 = 私人成本 + 外部成本，即 $SC = PC + EC$。如果某一经济主体的经济活动存在负外部性，即外部成本（EC）为正，社会成本（SC）大于私人成本（PC），则该经济主体的生产行为或消费行为给社会造成额外的成本。如果某一经济主体的经济活动存在正外部性，即外部成本（EC）为负，社会成本（SC）小于私人成本（PC），则该经济主体的生产行为或消费行为能够为社会带来额外的收益。

解决外部性问题，通常有两种方法，即"庇古税"和科斯的"产权"路径。庇古（Pigou）认为在完全竞争市场条件下，边际社会成本与边际私人成本相等，边际社会收益与边际私人收益相等，资源达到帕累托最优状态。但在现实中外部性等因素的存在，致使边际社会成本（收益）与边际私人成本（收益）出现偏离，即出现市场失灵，仅靠市场机制无法实现资源的最优配置，必须借助政府干预等外部力量来解决。政府可通过对产生负外部性的经济主体征税来限制其生产，对产生正外部性的经济主体给予补贴来鼓励其生产，进而使边际社会成本（收益）等于边际私人成本（收益），实现外部性"内部化"。新制度经济学家科斯（Coase）认为解决外部性问题的关键是明晰产权。在市场交易成本费用为零的情况下，无论产权初始安排如何，市场机制会自动使资源配置达到帕累托最优状态，而在市场交易成本费用大于零的情况下，不同的产权界定，会带来不同效率的资源配置。因此，政府干预不是实现外部性"内部化"的唯一方法，只要产权界定明确，公共物品的外部性可以通过市场机制得到有效解决（叶晗，2014）。

高致病性禽流感不仅具有高致病性、高死亡率，使养殖户饲养的家禽大量死亡，同时也是一种人畜共患的疾病，其暴发后迅速传播严重威胁社会公众的生命健康和社会安全，因此，高致病性禽流感疫情具有传染的负外部性，例如，一个地区发生高致病性禽流感疫情，会影响周边地区养殖户的家禽健康，也会威胁周边地区社会公众的生命安全；养殖户将病死家禽销售到市场中，会对食品安全产生威胁，同时养殖户对病死家禽的不规范处理，会对周边环境造成严重污染。扑杀家禽等防控措施是目前控制禽流感疫情扩散和蔓延的最有效方法，因此，防控高致病性禽流感疫情具有正外部性，例如，及时扑灭一个地区的禽流感疫情，不仅可以降低该地区养殖户遭受的疫情损失和身体健康威胁，同时也可以切断传染源，使周边地区的养殖户免遭疫情损失和生命健康威胁；对病死家禽和受污染生产设备的无害化处理，可以降低禽流感疫情的传播，降低对周边环境的污染程度。禽流感疫情暴发后，社会公众的身体健康和生命安全受到威胁，因此需要根据边际社会成本（MSC）等于边际社会收益（MSB）原则确定的均衡数量来提供疫情防控的投入量。养殖户不仅是基层禽流感疫情的防控主体，同时也是理性的经济人，禽流感暴发后，一般会按照利润最大化的原则［边际私人成本（MPC）等于边际私人收益（MPB）］来提供防控措施投入量，但该防控措施投入量远远小于社会均衡疫情防控投入量，导致疫情不能及时扑灭，社会公众受到威胁。如果养殖户按照社会均衡需要的投入量投入疫情防控措施，将要配合政府的扑杀政策等，承受额外的成本，因此，需要政府采取补偿措施进行干预，使外部性问题内部化，即政府给予养殖户疫情损失补贴，鼓励其投入社会均衡时需要的应急措施投入量，进而达到及时控制禽流感疫情扩散蔓延的目的，使整体社会福利达到最大化状态。

（三）行政补偿理论

行政补偿是指国家行政机关对因国家行政机关及其工作人员的合法行政行为或公共利益而遭受损失或损害的公民、法人或者其他组织给予一定补偿的制度，它是调整公共利益与私人利益、全局利益与局部利益之间关系的一项基本制度（王晓琳，2004）。行政补偿原则较多，主要有合法性原则、公共负担平等原则、公开原则及"谁受益、谁补偿"的原则等。行政补偿标准主要是对公民、法人或者其他组织遭受的直接损失、物质损失和实际损失进行补偿，对于具体领域、具体事项的补偿标准，应按照单行法律法规的规定，而不宜作统一的相同规定。行政补偿范围主要有两类：一类是对公民、法人或者其他组织因行政机关实施合法行政行为而遭受损失的补偿，包括行政机关为公共利益征收或征用相对人财产的补偿，行政机关实施抢险救灾等紧急行动而损害部分相对人利益的补偿等；第二类是对公民、法人等为公共利益而遭受损失的补偿，主要包括对公民因见义勇为或主动协助行政公务而遭受的身体或财产方面损害的补偿，国家组织的军事行为等具有危险性的活动致使部分公民受到人身伤害或财产损失的补偿等（王晓琳，2004）。行政补偿方式主要有直接补偿与间接补偿两种，其中直接补偿方式主要有金钱补偿、返还财产、恢复原状等，但以支付补偿金为主；间接补偿方式主要有减免税费、晋级晋职、安排就业、分配住房等，以及授予能给遭受损失人员带来利益的特许权等。行政补偿的程序包括行政程序和司法程序，行政程序是指行政机关对合法权益受损的当事人实施行政补偿的程序，而司法程序主要是指当行政机关不给予补偿或不给予合理补偿时，受损当事人提起行政诉讼而进行的司法程序（苏学振、王艳玲，2006）。

　　禽流感暴发后，政府采取强制扑杀、强制免疫、强制检查、强制隔离与治疗等一系列行政行为来控制禽流感疫情的扩散和蔓延，虽然取得了显著成效，但也给养殖户造成了严重损失。养殖户是家禽的所有者，为实现及时迅速扑灭禽流感疫情、保证社会公众身体健康和社会稳定等公共目标而配合国家的扑杀措施，导致所拥有的家禽被扑杀而遭受严重损失，这意味着养殖户为了公共利益而放弃个人利益，因此，国家应该对疫情中遭受损失的养殖户给予补偿，这不仅是社会公平的要求，也是维护公共利益的需要。政府在禽流感疫情应急中依法采取强制扑杀、强制免疫等防控措施来防控禽流感属于合法的行政行为，而这种行为在实施过程中对养殖户合法的私人财产造成损害，所以禽流感疫情补偿实际上是一种行政补偿。扑杀疫区家禽带来的利益被社会公众共同享受，根据公共负担平等原则，社会公众也应该共同承担扑杀疫区家禽带来的成本，进而给遭受损失的养殖户以合理补偿。禽流感疫情的补偿标准是要对疫区养殖户遭受的实际损失给予补偿，不仅包括直接损失，还应该包括间接损失，同时要考虑家禽的大小和种类，不能按只统一给予补偿。禽流感疫情的补偿范围主要是指因在政府执行扑杀等防控措施过程中遭受的损失，包括被扑杀的家禽，被污染的鸡蛋、饲料等，被破坏的生产设备等。禽流感疫情的补偿方式也应该包括直接补偿和间接补偿两种，除直接给予养殖户补偿款外，也应该给予养殖户种苗补贴、饲料补贴、低息贷款等优惠政策。禽流感疫情补偿款的发放要严格按照行政补偿的程序执行，同时也要完善司法程序，使养殖户在没有得到疫情补偿款和得到不合理的疫情补偿款的情况下，能够通过司法程序来维护自己的合法权益。

（四）机制设计理论

20 世纪 60 年代，里奥尼德·赫维茨（Leonid Hurwicz）最早提出机制设计理论，因此被称为"机制设计理论之父"。之后，美国经济学家马斯金（Maskin）和迈尔森（Myerson）进一步发展了该理论（邱询旻、冉祥勇，2009）。机制设计理论的核心是在自由选择、自愿交换的分散化决策条件下，能否并且怎样设计一个经济机制使得经济活动参与者的个人利益和设计者既定的目标一致（张东辉，2003）。机制设计理论的定义可以分为两个部分：首先是对收到的不对称信息和分散信息进行有效分析，并做出合理决策；其次是各个行为主体都以追求利益最大化为目的，且个人的利益目标与社会的利益目标相一致。机制设计理论通常会涉及信息效率和激励相容问题，其中信息效率则是指经济机制为实现既定社会目标而需要的信息量的多少，即经济机制运行所需的信息成本问题，它要求所设计的经济机制只需要较少的关于经济活动参与人的信息和较少的信息成本来实现既定的社会目标（朱慧，2007）。激励相容是指在所设计的机制下，如果经济活动参与人真实报告自己的私人信息是其占优均衡策略，那么这个机制就是激励相容的。在这种情况下，即使每个参与者都按照自利原则制订个人目标，也能达到设计者所要实现的既定社会目标。在经济社会中，社会利益与个人利益不一致是一种常态，加上信息不对称和不确定性等的存在，使经济活动参与人不愿意显示自己的真实信息，而是利用自己拥有的私人信息去追求个人利益最大化，从而出现损害社会利益的现象，所以，要设计一种激励机制，激励参与人显示自己的真实信息，使其在追求个人利益最大化的同时也能够使社会利益处于最优化状态，进而达到设计者所要实现的既定目标（邱询旻、冉祥勇，2009）。

显示理论的形成和实施极大地推动了机制设计理论的发展，简化了机制设计问题的分析，增加了机制设计理论的可行性。显示理论证明了任何一种机制的均衡都可以用激励相容的直接机制（即直接显示私人信息的机制）来替代，这不仅适用于信息不对称的时候，同时在有道德风险和机制存在多个阶段的时候也适用。显示理论降低了机制设计问题的复杂程度，把许多社会选择问题转化为通过博弈论可处理的不完全信息博弈，为最优机制的寻找提供了可能性。由于显示原理没有涉及多个均衡问题，因此马斯金提出实施理论对其进行完善，目前该理论在社会选择和不完全契约等多个研究领域发挥了重要作用。1977 年，马斯金在《纳什均衡与福利最优化》一文中正式提出了"实施理论"，该文运用博弈论对社会选择规则实施的一般问题进行分析，并对单调性和无否决权的性质进行了讨论，认为在单调性、无否决权和不少于三个经济参与者同时存在的条件下，才有可能实现最优的纳什均衡。马斯金的研究不仅有助于人们理解什么样的社会目标是纳什均衡可实施的，同时也提供了在其他均衡假设下研究一个社会目标能否被实施的基本技巧和方法（邱询旻、冉祥勇，2009）。

禽流感疫情暴发后，政府迅速制定强制扑杀、强制免疫等防控措施，为了实现及时有效地控制和扑灭高致病性禽流感、保护社会公众的身体健康和生命安全及维持正常的社会秩序等公共目标。养殖户不仅是家禽生产的主体，也是疫情防控的主体，这些公共目标的实现离不开养殖户的密切配合和积极参与，但如果养殖户配合政府的疫情防控措施，就会导致其饲养的家禽被扑杀，其拥有的鸡舍等生产设备受到损毁，即养殖户合法的个人财产会受到损害。在这种情况下，养殖户作为理性经济人，会追求个人利益最大化，不及时上报疫情或发生不安全销售（把病死家禽销售到市场中）等行为，这样就会损害公共利益，不利于防控措施公共目标的实现。因此，政府需要设计一种补偿机制，激励养殖户在追求个人利益最大化的同时能够实现政府既定的公共目标，即实现激励相容。补偿标准的确定是补偿机制设计的核心问题，首先补偿标准不能太低，如果补偿标准过低，养殖户不会选择上报疫情而是选择将病死家禽出售到市场中，即发生"逆向选择"，同时也不利于养殖户疫后维持正常的生活水平和积极恢复生产，不利于家禽业的健康持续发展，所以，补偿标准至少不低于养殖户在不上报疫情和不恢复生产情况下的效用水平。补偿标准也不能太高，如果补偿水平过高，一方面会加重政府的财政负担，降低补偿政策的经济效益；另一方面也不利于养殖户日常防控措施的投入，因为不管是否投入防控措施都可以得到较高水平的补偿，甚至在不防控的情况下效用水平更高，即发生"道德风险"。所以，补偿标准至少不高于养殖户在无疫病情况下的效用。疫情补偿政策要提供两种激励机制，一种是激励养殖户积极防控疫情，即在疫情前积极防控疫情，在疫情暴发后及时上报疫情；另一种是激励养殖户主动恢复生产，即疫情暴发后积极恢复养殖生产，从而达到与政府既定的社会目标相一致的目的，即激励相容。

三　理论框架构建

在概念界定和理论分析的基础上，构建文章的理论框架，如图 2－3 所示。禽流感疫情属于公共卫生事件，其暴发传播具有负外部性，不仅给养殖户带来严重损失，还威胁食品安全和社会稳定，防控禽流感疫情具有正外部性，同时具有公共物品的特性，因此，应该由政府来提供疫情防控措施。禽流感暴发后，国家政府和地方政府会采取强制免疫、强制扑杀、关闭活禽市场等措施来防控禽流感疫情的扩散和蔓延，但在这些防控措施实施过程中难免会给相关养殖户带来一定的经济损失，为此政府对受损养殖户给予相应补偿，因政府实施防控措施是为了维护社会公众公共利益，所以政府实施的疫情补偿实际上属于行政补偿。养殖户不仅是家禽生产主体和防控主体，也是理性经济人，如果配合政府扑杀等防控措施将要承担额外的损失，在政府不给予损失补偿和给予的损失补偿不足以弥补承担的额外损失的情况下，往往会发生不文明销售和不恢复生产等行为来追求利润最大化，但这也将损害社会公共利益。为实现及时防控禽流感疫情扩散蔓延、促进家禽业持续健康发展、保证社会公众身体健康和生命安全、维护社会稳定等社会公共目标，政府需要设计和完善补偿机制，在激励养殖户实现个人目标的情况下实现政府所要追求的公共目标，实现激励相容，即确定合理的补偿标准，完善疫情补偿政策等，使养殖户的疫情损失得到满意补偿，激励其主动上报疫情和积极恢复生产等。这就需要政府构建养殖户经济损失评估模型，仔细测算养殖户的疫情经济损失，在评估现有疫情补偿政策实施效果的基础上，确定合理的补偿标准，设计疫情分担机制，对现有疫情补偿政策进行完善。

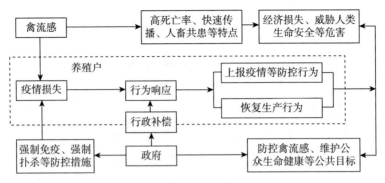

图 2 - 3 理论框架

四 本章小结

本章首先对与养殖户疫情损失补偿有关的概念进行界定，进而介绍相关的基础理论，并以此找到养殖户疫情损失补偿政策设计的理论依据。书中提到的禽流感疫情主要是指高致病性禽流感疫情，具有高致病性、高死亡率等特点，而书中的蛋鸡养殖户也主要是指高致病性禽流感疫区内饲养蛋鸡的养殖户，也包括疫点内饲养蛋鸡的养殖户。受疫情冲击的养殖户可以根据其饲养规模分为散养户和规模养殖户，即饲养规模在 300 只及 300 只以内的养殖户为散养户，而饲养规模在 300 只以上的养殖户为规模养殖户。

禽流感疫情属于公共卫生事件，具有公共物品的特性，同时具有传染的负外部性、防控的正外部性，因此，应该由政府来提供疫情防控。但政府的强制扑杀、强制免疫等防控措施会对养殖户合法的公共财产造成损失，因此，政府需对受损养殖户给予补偿，因政府的防控措施是出于公共利益考虑，所以政府实施的疫情补偿实际上属于一种行政补偿，需要根据行政补偿原则来确定相应的补偿范围、补偿标准、补偿速度等。但疫情补偿政策设计要满足激励相容理论，否则养殖户会出于自利行为而追求个人利益，偏离既定的社会公共目标，使政府制定的疫情防控目标无法实现。

▶ 第三章

禽流感疫情防控与补偿现状

中国是家禽生产大国，据世界粮农组织（FAO）统计，2013年中国禽蛋产量为 2912.87 万吨，居世界第一位；禽肉产量为 1893.84 万吨，仅次于美国，居世界第二位。中国也是禽流感疫情多发地区（Wang et al.，2013），自 2004 年 1 月广西隆安暴发 H5N1 亚型高致病性禽流感以来，中国大陆至少发生了 100 例 H5N1 亚型高致病性禽流感（Li et al.，2015）。目前，政府采取对鸡舍和活禽交易市场消毒、接种疫苗、疫情监测、强制扑杀等措施预防和控制禽流感暴发蔓延（Martin et al.，2011），但也给养殖户带来严重的经济损失。为维护养殖户个人利益，鼓励其及时恢复生产，政府也颁布《高致病性禽流感防治经费管理的暂行规定》等行政法规给予补偿。

了解家禽的生产模式和产量情况，归纳禽流感疫情的暴发特征，熟悉疫情暴发后的防控措施和补偿政策是分析疫情给养殖户带来的冲击程度、建立有效防控措施和优化疫情损失补偿政策的前提基础。基于此，本章首先介绍我国和宁夏的家禽生产模式和产量情况，其次探究我国和宁夏地区的禽流感暴发时间特征和空间特征，进而分别回顾我国和宁夏地区的禽流感疫情防控措施和疫情补偿政策，为构建养殖户疫情损失评价模型、探讨现有疫情补偿政策的不足及优化疫情补偿政策设计等提供背景支持。

一　家禽生产情况

家禽养殖业是我国畜牧业的支柱产业，近些年来，我国家禽养殖业快速发展，综合生产能力显著增强，在发展农村经济和增加农民收入方面做出巨大贡献。

（一）家禽生产模式

发展中国家的家禽生产模式可以分为四种类型，它们有着不同的生物安全水平和饲养方式等，具体特征如表3-1所示。第一种为工业化和集约化模式，主要生产商品化家禽，产品主要面向出口和大城市；生产技术较为先进，有良好的生物安全系统和质量控制流程；有完备的生产和销售记录：禽类品种、禽类数量、生产成本和销售等。第二种为工业化模式但不是集约化模式，也主要生产商品化家禽，但产品主要面向中等城市或农村；生产技术与第一种较为接近，但生物安全水平为中等高，普遍低于第一种；生产记录也比较完备，如果发生疫情进行补偿，可以较快确定补偿数量和标准。第三种既不是集约化模式也不是工业化模式，相对完善的商业化家禽经营，它的生产规模相对较小；也主要生产商品化家禽，但产品主要面向小城市或农村；其生物安全水平相对于第一种和第二种较低，是发展中国主要的家禽生产方式；通常没有持续的关于家禽饲养数量、生产成本、销售等生产记录。第四种为村庄或庭院式养殖（散养），主要生产本地品种的禽类，例如土鸡等；禽蛋主要是生产者自己消费，或卖给邻居，或卖到当地市场，因此物主很容易识别；基本没有饲养数量、生产成本等生产记录；它的生物安全水平非常低或没有生物安全防控措施，这种生产方式在发展中国家还占有一定的比例。

表 3 - 1　四种主要的家禽生产方式

特征	工业化和集约化	商品化		村庄或庭院式养殖（散养）
		高生物安全水平	低生物安全水平	
	第一种	第二种	第三种	第四种
生物安全水平	高	中等高	中等低	低
市场产出	出口和城市	城市或农村	城市或农村	城市或农村
生产投入	高	高	高	低
位置	在省会和主要城市附近	在省会和主要城市附近	小城镇和农村地区	到处，主要是偏远地区
禽类饲养	室内	室内	室内或部分时间室外	大部分室外
禽舍	封闭	封闭	封闭或开放	开放
与其他鸡是否接触	否	否	是	是
与鸭是否接触	否	否	是	是
与其他家禽是否接触	否	否	是	是
与野生动物是否接触	否	否	是	是
除流行病控制外的兽医服务	自己拥有兽医	支付兽医服务	支付兽医服务	不固定，依赖政府服务
药品和疫苗来源	公司或市场	市场	市场	政府和市场
技术信息来源	公司	生产投入的销售者（饲料商等）	生产投入的销售者（饲料商等）	政府推广
资金来源	银行和自有	银行和自有	银行和私人	银行和私人
家禽品种	商品家禽	商品家禽	商品家禽	本地家禽
拥有者的食品安全	高	一般	一般	从好到坏
生产记录	非常完备	完备	有，但不持续	没有

资料来源：Delgado et al.，2006。

我国目前的家禽生产方式主要有三种：第一种是集约化生产模式，相当于表 3 - 1 中的第一种生产模式。具有规划布局合理、生产环境良好、生产设备先进、防疫措施完备等特点，虽然不是我国家禽目前主要的生产方式，但它是我国家禽业未来的努力方向和发展方向。第二种是规模化生产模式，相当于表 3 - 1 中的第二种和第三种生产模式。具有较为完备的生产设备和较为先进的生产技术，但生产中仍存在布局不合理、设备简陋和产品质量不高等问题。这种生产模式是当前我国商品化养殖的主要生产方式，未来也需向专业化和集约化转变。第三种是农村传统养殖，相当于表 3 - 1 中的第四种。主要是在庭院内圈养或在村庄内自由散养，食用家庭剩菜剩饭或生活环境中的可寻食料，与其他禽类和人的接触率较高，基本没有防疫措施，在家禽生产数量中依旧占有较大比例，尤其是在偏远地区。我国目前的家禽生产既有生产水平较为先进的大型养殖屠宰加工企业，也有传统落后的分散养殖，但整体上还处于"小规模、大群体"的发展阶段，虽然生物安全水平也在不断改进，但疫病防控形势依然险峻。

宁夏处于我国西部地区，家禽养殖水平整体上低于东部和中部地区，当地的家禽生产模式主要有规模化生产模式和传统散养，但以规模化生产为主。根据实地调研可知，宁夏中卫有现代化的养殖园区，即宣和镇第一养殖户园区、第二养殖园区、第三养殖园区、第四养殖园区和永康镇养殖园区，虽然具有较为完备的生产设备和较为先进的生产技术，但存在养殖园区选址错误，养殖园区内布局不合理；生产设备差异大，总投入不足；园区内混养狗、猫等动物，加大动物间传染病传播的概率；养殖粪便到处堆积，不仅污染环境，也加大疾病传播；日常的清洁和消毒不到位；相关人员的养殖技术水平有待提高等问题。这些问题不利于疫情防控，而当地又是宁夏主要的蛋鸡生产区域，饲养密度高，一旦发生禽流感疫情，损失严重，也将给当地蛋鸡产业和社会安定等造成严重冲击。此外，当地还有部分散养户，主要是在庭院内闲置区域进行圈养，禽舍简陋，生产设备落后，很少采用防疫措施，甚至没有防疫措施，家禽直接与外界环境接触，容易染上传染病，不利于禽流感等疫情的防控。

（二）家禽生产总量

1. 中国家禽生产总量

中国家禽业发展迅速，自 1995 年以来，中国家禽年末出栏量平均每年以 3.39% 的速度增长，而中国禽蛋产量则平均每年以 2.99% 的速度增长，到 2014 年，家禽年末出栏量为 1154167 万只，禽蛋产量则达到 2893.89 万吨，居世界第一位。1995 年，中国家禽年末出栏量为 630212.4 万只，之后呈波动增长趋势，到 2014 年，中国家禽年末存栏数为 1995 年的 1.83 倍（见图 3 - 1）。1995 ~ 2014 年，中国禽蛋产量走势与家禽年末出栏量走势较为一致，但增长速度较为平缓，到 2014 年，中国禽蛋产量为 1995 年的 1.73 倍。

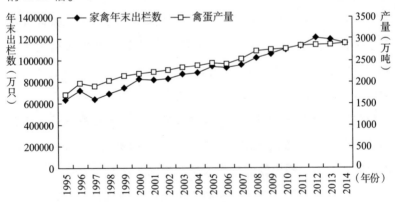

图 3 - 1　1995 ~ 2014 年中国家禽年末出栏数与禽蛋产量

资料来源：《中国统计年鉴》（1996 ~ 2015 年）。

从空间分布来看，1995 年，山东省的家禽年末出栏数为 121444.9 万只，排名全国第一位，其次是广东省的 77573.41 万只、江苏省的 59084.89 万只和四川省的 46318.62 万只，再次是广西、河北、河南、辽宁、安徽和湖南等省份。2001 年，山东省的家禽年末出栏数为 119102.28 万只，略有减少，但仍居第一位，其次是广东省的 94517.2 万只，再次是江苏、河北、河南、安徽、吉林和辽宁。与 1995 年相比，值得注意的是广西的家禽年末出栏数退出全国前十，而吉林省则进入全国前十名。2007 年，山东省和广东省的家禽年末出栏数依旧为第一名和第二名，其次是河南、广西、江苏、辽宁、安徽、河北和四川，与 2001 年相比，河南和广西的家禽年末出栏数增加较快，分别居第三位和第四位，而湖南省的家禽年末出栏数增加较慢，退出全国前十名。2014 年，山东、广东、河南和广西的家禽年末存栏数较多，在全国排名不变，其次是辽宁、江苏、安徽和四川，再次是河北、湖北等省份。整体来说，1995～2014 年，中国家禽年末出栏数都有不同程度的增加，且主要集中在山东、广东、河南、辽宁、江苏、安徽、四川、河北等省份，从区域分布上来看，主要分布在东部和中部地区，即主要围绕粮食主产区和主要消费市场进行分布。

中国禽蛋产量空间布局与家禽年末出栏数空间布局较为一致，但也存在差异，可能与各地家禽饲养种类、饲养模式、防疫水平、饲料供应等因素有关。1995 年，山东、河北、江苏的禽蛋产量分别为 317.4 万吨、205.29 万吨、175.32 万吨，居全国前三位，其次是河南、辽宁、湖北、四川和黑龙江，再次是湖南、陕西等省份。2001 年，山东、河北的禽蛋产量增长为 379.04、369.63 万吨，居第一和第二位，但江苏禽蛋产量的增长速度慢于河南，江苏居第四位，而河南居第三位。此外，辽宁、安徽、四川、湖北、吉林和黑龙江的禽蛋产量也较多，分别居全国第五位至第十位。2007 年，河北省的禽蛋产量为 396.45 万吨，略高于山东省的 359.9 万吨，居全国首位，而河南省的禽蛋产量依旧居第三位。其次是辽宁、江苏和四川的禽蛋产量，再次是湖北、安徽等省份。2014 年，河南的禽蛋产量增加为 404 万吨，超过山东省和河北省，位居全国首位，而山东省和河北省则分别位居第二位和第三位。其次是辽宁、江苏、湖北、四川、安徽、吉林和黑龙江的禽蛋产量，分别位居全国第四位至第十位。总体来看，1995~2014年，中国各个省份的禽蛋产量都在增加，但产业布局变动不明显，主要集中在山东、河南、河北、辽宁、江苏、湖北、四川、安徽、吉林和黑龙江，从区域分布上来看，也是主要集中在东部和中部地区。

2. 宁夏家禽生产总量

宁夏的家禽业也得到迅速发展，自1995年以来，宁夏家禽年末出栏数平均每年以2.65%的速度增长，低于全国平均增长速度，但禽蛋产量平均每年以5.07%的速度增长，比全国平均增长速度高2.08%，可能与宁夏地区蛋鸡养殖较多有关。与全国家禽年末出栏数和禽蛋产量走势相比，宁夏地区的走势波动性较大（见图3-2）。宁夏家禽年末出栏量1995年为938.64万只，之后呈波动上升态势，到2000年，达到20年间的峰值（1859.49万只），之后又经历波动下降和波动上升，2007年以后，波动性减小，增长平稳。宁夏禽蛋产量走势波动性也较大，1995年，禽蛋产量为3.90万吨，之后一直处于波动上升态势，到2002年，达

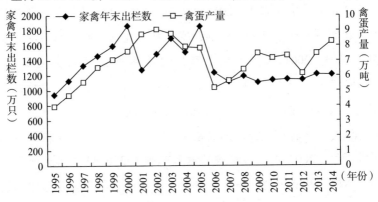

图3-2　1995~2014年宁夏家禽年末出栏数与禽蛋产量

资料来源：《宁夏统计年鉴》（1996~2015年）。

到峰值（9.04万吨），之后处于波动下降趋势，到2006年，出现第一个谷值（5.17万吨），之后逐渐回升又逐渐下降，到2012年，出现第二个谷值（6.18万吨），2012年以后，处于波动增加状态。回顾宁夏地区的禽流感暴发情况，2006年和2012年都暴发过高致病性禽流感疫情，可见，禽流感暴发对当地的禽蛋产量冲击明显，使其走势出现谷值状态。

2004年，由海原县、中宁县、中卫县三县组成中卫市，所以书中选取2004～2014年中卫各市的禽蛋产量对宁夏禽蛋产量的分布进行分析，具体见表3-2。中卫市是宁夏禽蛋产量的第一大市，2004～2014年的禽蛋产量平均占比为49.47%，这意味着宁夏将近一半的禽蛋来自中卫市。2005年，其禽蛋产量占比最大，为61.06%，2012年的禽蛋产量占比最小，仅为30.65%，可能与当地暴发禽流感有关。银川市是宁夏回族自治区禽蛋产量的第二大市，其禽蛋产量占比平均为21.73%，2012年的禽蛋产量占比最大，为33.87%，2005年的禽蛋产量占比最小，为13.61%。吴忠市是宁夏禽蛋产量的第三大市，其禽蛋产量占比平均为14.22%，2013年的禽蛋产量占比最大，为25.68%，2009年的禽蛋产量占比最小，仅为8.67%。固原市和石嘴山市的禽蛋产量占比较小，分别平均为7.35%和7.02%，固原市的禽蛋产量占比在2006年最大，为10.12%，但在2012年最小，仅为4.84%，可能与当地暴发禽流感疫情有关，而吴忠市的禽蛋产量占比较为稳定，除2012年外，其他年份占比都在6%左右。

表3-2　2004～2014年宁夏各市禽蛋产量及占比

单位：万吨，%

年份	银川	占比	石嘴山	占比	吴忠	占比	固原	占比	中卫	占比
2004	1.38	17.70	0.61	7.85	0.73	9.29	0.63	8.01	4.40	56.32
2005	1.07	13.61	0.49	6.27	0.73	9.30	0.67	8.57	4.78	61.06
2006	0.88	13.96	0.48	7.56	0.65	10.26	0.64	10.12	3.56	56.63

年份	银川	占比	石嘴山	占比	吴忠	占比	固原	占比	中卫	占比
2007	1.57	27.59	0.70	12.30	0.89	15.67	0.46	8.09	2.07	36.34
2008	1.45	22.43	0.46	7.15	0.67	10.42	0.47	7.22	3.40	52.78
2009	1.50	20.13	0.49	6.54	0.65	8.67	0.47	6.34	4.36	58.31
2010	1.65	23.10	0.36	5.01	0.67	9.42	0.42	5.84	4.05	56.63
2011	1.60	21.92	0.40	5.48	0.90	12.33	0.40	5.48	4.10	56.16
2012	2.10	33.87	0.40	6.45	1.50	24.19	0.30	4.84	1.90	30.65
2013	1.50	20.27	0.40	5.41	1.90	25.68	0.60	8.11	3.00	40.54
2014	2.03	24.46	0.60	7.23	1.76	21.20	0.68	8.19	3.22	38.80

资料来源：《宁夏统计年鉴》（2005～2015年）。

二　禽流感疫情暴发概况

分析禽流感暴发的时空特征可以更好地理解疫情传播路径，进而发现禽流感高发地区和时间，为有目标的疫情监测和控制提供依据（Si et al.，2008）。而禽流感疫情暴发涉及暴发频次、死亡数量[①]、病毒种类和发病禽种，书中基于以上四个方面分析我国和宁夏地区的禽流感疫情时空特征。2004年1月广西隆安发生禽流感疫情，这是中国公布的首例确诊高致病性禽流感疫情，故选择2004年以来中国[②]各省份禽流感暴发次数、家禽死亡数、病毒种类、感染禽种对禽流感暴发的时空特征进行分析。数据来自中国农业部《兽医公报》（2004～2015年）和中国农业部应急管理疫情发布的官方报道，缺少的数据通过查询网络新闻报道获得。

[①]　死亡数量包括因疫情发生正常死亡的家禽数量和被扑杀的家禽数量。

[②]　由于数据缺失，不包括中国香港、中国台湾、中国澳门地区。

（一）研究方法

1. 禽流感暴发频次和死亡数量

禽流感暴发频次和死亡数量是反映禽流感暴发特征的两个重要指标，其中禽流感暴发频次是指禽流感疫情在某段时间内的发生次数，而死亡数量则是指家禽因禽流感疫情发生而正常死亡和被扑杀的数量。

中国年度和月度禽流感暴发频次：

$$BC_t = \sum_{j=1}^{31} \sum_{i=1}^{12} X_{tij} \tag{3-1}$$

$$BC_i = \sum_{j=1}^{31} \sum_{t=2004}^{2015} X_{tij} \tag{3-2}$$

式中，BC_t、BC_i分别为中国禽流感年度、月度暴发频次，$t = 2004$，2005，$\cdots$，2015，$i = 1$，2，$\cdots$，12；X_{tij}为 j 省份 t 年份 i 月份禽流感暴发次数，$j = 1$，2，$\cdots$，31；$\sum_{i=1}^{12} X_{tij}$、$\sum_{t=2004}^{2015} X_{tij}$ 分为 j 省份 t 年度和 j 省份 i 月度禽流感暴发次数。

中国年度和月度禽流感造成的家禽死亡数量：

$$BQ_t = \sum_{j=1}^{31} \sum_{i=1}^{12} Y_{tij} \tag{3-3}$$

$$BQ_i = \sum_{j=1}^{31} \sum_{t=2004}^{2015} Y_{tij} \tag{3-4}$$

式中，BQ_t、BQ_i分别为中国禽流感年度、月度造成的家禽死亡数量，$t = 2004$，2005，$\cdots$，2015，$i = 1$，2，$\cdots$，12；Y_{tij}为 j 省份 t 年份 i 月份家禽死亡数，$j = 1$，2，$\cdots$，31；$\sum_{i=1}^{12} Y_{tij}$、$\sum_{t=2004}^{2015} Y_{tij}$ 分为 j 省份 t 年度和 j 省份 i 月度家禽死亡数。

2. 禽流感病毒种类和发病禽种

禽流感病毒属正黏病毒科，有 A、B 和 C 三种类型，依据病毒表面血凝素（HA）和神经氨酸酶（NA）蛋白抗原性的不同分为许多亚型（Capua and Alexande，2009；Jiang et al.，2012）。目前已从禽类中鉴定出 16 个 HA 亚型（H1～H16），9 个 NA 亚型（N1～N9），其中，H5 和 H7 亚型对禽类的致病力较高（Tong et al.，2012）。2004～2015 年中国家禽中暴发禽流感的种类主要有 H5N1、H5N2 和 H5N6 亚型，其中以 H5N1 亚型为主，每例暴发带来的禽流感平均发病数、死亡数和扑杀数都要高于其他亚型（黄泽颖、王济民，2015）。禽流感病毒广泛分布于世界范围内的许多家禽（火鸡、鸡、珍珠鸡、鹌鹑、鹅、鸭等）、野禽（鹅、鸭、天鹅、燕鸥等）中，自迁徙水禽，特别是鸭中分离到的病毒比其他禽类多，而禽流感在家养的火鸡、鸡中引起的危害最为严重（Suarez，2000）。中国年度和月度禽流感病毒种类、发病禽种的计算方法与暴发频次和死亡数量的年度、月度计算方法相同。

3. 禽流感暴发时空特征分析方法

禽流感暴发时间上具有明显的季节性，主要发生在寒冷季节（Li et al.，2015），在不同种群中的暴发存在独特的时段，野鸟发病主要集中在 1 月、2 月、4 月、5 月，家禽发病主要集中在 1 月、2 月、6 月、11 月，人类发病主要集中在 1 月（田怀玉，2012；Tian et al.，2015）。所以书中把禽流感暴发的时间特征分为年度特征和月度特征，即分析 2004～2015 年禽流感暴发频次、死亡数量、病毒种类和发病禽种的年度和月度特征。禽流感暴发也具有明显的空间特征，中国禽流感发生疫点在 2004～2006 年表现为聚集性（张志诚等，2008），2006 年初大范围实行疫苗接种之后，禽流感呈现零星暴发趋势（Li et al.，2015）。所以禽流感暴发的空间特征可以包括全局特征和区域特征，书中利用 Arc-GIS-ArcMAP 9.0 对禽流感暴发频次、家禽死亡数量、病毒种类和发病禽种的空间特征进行分析。

（二）中国禽流感暴发的时空特征分析

1. 中国禽流感暴发的时间特征分析

（1）年度特征分析

2004～2015 年中国共发生 133 次禽流感疫情，其中 H5N1 暴发 123 次，H5N2 暴发 3 次，H5N6 暴发 7 次；发病禽种包括鸡、鸭、鹅、野鸟、鹌鹑、珍禽等，死亡和被扑杀数达 3202.68 万只，禽流感疫情年度具体特征如图 3－3 所示。2004 年，中国禽流感暴发 50 次，之后呈现波动下降趋势，到 2010 年，暴发次数为 0，禽流感消失。2011 年，禽流感暴发 1 次，之后呈波动上升趋势，到 2015 年，暴发次数增加为 12 次。可见，2004～2015 年中国禽流感暴发频次呈逐年下降到无，之后略有反弹的趋势，这与黄泽颖和王济民（2015）的结论一致。从禽流感造成的家禽死亡数量来看，2004～2006 年家禽死亡数量较大，其中 2005 年最大，死亡数为 2226.63 万只，其次是 2006 年和 2004 年的 300.28 万只、294.86 万只。之后禽流感导致的家禽死亡数量逐年减小，2010 年后开始增大，其中 2012 年死亡数达到 160.68 万只。禽流感造成的死亡数量走势不规则，大体上呈先上升后波动下降再波动上升的趋势，与禽流感暴发频次走势差异较大。

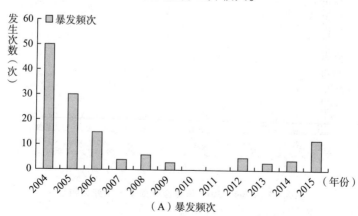

（A）暴发频次

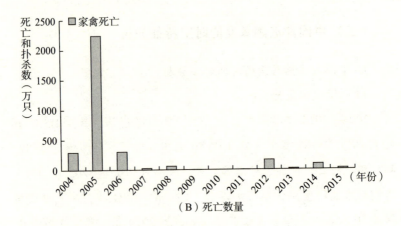

（B）死亡数量

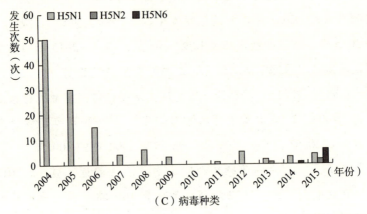

（C）病毒种类

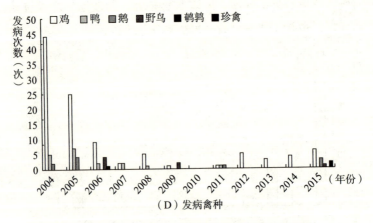

（D）发病禽种

图 3 - 3　2004～2015 年禽流感疫情年度变化特征

资料来源：中国农业部《兽医公报》。

从禽流感病毒种类来看，2004～2012 年是 H5N1 亚型暴发，2012～2015 年为 H5N1 亚型、H5N2 亚型、H5N6 亚型共同暴发。H5N1 亚型禽流感占总疫情次数的 92.48%，除 2010 年没有暴发外，其余年份都有发生。H5N2 亚型禽流感疫情共发生 3 次，2013 年首次出现 H5N2 亚型禽流感疫情，2015 年暴发两次，占疫情总发生次数的 2.26%。H5N6 亚型禽流感共暴发 7 次，占总疫情次数的 5.26%，主要发生于 2014～2015 年，其中 2014 年发生 1 次，2015 年发生 6 次。可见，2004～2015 年，中国禽流感主要以 H5NI 亚型为主，H5N2 亚型、H5N6 亚型于 2012 年以后出现并呈增加趋势，国家除重点防控 H5NI 亚型禽流感外，也要关注近年来发生次数较多的 H5N2 亚型、H5N6 亚型禽流感疫情。2004 年以来，禽流感病毒在鸡、鸭、鹅、野鸟、鹌鹑、珍禽等禽类中均被发现，说明上述禽类是禽流感病毒的易感禽种（黄泽颖、王济民，2015）。2004～2015 年，从单一禽种发现禽流感病毒 124 次，鸡、鸭、鹅、野鸟、鹌鹑、珍禽分别发现病毒 97 次、10 次、7 次、7 次、1 次、2 次；从两种及以上禽种发现病毒 9 次，其中鸡、鸭中发现 6 次，鸡、鹅中发现 1 次，鸭、鹅中发现 1 次，鸡、鸭、鹅中发现 1 次。鸡是最易感染禽流感疫情的禽种，2004～2015 年共发现病毒 105 次，占易感禽种总数的 73.43%；其次是鸭和鹅，发现携带病毒数占总数的 13.29% 和 7%；野鸟只在 2006 年、2009 年和 2015 年被发现携带禽流感病毒，鹌鹑和珍禽分别在 2006 年和 2015 年被发现携带病毒。

（2）月度特征分析

2004～2015 年，禽流感疫情在 2 月暴发次数最多，涉及 16 个省，占暴发次数的 30.08%；其次是 1 月，暴发次数为 25 次，涉及 15 个省，占暴发次数的 18.80%。1 月和 2 月的暴发次数占到总次数的 48.88%，可能的解释是 1 月和 2 月天气寒冷，为禽流感疫情高发期，此外春节临近，调运和交易频繁，增加了疫情传播风险。2004～2015 年 11 月、6 月、4 月分别发生 23 次、9 次、7 次，其次是 12 月的 6 次，5 月份的 5 次等。Li 等（2015）发现中国禽流感疫情的暴发不仅主要发生在寒冷的季节（11 月、12 月、1 月、2 月），还集中发生在较为温暖的季节（7 月、8 月、9 月），这与上述分析基本一致。禽流感暴发导致的家禽死亡数量较大的月度为 11 月、6 月、2 月、1 月，也是禽流感暴发次数和波及省份较多的月度。H5N1 亚型是中国禽流感最主要类型，每个月度都发生过，2 月发生的次数最多。鸡、鸭、鹅是禽流感病毒易感禽种，至少 8 个月度都感染过禽流感病毒，野鸟只在 1 月、2 月、4 月、5 月感染过病毒，这可能与候鸟春秋季节迁徙有关。鹌鹑和珍禽分别在 1 月、6 月和 12 月被发现携带病毒，即在这些月度防控禽流感除重点关注鸡、鸭、鹅外，也要关注鹌鹑和珍禽。具体每个月度的禽流感疫情发生特征如表 3-3 所示。

表 3-3　2004～2015 年禽流感疫情月度特征变化

月份	暴发频次（次）	死亡数量（百万）	暴发省份	疫情种类	发病禽种
1	25（18.80%）	87.02（2.72%）	15	H5N1（22），H5N2（1），H5N6（2）	鸡（16），鸭（6），鹅（3），野鸟（1），鹌鹑（1）
2	40（30.08%）	314.73（9.83%）	16	H5N1（39），H5N6（1）	鸡（39），野鸟（1）
3	4（3.01%）	46.46（1.45%）		H5N1（4）	鸡（4）
4	7（5.26%）	40.33（1.26%）	5	H5N1（6），H5N6（1）	鸡（3），鹅（1），野鸟（3）
5	5（3.76%）	7.99（0.25%）	4	H5N1（5）	鸡（1），鸭（1），鹅（1），野鸟（2）
6	9（6.77%）	320.66（10.01%）	8	H5N1（9）	鸡（6），鸭（2），鹅（1），珍禽（1）
7	2（1.50%）	51.91（1.62%）	2	H5N1（2）	鸡（2）

月份	暴发频次（次）	死亡数量（百万）	暴发省份	疫情种类	发病禽种
8	4（3.01%）	35.33（1.10%）	4	H5N1（2），H5N2（1），H5N6（1）	鸡（2），鸭（1），鹅（1）
9	5（3.76%）	60.75（1.90%）	4	H5N1（4），H5N6（1）	鸡（4），鸭（1）
10	3（2.26%）	14.20（0.44%）	3	H5N1（3）	鸡（3），鸭（2），鹅（1）
11	23（17.29%）	2187.82（68.31%）	9	H5N1（23）	鸡（21），鸭（3），鹅（1）
12	6（4.50%）	35.49（1.11%）	6	H5N1（4），H5N2（1），H5N6（1）	鸡（4），鸭（2），鹅（1），珍禽（1）

资料来源：中国农业部《兽医公报》。

2. 中国禽流感暴发的空间特征分析

（1）全局特征

2004～2015年除北京、山东、福建、重庆、海南5省份外，其他26省份都发生过禽流感疫情，致使家禽死亡数量达3202.68万只，其中辽宁的家禽死亡数量最大，其他省份的家禽死亡数量在156万只以下，禽流感种类以H5N1亚型为主，发病家禽以鸡为主。在26个发生过禽流感疫情的省份中，新疆、湖北、广东、湖南暴发频次较大，其次是西藏、安徽、云南、辽宁的6～10次，宁夏、江苏、江西、贵州的4～5次，再次是山西、内蒙古等14省暴发的1～3次。总之，禽流感在长江以南的暴发频次多于长江以北，南方禽流感疫情暴发较多的省份主要是广东、湖北、湖南，而北方主要是新疆、宁夏和辽宁。禽流感疫情致使辽宁家禽死亡的数量最多，其次是山西、宁夏、新疆、广东，再次是湖南、云南、湖北、甘肃、贵州、安徽，河北、上海等省份的死亡数量相对较小，在34万以下。禽流感疫情给北方省份家禽带来的死亡数量大于南方省份。

除黑龙江外，其他 25 个省份都发生过 H5N1 亚型禽流感，其中，新疆发生次数（16 次）最多。H5N2 亚型禽流感主要发生在河北省（1 次）和江苏省（2 次），H5N6 亚型禽流感暴发省份略多于 H5N2，主要集中在黑龙江、江苏、湖南、广东四省，其中湖南省发生次数（3 次）最多。江苏省是唯一一个共同发生过 H5N1、H5N2、H5N6 亚型禽流感的省份，同时，江苏也是我国家禽养殖大省，为防止禽流感暴发和蔓延变异，应重点对江苏省进行疫情监测，做好日常的血清检测工作。除青海省、浙江省、上海市以外，其他 23 个省份都从鸡中诊断出禽流感疫情，其中，新疆鸡群中发现禽流感的次数（13 次）最多，这也印证了鸡是目前暴发禽流感最主要的禽种。从鸭群中诊断出禽流感病毒的省份有内蒙古、新疆、上海、江西、湖南、湖北、四川、西藏、广东、广西，其中从湖南省发现的次数（4 次）最多，从总体上看，鸭群中诊断出的禽流感主要发生在南方地区，这可能跟水域面积和饲养习惯有关。鹅群中诊断出禽流感的省份有新疆、江苏、浙江、安徽、湖北、西藏、广东，也是以南方省份为主。野鸟中诊断出禽流感主要发生在青海、新疆、辽宁、河南、西藏地区，可能的解释是这些省份位于候鸟迁徙东非－西亚、中亚、东亚－澳大利亚的路径中，在候鸟迁徙过程中通过污染水源、与家禽接触等传播病毒（Fang et al.，2008）。鹌鹑和珍禽中诊断出禽流感病毒的次数较少，主要发生在贵州、江苏和湖南地区，这也说明禽流感病毒发病禽种较多，对这些地区要扩大血清检测种类。

（2）区域特征

中国家禽主要集中在东部地区[①]，其次是中部[②]和西部地

---

① 东部地区包括北京、天津、河北、辽宁、上海、江苏、浙江、福建、山东、广东、海南。
② 中部地区包括山西、吉林、黑龙江、安徽、江西、河南、湖北、湖南。

区①，但禽流感的暴发次数却主要集中在西部地区，其次是中部地区和东部地区，这意味着禽流感暴发与家禽饲养方式相关，与张志诚等（2008）的观点一致，可能的解释是西部地区家禽饲养方式落后，主要以散养为主，疫情防控技术落后，中部地区和东部地区以规模养殖为主，鸡舍等设备较为先进，疫情防控技术成熟。从疫情中家禽死亡数量来看，禽流感疫情给东部地区家禽造成死亡数量较多，其次是西部和中部地区，可能的解释是东部地区家禽密度大，活禽交易等较为频繁，禽流感暴发频次相对少，但对其冲击程度较大。H5N1 亚型仍是中国禽流感最主要的类型，东、中、西部地区都有发生，但 H5N2 亚型主要出现在东部地区，H5N6 亚型主要出现在东部和中部地区，可见，东部地区疫情种类较多，三种疫情都有发生，西部地区疫情种类单一，主要是H5N1 亚型。从家禽发病种类来看，三个区域差异不大，鸡、鸭、鹅、野鸟都有发病，其中，鸡和野鸟在西部地区发病次数较多，鸭在中部地区发病次数较多，鹅在东部地区发病次数较多。珍禽感染病毒主要集中在中部和东部地区，鹌鹑感染病毒发生在西部地区。禽流感在三个区域具体发生特征见表 3－4。

表 3－4　2004～2015 年禽流感疫情区域特征

地区	暴发频次（次）	死亡数量（万只）	疫情种类	家禽发病种类
东部地区	31（23.30%）	2215.97（69.19%）	H5N1（25），H5N2（3），H5N6（3）	鸡（20），鸭（3），鹅（5），野鸟（2），珍禽（1）
中部地区	46（34.59）	426.09（13.31%）	H5N1（42），H5N6（4）	鸡（36），鸭（10），鹅（2），野鸟（1），珍禽（1）

---

① 西部地区包括四川、重庆、贵州、云南、西藏、陕西、甘肃、青海、宁夏、新疆、广西、内蒙古。

地区	暴发频次 （次）	死亡数量 （万只）	疫情种类	家禽发病种类
西部 地区	56 （42.11%）	560.62 （17.50%）	H5N1（56）	鸡（49），鸭（5），鹅（3）， 野鸟（4），鹌鹑（1）

资料来源：中国农业部《兽医公报》。

（三）宁夏禽流感暴发的时空特征分析

2004～2015年，宁夏共发生6次高致病性禽流感，其中前5次都有官方报道，数据来自中国农业部《兽医公报》（2004～2015年），而2014年4月中卫沙坡区暴发的禽流感数据来自实地调研和文献查阅。从表3-5中可知，宁夏分别于2005年、2006年和2012年发生禽流感，其中2006年暴发频次最多（3次），其次是2012年和2005年。2012年禽流感导致的家禽死亡数量最大，达到550.72万只，其次是2006年的102.17万只和2005年的9.963万只。2004～2015年，宁夏禽流感病毒的种类都是H5N1，且都在鸡中得到确诊。从暴发的月份来看，禽流感于4月份发生2次，于6月、7月、9月、11月分别发生1次，总体来看，禽流感暴发主要集中在较为温暖的季节（4月、6月、7月、9月），但在寒冷季节（11月）也有发生，与书中分析中国禽流感暴发的月度特征结论基本一致。禽流感在4月份暴发带来的冲击程度最大（550.72万只），其次是6月和7月的58.77万只和36万只，而11月和9月的禽流感引起的家禽死亡数量相对较小。

从宁夏禽流感暴发的空间特征来看，2004～2015年中卫市禽流感的暴发次数最多，占总疫情的50%，其次是银川市和固原市的2次和1次，分别占总疫情的33.33%和16.67%。从禽流感造成的家禽死亡数量来看，中卫市因禽流感发生造成的家禽死亡数最多，达到607.78万只，占总疫情损失程度的91.69%，其次是固原市的家禽死亡数量，达到 37.72 万只，而银川市的家禽死亡数量相对较小，为 17.36 万只。可能的解释是宁夏中卫市是宁夏回族自治区主要的养殖市，家禽养殖户的数量多且密度大，一旦暴发禽流感，在不及时采取防控措施情况下造成的损失较大。从禽流感病毒种类和发病禽种来看，3 个市的禽流感病毒都为 H5N1，且都是在鸡群中发现。从表 3 - 5 中也可发现，宁夏中卫市沙坡区宣和镇发生 3 次疫情，且造成损失较大，这也是本书选择此地区为调研区域的原因。

表 3 - 5　2004～2015 年宁夏禽流感疫情发生情况

时间	地点	暴发频次（次）	死亡数量（万只）	病毒种类	发病禽种
2005 年 11 月	银川市兴安区大新镇	1	9.96	H5N1	鸡
2006 年 6 月	中卫市宣和镇	1	58.77	H5N1	鸡
2006 年 7 月	中卫市宣和镇	1	36.00	H5N1	鸡
2006 年 9 月	银川市西夏区贺兰山农牧场河南新村	1	7.39	H5N1	鸡
2012 年 4 月	固原市原州区头营镇杨郎村	1	37.72	H5N1	鸡
2012 年 4 月*	中卫市沙坡区宣和镇、永康镇、镇罗镇、东园镇、迎水桥镇、文昌镇、滨河镇、柔远镇	1	513.00	H5N1	鸡

注：＊数据来自刘国华等（2013）。
资料来源：中国农业部《兽医公报》和文献资料。

三　禽流感疫情防控措施

制定科学合理的疫情防控措施，对预防禽流感暴发、及时控制疫情扩散蔓延极为重要。禽流感疫情防控措施可以分为预防性措施和控制性措施，预防性措施主要包括接种疫苗、改善养殖户（场）的生物安全及对疫区禽类流动的控制等；控制性措施则包括强制性扑杀、封锁隔离、消毒、紧急免疫等。

（一）中国禽流感疫情防控措施

中国防控禽流感充分吸收 SARS 经验，做到了信息透明、措施有力。以预防为主、采取免疫与扑杀相结合的综合防控措施是中国防控禽流感的重要经验之一（李小云等，2010）。禽流感暴发前和禽流感暴发被控制后，主要实施的是接种疫苗、监测血清等预防性措施，而禽流感暴发后，主要实施的是强制扑杀、紧急隔离等控制性措施。

1. 中国禽流感疫情预防性措施

中国禽流感防控措施坚持以预防为主，在 2004 年高致病性禽流感暴发后，对重点地区家禽实施强制免疫，2005 年 10 月起，对所有家禽实施强制免疫（李小云等，2010）。关于禽流感免疫的法律法规主要有《中华人民共和国动物防疫法》和《高致病性禽流感和口蹄疫等重大动物疫病免疫方案》，其中，前者自 1997 年 7 月 3 日第八届全国人大二十六次会议通过，1998 年 1 月 1 日起施行，之后于 2007 年 8 月 30 日第十届人大二十九次会议和 2013 年 6 月 29 日第十二届人大三次会议进行修订。《高致病性禽流感和口蹄疫等重大动物疫病免疫方案》自 2005 年后每年都有制定，总体上要求对所有家禽进行强制免疫，免疫密度达到 100%。免疫方案主要包括免疫程序和免疫方法，因为家禽饲养具有补栏出栏快、周期短的特点，因此实行常年免疫、每月补针的免疫原则。散养家禽在春季和秋季各实施一次集中免疫，规模养殖场需依照免疫程序进行免疫，每月对新补栏的家禽要及时补免。免疫程序具体包括种鸡、蛋鸡免疫；商品代肉鸡免疫；种鸭、蛋鸭、种鹅、蛋鹅免疫；商品肉鸭、肉鹅免疫；散养禽免疫和鹌鹑、鸽子等其他禽类免疫（农业部，2007）。

2. 中国禽流感疫情控制性措施

禽流感暴发后，为及时、有效地控制和扑灭禽流感疫情，最大程度地减轻禽流感疫情对畜牧业及公众健康造成的危害，中国先后颁布《重大动物疫情应急条例》《全国高致病性禽流感应急预案》《高致病性禽流感疫情处置技术规范（试行）》等行政法规。目前，禽流感疫情控制性措施主要包括疫情报告、确认和分级，疫情应急指挥系统和部门分工，疫情控制措施和保障措施。

第一，疫情报告、确认和分级。任何个人（单位）若发现禽类发病急、传播迅速、死亡率高等异常情况，应及时向当地动物防疫监督机构报告。动物防疫监督机构在接到报告后，立即派出2名以上防疫人员到现场进行临床诊断，怀疑是高致病性禽流感的，应在2个小时以内将情况逐级报到省级畜牧兽医行政管理部门。之后，在省级动物防疫监督机构实验室进行血清学检测，若诊断结果为阳性，则可确认为高致病性禽流感疑似病例。经确认疑似病例后，应立即上报同级人民政府和国务院畜牧兽医行政管理部门，并派专人将病料送至国务院畜牧兽医行政管理部门指定的实验室做病毒分离与鉴定，进行最终确诊，依据最终确诊结果国务院畜牧兽医行政管理部门公布疫情，并立即向国务院报告（见图3-4）（国务院，2004）。

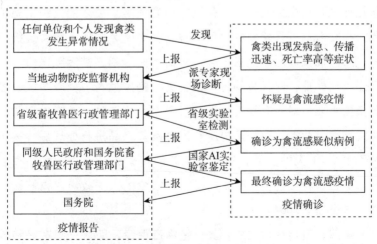

图3-4　禽流感疫情报告和确诊制度

第二，疫情应急指挥系统和部门分工。高致病性禽流感应急工作由政府统一领导，相关部门分工负责。县级以上人民政府畜牧兽医行政管理部门应当制订疫区（点）、受威胁区的处理方案，对发病动物及同群动物的扑杀进行技术指导，组织实施消毒、无害化处理和紧急免疫接种。发展改革、财政、科技、交通运输、卫生、公安、工商行政管理、出入境检验检疫等有关部门，应当在各自的职责范围内负责做好应急所需的物资储备、应急处理经费落实、防治技术攻关研究、应急物资运输、防止对人的感染、社会治安维护、动物及其产品市场监管、口岸检疫、防疫知识宣传等工作。人民解放军、武警部队应当支持和配合驻地人民政府做好疫情防治的应急工作（国务院 2004）。

第三，疫情控制措施。一旦发现禽流感疫情，应按照"早、快、严"的原则进行扑杀，消毒隔离，强制免疫，防止禽流感疫情扩散和蔓延。首先根据流行病学调查结果对疫源及其可能扩散、流行的情况进行分析。其次划定疫点、疫区和受威胁区，并对其分别采取不同的控制措施。疫点的控制措施主要为对疫点内所有禽只进行扑杀，对所有病死（被扑杀）家禽及其产品进行无害化处理，对相关的生产设备进行彻底消毒。疫区的控制措施主要为在疫区周围设置动物检疫消毒站，对疫区内所有禽类进行扑杀，关闭禽类产品的交易市场，对禽类排泄物、被污染饲料等进行无害化处理，对相关的生产设备进行彻底消毒。受威胁区的控制措施主要为对所有易感禽类进行紧急免疫接种，并建立完整的免疫档案。此外，对疫区内所有家禽及其产品进行处理后，需经过不少于 21 天的监测，在未出现新的传染源和通过动物防疫监督人员检验合格的情况下，向发布封锁令的人民政府申请解除封锁（国务院，2004）。

第四，疫情保障措施。其一是物资保障，即建立国家级和省级动物防疫物资储备制度，储备相应足量的防治高致病性禽流感应急物资。其二是资金保障，禽流感疫情所需经费应纳入各级财政预算。对扑杀禽只给予合理补偿，所需资金由中央和地方政府共同承担，而强制免疫费用则由国家负担。其三是技术保障，国家设立禽流感参考实验室和区域性（省级）禽流感专业实验室，分级负责全国或本区域的禽流感病毒分离与鉴定、诊断技术指导工作及禽流感的检测、诊断工作。其四是人员保障，国家和省级分别设立禽流感现场诊断专家组，主要负责高致病性禽流感疫情现场诊断、提出应急控制技术方案建议；地方各级人民政府要组建突发高致病性禽流感疫情防疫应急预备队（国务院，2004）。

（二）宁夏禽流感疫情防控措施

在《高致病性禽流感和口蹄疫等重大动物疫病免疫方案》《全国高致病性禽流感应急预案》《高致病性禽流感疫情处置技术规范》等行政法规的基础上，宁夏政府制定相应的免疫方案和应急预案，与上述国家的防控政策类似。在禽流感未发生时期，宁夏政府实施预防性措施，即在春秋两季集中实施高致病性禽流感的强制免疫，应免密度要达到100%，免疫抗体合格率全年保持在70%以上；规模养殖场由驻场兽医按照农业部《常见动物疫病免疫推荐方案（试行）》进行程序化免疫，并建立完整的免疫档案。散养户由包村干部、乡站人员、村干部、村级防疫员、队干部组成的防疫小组，按照"分片包干、整村推进"的方式进行集中免疫，并填写免疫档案。禽流感暴发后，农业部立即派出督察组和专家组赶赴疫区指导防控工作。宁夏政府也及时启动《宁夏回族自治区高致病性禽流感防治应急预案》，封锁疫区。当地兽医部门按照《高致病性禽流感疫情处置技术规范》要求，采取扑杀疫区内家禽、消毒、疫情监测、紧急免疫等一系列综合防控措施，控制疫情扩散蔓延。对周边地区群众进行防控知识宣传，提高群众自我防护意识（宁夏回族自治区人民政府办公厅，2004）。

四　禽流感疫情补偿政策

目前，对疫区内所有家禽进行强制扑杀是控制禽流感扩散蔓延最直接、最有效的方式，也是实现保护公众身体健康与生命安全，维护正常社会秩序等公共目标的重要途径，但疫区内的家禽属于养殖户私人财产，被扑杀掉来实现公共目标相当于私人财产被公共使用，因此，需要政府给予合理补偿。《全国高致病性禽流感应急预案》和《重大动物疫情应急条例》中规定"对因采取扑杀、销毁等措施给当事人造成的已经证实的损失，给予合理补偿"。《高致病性禽流感防治经费管理暂行办法》也规定"对因强制扑杀而受损失的养殖者给予补偿，根据地区差异和各地财政状况，中央财政对不同地区禽流感防治实行差别补助政策"。《国务院办公厅关于扶持家禽业发展的若干意见》也强调要对疫区养殖户因扑杀家禽而遭受的损失给予财政补贴。

（一）　中国禽流感疫情补偿政策

我国禽流感疫情补偿政策主要由中央、地方各级人民政府及其所属的农业、财政部门制定和执行的，这些部门构成我国禽流感疫情补偿政策的规划、制定及运行主体，而禽流感疫情政策的客体则是由禽流感疫情这一公共卫生问题所引起的各利益主体之间的关系（梅付春，2011）。我国禽流感疫情补偿政策的原则一是公开、公正、透明原则，二是实行专款专用，同时要求对经费使用情况登记造册，对虚报冒领、挤占挪用补偿款的行为进行严肃处理。禽流感疫情补偿政策主要包括补偿政策目标、补偿经费来源、补偿内容（补偿范围、补偿标准和补偿速度等）及补偿监督机制等。

1. 禽流感疫情补偿政策目标

禽流感疫情防控过程中的扑杀、强制免疫等措施涉及众多社会群体，而这些社会群体的利益和价值取向等各不相同，这就决定了疫情补偿政策目标的多重性。《全国高致病性禽流感应急预案》则指出"为及时、有效地预防、控制和扑灭高致病性禽流感，确保养殖业持续发展和人民健康安全……，制定本预案"。《重大动物疫情应急条例》明确指出制定本条例的目的是为迅速控制、扑灭重大动物疫情，保障养殖业生产安全，保护公众身体健康与生命安全，维护正常的社会秩序。而禽流感疫情补偿政策作为禽流感防控政策中的重要组成部分，其多重目标可归纳为：及时、有效地预防、控制和扑灭高致病性禽流感，这是疫情补偿政策的首要目标；确保家禽养殖业健康持续发展，这是疫情补偿政策的经济目标；保护公众身体健康与生命安全，这是疫情补偿政策的社会目标；维护正常的社会秩序，这是疫情补偿政策的政治目标（梅付春，2011）。

2. 禽流感疫情补偿资金来源

充足而有保障的经费来源是禽流感疫情补偿政策目标得以实现的基础保证。《高致病性禽流感防治经费管理暂行办法》中规定：禽流感疫情补偿经费由中央财政与地方财政共同负担，中央财政对东、中、西部地区分别补助20%、50%、80%，地方财政分别负担80%、50%、20%；对国家扶贫工作重点县，疫情扑杀补助经费中由国家负担的部分，中央财政补助的比例提高10个百分点（国务院，2004）。

3. 禽流感疫情补偿政策内容

禽流感疫情补偿内容主要包括补偿范围、补偿标准和补偿速度等。关于补偿范围，《重大动物疫情应急条例》中规定"对因采取扑杀、销毁等措施给当事人造成的已经证实的损失，给予合理补偿"，而《高致病性禽流感防治经费管理暂行办法》规定"国家对疫点和疫点周围3公里范围内的所有禽类强制扑杀，对因强制扑杀而受损失的家禽养殖者给予补偿"。可见，国家对疫点和疫区内因采取扑杀、销毁等措施给养殖户造成的已证实的损失给予合理补偿，即不在疫点和疫区内进行的扑杀、销毁等措施带来的损失不予补偿；将其他地区家禽转移至疫点和疫区内进行扑杀不予补偿；在疫点和疫区内，不是为扑灭禽流感而进行的扑杀不给予补偿；在扑杀之前死亡的家禽不给予补偿；只对鸡、鸭、鹅等被扑杀的家禽给予补偿，猪、牛、狗等动物不在补偿之列；除被扑杀的家禽外，对因扑杀、销毁等控制措施造成的饲料损毁、鸡蛋损毁、生产设备损毁等给予合理补偿。

关于补偿标准，《高致病性禽流感防治经费管理暂行办法》规定："鸡、鸭、鹅等禽类每只补助 10 元，各地可根据实际情况对不同禽类和幼禽、成禽的补助有所区别。"可见，我国禽流感疫情的补偿金额为 10 元/只，各地区可以按照家禽种类和月龄确定具体的补偿金额，但没有对受污染的鸡蛋、饲料等损失规定相应补偿标准。补偿款发放涉及补偿金发放程序、发放形式和发放速度。《高致病性禽流感防治经费管理暂行办法》规定："扑杀补助经费分配按以下程序进行。省级畜牧兽医行政主管部门会同省级财政部门根据扑杀数量和扑杀补助标准尽快将资金发放给养殖者。之后，省级畜牧兽医行政主管部门和省级财政部门联合向农业部、财政部申请中央财政扑杀补助资金。经两部审核后，由财政部将资金拨付省财政，再由省财政逐级下拨。"这意味着疫情补偿金额是分两次发放的，第一次是由省级政府发放的，第二次则是由中央政府发放的，但关于补偿金发放的形式（现金形式或账户形式或其他）和补偿金发放到养殖户手中的时间则没有明确说明，而补偿金发放形式和速度是养殖户上报疫情和恢复生产的主要因素，理性的发放速度和发放形式是在扑杀后 24 小时以现金形式给予支付（Delgado et al.，2006）。

4. 禽流感疫情补偿政策监督

禽流感疫情补偿政策监督是保证疫情补偿政策的运行质量和

实施效果，进而促进补偿政策目标及早实现的重要手段。《高致病性禽流感防治经费管理暂行办法》中对补偿款发放的监督做出简单规定："切实加强对禽流感防治经费的监管，对防疫经费本着公开、公正、透明的原则，实行专款专用。对经费使用情况登记造册，不得挤占、挪用，对虚报冒领、挤占挪用的，要严肃处理。"但关于疫情扑杀的监督、疫情损失评估的监督等没有详细规定，另外也没有受损养殖户不满意补偿时提起行政诉讼而进行的司法程序规定等。

（二）宁夏禽流感疫情补偿政策

宁夏地区的疫情补偿是按照《宁夏回族自治区高致病性禽流感防治应急预案》来实施的，补偿的目标也具有多重性，即为了及时、迅速扑灭和控制禽流感，保护公众身体健康和生命安全，维护正常的社会秩序，促进家禽业健康持续发展。疫情补偿经费则由中央财政和自治区财政共同负担。补偿范围为疫点和疫区内因控制疫情而被扑杀的家禽以及在防控过程中造成的损失等，即对疫点和疫区内因控制疫情而被扑杀的鸡、鸭、鹅等家禽进行差异化补偿，对在疫情控制中被污染的饲料、鸡蛋进行无害化处理，并给予补偿，对无害化处理的人工费用等给予补偿。补偿金额在 2005 年和 2006 年时为每只鸡、鸭、鹅等家禽 10 元（梅付春，2011），2012 年时根据家禽种类和月龄进行差异化补偿：被扑杀的幼雏鸡（1～2 月龄）5 元/只，中雏鸡（3～4 月龄）11元/只，成年鸡（5 月龄及其以上）16 元/只，其他禽类原则上参照鸡的补助标准。根据调研可知，2012 年禽流感发生后，当地政府根据家禽月龄对被扑杀的蛋鸡进行差异化补偿，同时收缴被污染的饲料和鸡蛋，并按照市价进行补偿，此外还给予 0.5 元/只的疫情处置费用。补偿金额一般分两次发放，按照以下程序进行：自治区农牧厅会同自治区财政厅根据扑杀数量和扑杀补助标准发放部分补偿金，之后向农业部、财政部申请中央财政扑杀补助资金，在中央财政疫情补偿资金下达后进行第二次发放。根据实际调查可知，2012 年疫情补偿金通过账户形式分两次发放，3 个月后发放部分补偿金，6 个月后发放剩余补偿金。关于疫情补偿监督机制则较为缺乏，根据实地调研可知，养殖户多为被动接受扑杀和补偿，对补偿政策监督机制等不清楚，虽然对补偿款不满，但也不知道如何维权，该向哪个部门反映等。

五　本章小结

本章首先对中国和宁夏的家禽生产情况进行分析，其次对中国和宁夏的禽流感暴发特征进行归纳，进而对中国和宁夏的疫情防控措施及补偿政策进行回顾，得出以下结论。

第一，集约化养殖模式正在兴起，但"小规模，大群体"的生产模式仍占主要地位；家禽总产量虽多，但单产和生产效率较低；生产技术、生物安全水平等与发达国家仍有差距，以至于疫情防控仍是严峻挑战。

第二，禽流感暴发包括暴发频次、死亡数量、疫情种类和发病禽种，从暴发的时间特征来看，禽流感暴发频次在 2004～2010 年呈递减趋势，在 2010～2015 年呈递增趋势，2005 年的家禽死亡数量最大，H5N1 亚型是主要的病毒种类，鸡是禽流感疫情最易感染禽种，其次是鸭和鹅。禽流感暴发月度特征明显，主要集中在 1 月、2 月、6 月、11 月发生。

第三，从暴发的空间特征来看，2004～2015 年除北京、山东、福建、重庆、海南 5 省份外，其他 26 省份都发生过禽流感疫情，其中新疆的暴发频次最大，但辽宁的家禽死亡数量最大，除黑龙江外的 25 个省份都曾暴发过 H5N1 亚型，而只有河北和江苏暴发过 H5N2 亚型，黑龙江、江苏、湖南和广东暴发过 H5N2 亚型，发病禽种北方省份以鸡、野鸟为主，南方省份以鸡、鸭、鹅为主。禽流感暴发具有区域特征，西部地区暴发次数最多，但东部地区家禽死亡数量最大。

第四，2004～2015 年，宁夏共发生 6 次禽流感疫情，其中，2006 年暴发频次最多（3 次），2012 年的家禽死亡数量最大（550.72 万只），禽流感疫情种类都为 H5N1，且都在鸡群中得到确诊。从宁夏禽流感暴发的空间分布来看，中卫市的暴发频次最多（3 次），且死亡数量最大（607.78 万只），其次是银川市和固原市。

第五，禽流感暴发后，国家立即采取扑杀、隔离、强制免疫等防控措施来控制疫情的扩散和蔓延，具有一定成效但也给养殖户带来严重损失，为此，政府制定补偿政策对遭受疫情损失的养殖户给予补偿，但现有补偿政策存在补偿标准过低，补偿范围偏小，补偿速度较慢等问题，以至于补偿政策的实施效果不明显。

▶ 第四章
禽流感疫区蛋鸡养殖户经济损失评价及补偿强度分析

　　禽流感疫情暴发后，及时扑杀疫点、疫区的染病家禽或疑似家禽是目前控制禽流感疫情扩散和蔓延最直接、最有效的措施（梅付春，2011），但也给家禽养殖户带来严重的经济损失。Phan等（2007）认为禽流感疫情使越南传统小农户整体收入平均下降2.1%，于乐荣等（2009）发现在控制其他变量的情况下，禽流感暴发一次会使家禽养殖户的人均家禽养殖收入下降65%，人均收入下降29%。禽流感疫情对养殖户的冲击程度因其饲养规模而异，即散养户遭受的损失较小，恢复生产容易且恢复速度较快；而规模养殖户遭受的损失较大，恢复生产相对较慢（于乐荣等，2009；张莉琴等，2009）。

　　疫情损失补偿标准是补偿政策最实质和最核心的部分，直接关系到补偿政策目标能否实现及实现程度，但合理有效的补偿标准却建立在养殖户经济损失评价之上。在疫情冲击下，不同月龄的蛋鸡给养殖户带来的经济损失有多大？相同月龄的蛋鸡会因养殖户的饲养规模不同而使养殖户遭受的经济损失不同吗？现有补偿标准的补偿强度如何？这些问题的回答有助于完善我国现有的疫情损失补偿标准。基于此，本章首先构建养殖户疫情损失评价模型，测算不同月龄的蛋鸡给养殖户带来的经济损失，进而比较散养户和规模养殖户遭受经济损失的差异，同时评价现有补偿政策对散养户和规模养殖户的补偿强度，为政府制定合理有效的疫情补偿政策提供实证依据。

一 疫区蛋鸡养殖户经济损失评价方法

我国对动物卫生风险分析的经济评估起步较晚，多采用专家调查和估算法，缺乏有力的定量研究支持（李亮、浦华，2011）。张莉琴等（2009）把禽流感疫情对养殖户造成的损失分为直接损失和后续损失，直接损失是指疫情暴发时的扑杀及处理、组织等成本；后续损失包括生产中断带来的损失、受区域影响损失、紧急免疫导致的损失、市场价格影响的损失等，并对不同规模养殖造户的疫情损失进行了简单核算。刘瑞鹏（2012）则从理论上把禽流感疫情对蛋鸡养殖户造成的损失分为直接损失和间接损失，其中直接损失是指养殖户因禽流感疫情的发生而遭受的额外支付费用和既有禽产品的市场价值损失之和；而间接损失是指养殖户因禽流感疫情的发生而遭受的额外支付费用和预期机会收益的损失之和。虽然学者们讨论了疫情造成的直接损失和间接损失，但目前损失构成不完备，且以直接损失为主。

（一）疫区蛋鸡养殖户直接经济损失构成

禽流感疫情给养殖户造成的经济损失可以分为直接经济损失和间接经济损失两部分，其中，直接经济损失是指养殖户因疫情发生而遭受的蛋鸡自身价值损失、产品价值损失及疫情带来的额外支付费用，包括蛋鸡自身价值损失、鸡蛋损失、饲料损失、设备损失、防疫费用增加值、处理费用等其他费用（康小玮，2006；刘瑞鹏，2012；张淑霞、陆迁，2013）。具体的直接损失构成如下所示。

其一，蛋鸡自身价值损失。禽流感疫情发生后，为了防止疫情的扩散和蔓延，政府对疫区（点）的家禽进行扑杀和无公害处理，使养殖户丧失蛋鸡自身价值。蛋鸡自身价值可以用蛋鸡体重和市场价格来衡量，即蛋鸡自身价值＝蛋鸡体重×市场价格，其中，蛋鸡体重可以根据月龄或称重判断，而市场价格为疫情暴发前6个月当地市场价格的平均值。

其二，鸡蛋损失。养殖户的蛋鸡大约5个月后开产，禽流感暴发后，市场交易关闭，养殖户只能把生产的鸡蛋进行库存，而政府为防止疫情扩散，会把养殖户库存的鸡蛋收缴并进行无公害处理，养殖户因此会遭受鸡蛋损失。鸡蛋损失可以由鸡蛋重量和市场价格来衡量，即鸡蛋损失＝鸡蛋重量×市场价格，其中，鸡蛋重量可以通过称重获得，鸡蛋价格为疫情暴发前6个月当地市场鸡蛋价格的平均值。

其三，饲料损失。禽流感疫情防控过程中，为防止养殖户库存的饲料传播病毒，需将其收缴并置于坑中，喷洒消毒剂后进行掩埋等无害化处理，养殖户因此遭受饲料损失。饲料损失可以由饲料重量和饲料价格来衡量，即饲料损失＝饲料重量×市场价格，其中，饲料重量由称重来获得，饲料价格为疫情暴发前6个月当地市场饲料价格的平均值。

其四，设备损失。禽流感疫情防控过程中，为防止已有鸡笼、饮水器、小车等生产设备携带病毒，需对其消毒或焚烧等无害化处理，以至于养殖户遭受损失。同时，在抓蛋鸡进行无害化处理的过程中，往往也会造成鸡笼、鸡舍等生产设备损毁，因此，设备损失是指在疫情防控过程中造成的鸡笼、鸡舍、饮水器具等相关设施的损毁费用（张淑霞、陆迁，2013），主要包括两个方面：一是被污染需要被销毁的设备损失；另一方面是直接被损坏的设备损失。

其五，防疫费用增加值。禽流感疫情确诊前，当养殖户自家蛋鸡发生异样或听说周围蛋鸡发生异样时，都会加强打疫苗、喂药、消毒等防疫措施，以至于防疫投入增加。因此，防疫费用增加值是指禽流感疫情发生使养殖户在防疫方面额外支付的费用，包括设备消毒增加、蛋鸡疫苗增加、药品增加产生的费用以及由此产生的人工费用等。

其六，处理费用。处理费用主要是指养殖户在疫情发生期间无公害处理家禽所产生的费用，包括将蛋鸡尸体、鸡蛋运往销毁场所的运输费用、宰杀禽类的人工费用、无公害处理蛋鸡和鸡蛋、受污染的饲料和设备等的人工费用。

其七，其他直接经济损失。除上述之外的其他所有直接损失费用。

（二）疫区蛋鸡养殖户间接经济损失构成

张淑霞和陆迁（2013）认为禽流感给养殖户带来的间接经济损失是指养殖户因禽流感疫情暴发而遭受的预期机会利润损失以及价格波动带来的损失。而康小玮（2006）则认为养殖户遭受的间接经济损失更多是禁养期内的后续损失，主要包括建筑物折旧、贷款利息、丧失的商业机会和发生的其他费用。本书认为疫区蛋鸡养殖户遭受的间接经济损失不包括价格波动带来的损失，因为疫区的蛋鸡都被扑杀，鸡蛋被收缴，经过 6 个月禁养期才开始恢复生产，且蛋鸡饲养需要过程，等疫区蛋鸡养殖户的产品重新进入市场交易大约需要 11 个月，而这时的家禽市场价格已逐渐恢复到原有轨迹。禽流感疫情冲击下家禽市场价格急剧下降更多的使受威胁区和受威胁区外围的养殖户遭受损失，受威胁区的养殖户要按照规定强制免疫，蛋鸡产蛋量和生长速度受到影响，同时市场价格急剧下降，使养殖户遭受价格损失。此外，以往相关研究没有考虑未收回的成本投入，因为蛋鸡生产属于先投入后有收益的产业，如果开产前蛋鸡被扑杀掉，养殖户将损失严重。因此，书中认为禽流感疫情给疫区蛋鸡养殖户带来的间接经济损失是指养殖户因疫情发生而遭受的未收回的成本投入、预期净收益损失、设备的机会成本、贷款的利息支出等损失，具体的损失构成如下所示。

第一，未收回的成本投入。蛋鸡生产是一个先投入后收益的过程，蛋鸡在成本未收回阶段死亡或被扑杀，养殖户将要承受巨大损失，如果蛋鸡在成本收回阶段被杀，养殖户承受的损失相对较小。政府应该将此损失归于补贴范围内，如果养殖户未收回的成本投入大于0，则需对其进行相应额度补贴，否则不给予相应补贴。蛋鸡生产成本包括鸡苗费用、饲料费用、防疫费用、设备折旧费用、水电费用、人工费用等（刘林锋等，2013；于乐荣等，2009），蛋鸡收益包括蛋自身价值、鸡蛋收入、鸡粪收入。未收回的成本投入 = 已投入成本 − 已获得蛋鸡收益，其中已投入成本 = 鸡苗费用 + 饲料费用 + 防疫费用 + 设备折旧费用 + 水电费用 + 人工费用 + 其他费用，已获得蛋鸡收益 = 鸡蛋收入 + 鸡粪收入。在已获得蛋鸡收益中不包括蛋鸡自身价值，是因为蛋鸡一般在 17 个月才会被淘汰，在饲养周期末才会有蛋鸡自身价值。

第二，预期净收益损失。蛋鸡的饲养周期为 17 个月，假设禽流感暴发时蛋鸡月龄为 t（$t \subset [1, 17]$），如果不发生禽流感，养殖户在 $[t, 17]$ 时间里可以获得一定的收益，但如果发生禽流感，这部分预期净收益将损失掉。因此，预期净收益是指养殖户失去的未来在禽流感暴发至饲养周期结束这段时间里可得到的养殖净收益。预期净收益 = 预期收益 − 预期成本，其中，预期收益是指在 $[t, 17]$ 时间里的鸡蛋收入、鸡粪收入和蛋鸡自身价值，而预期成本是指在 $[t, 17]$ 时间里的饲料费用、防疫费用、设备折旧费用、水电费用等投入。

第三，禁养期的设备折旧。禽流感暴发后，需经过 6 个月的禁养期，6 个月后经相关部门监测合格后才可以恢复生产，但在这段时间内，鸡笼、鸡舍、引水器具等相关生产设备都会发生折旧，因此，禁养期的设备折旧损失是指在疫情发生后 6 个月的禁养期内，养殖户承受的鸡笼、鸡舍、引水器具等相关设备的折旧费用。

第四，贷款的利息支出。养殖户投入生产的资金除自有资金、向亲戚朋友的借款外，还有一个重要的来源就是银行等正规机构的贷款。禽流感暴发后，养殖户停止生产，也就没有收入，但还要支付相应的贷款利息。因此，书中的贷款利息支出是指养殖户在疫情发生后 6 个月的禁养期内支付的贷款利息，即贷款利息 = 贷款金额 × 贷款利率。

第五，其他间接经济损失。除上述之外的其他所有间接损失费用。

（三）疫区蛋鸡养殖户经济损失核算方法

根据上文疫区蛋鸡养殖户经济损失构成可知，疫区蛋鸡养殖户的经济损失可分为直接经济损失和间接经济损失，具体的经济损失计算公式如下所示：

$$Y = Y_1 + Y_2 \qquad\qquad (4-1)$$

式中，Y 为疫情冲击下疫区蛋鸡养殖户遭受的总经济损失，Y_1 为养殖户遭受的直接经济损失，Y_2 为养殖户遭受的间接经济损失。

$$Y_1 = X_{11} + X_{21} + X_{31} + X_{41} + X_{51} + X_{61} + \varepsilon_{11} \qquad (4-2)$$

式中，X_{11} 为蛋鸡自身价值损失，即蛋鸡体重 × 疫情前市场价格；X_{21} 为鸡蛋损失，即鸡蛋重量 × 疫情前市场价格；X_{31} 为饲料损失，即损失饲料重量 × 疫情前市场价格；X_{41} 为设备损失，包括在疫情防控过程中造成的鸡笼、鸡舍、饮水器具等相关设施的损毁费用；X_{51} 为防疫费用增加值，包括设备消毒增加、蛋鸡疫苗增加、药品增加产生的费用以及由此产生的人工费用等；X_{61} 为处理费用，包括将蛋鸡尸体、鸡蛋运往销毁场所的运输费用、宰杀禽类的人工费用、无公害处理蛋鸡和鸡蛋、受污染的饲料和设备等的人工费用；ε_{11} 为除上述之外的其他所有直接损失费用。

$$Y_2 = X_{12} + X_{22} + X_{32} + X_{42} + \varepsilon_{12} \qquad (4-3)$$

式中，X_{12} 为未收回的成本投入，即已投入成本减去已获得收益，已投入成本包括鸡苗费用、饲料费用、防疫费用、设备折旧费用、水电费用、人工费用等，已获得收益包括鸡蛋收入和鸡粪收入；X_{22} 为预期净收益，即如果不发生疫情，养殖户未来可能获得的净收益，等于预期收益减去预期成本；X_{32} 为禁养期的设备折旧，即在疫情发生后 6 个月的禁养期内，鸡笼、鸡舍、引水器具等相关设备的折旧费用；X_{42} 为禁养期内贷款的利息支出，即贷款利息 = 贷款金额 × 贷款利率；ε_{12} 为除上述之外的其他所有间接损失费用。

二　疫区蛋鸡养殖户直接经济损失测算

养殖户一般为分批饲养蛋鸡，蛋鸡月龄不同，养殖户遭受的疫情损失不同，同时我国目前的扑杀补偿标准是按家禽的个数补偿，因此，本书测算疫情冲击下每只不同月龄的蛋鸡给散养户和规模养殖户带来的经济损失。根据调研情况可知，散养户饲养蛋鸡的目的一般是自家消费，饲养时间按照自家的需求而定，而规模养殖户蛋鸡的饲养时间平均为 17 个月，为了便于比较研究，书中假定散养户和规模养殖户蛋鸡的饲养周期一样。散养户的管理方式缺乏规范性，对不同月龄蛋鸡的食量、体重、产蛋量回答较为模糊，书中假定散养户蛋鸡的食量、体重、产蛋量与规模养殖户蛋鸡一样，数据来自《正大褐商品代蛋鸡饲养管理手册》。

（一）疫区蛋鸡散养户直接经济损失测算

其一，蛋鸡自身价值损失。根据调研可知，散养户蛋鸡 6 个月的体重平均为 1400g，假设散养户和规模养殖户蛋鸡生长速度一样，可以换算出不同月龄蛋鸡的体重。散养户的蛋鸡主要以玉米、麸皮或家庭剩菜剩饭为食，出售价格高于商品蛋鸡，疫情前 6 个月市场平均价格为 11.2 元/kg，不同月龄散养蛋鸡的自身价值如表 4-1 所示。

其二，鸡蛋损失。散养户饲养的蛋鸡主要为了自家消费，一般库存较少鸡蛋，也会把鸡蛋就近卖给邻居，或到当地集市上出售。禽流感暴发后，当地政府对疫区有家禽生产的家庭进行排查，要求鸡蛋全部上缴，并按照市价进行补偿。值得注意的是疫区散养户并不是每家都有剩余鸡蛋，因此，对鸡蛋的补偿是另外进行的，不包括在被扑杀家禽的补偿标准内。根据调研可知，散养户上缴的鸡蛋较少，并按照市价得到相应补偿。

其三，饲料损失。散养户饲养蛋鸡采用院内圈养或田间散养的方式，蛋鸡主要食用家庭剩菜剩饭或环境中可寻到的食物，较少食用玉米、麸皮和饲料。为防止疫情的扩散和蔓延，政府要求所有养殖户余存的饲料需上交，进行无公害处理并按照市价给予补偿，对饲料的补偿也是另外进行的。根据调查可知，只有饲养数量较多的散养户家中才有少量饲料，并按照市价得到相应补偿。

其四，设备损失。散养户的禽舍较为简陋，基本没有专用的水槽、饮水器、风扇、小车等生产设备，所以在疫情防控过程中被污染和损毁的较少，平均损失为 0.14 元/只。

其五，防疫费用增加值。根据实地调研可知，散养户日常采取的防疫措施较少，当散养户发现自己家蛋鸡出现异常或听说周围蛋鸡出现异常时，通常会增加一次消毒，不会采取其他打疫苗、喂药等措施，平均花费约为 0.28 元/只。

其六，处理费用。根据调研情况可知，疫情期间当地家禽的无公害处理是由政府进行的，散养户只需将蛋鸡扑杀掉并装好放在鸡舍前，政府会派出车辆和人员把蛋鸡、鸡蛋、饲料等物品拉至指定地点进行无公害处理，并给予 0.5 元/只的补贴，而且多数散养户对家禽处理费用较为满意，因此，书中把 0.5 元/只作为散养户的处理费用损失。

利用公式 4－2 对散养户的直接经济损失进行计算，具体数值如表 4－1 所示。不同月龄的蛋鸡给散养户带来的直接损失差异较大，1 个月龄的蛋鸡给散养户带来的直接经济损失最小，为 3.43 元/只，而 17 个月龄的蛋鸡给散养户带来的直接经济损失最大，为 18.04 元/只。

表 4－1　散养户的直接经济损失

月龄	体重（g）	市场平均价格（元/kg）	蛋鸡自身价值（元/只）	设备损失（元/只）	防疫费用增加值（元/只）	处理费用（元/只）	直接经济损失（元/只）
1	224	11.2	2.51	0.14	0.28	0.5	3.43
2	505	11.2	5.66	0.14	0.28	0.5	6.58
3	782	11.2	8.76	0.14	0.28	0.5	9.68
4	1047	11.2	11.73	0.14	0.28	0.5	12.65
5	1275	11.2	14.28	0.14	0.28	0.5	15.20
6	1400	11.2	15.68	0.14	0.28	0.5	16.60
7	1434	11.2	16.06	0.14	0.28	0.5	16.98
8	1457	11.2	16.32	0.14	0.28	0.5	17.24
9	1472	11.2	16.49	0.14	0.28	0.5	17.41
10	1490	11.2	16.69	0.14	0.28	0.5	17.61
11	1498	11.2	16.78	0.14	0.28	0.5	17.70
12	1505	11.2	16.86	0.14	0.28	0.5	17.78
13	1513	11.2	16.95	0.14	0.28	0.5	17.87
14	1517	11.2	16.99	0.14	0.28	0.5	17.91
15	1518	11.2	17.00	0.14	0.28	0.5	17.92
16	1521	11.2	17.04	0.14	0.28	0.5	17.96
17	1529	11.2	17.12	0.14	0.28	0.5	18.04

（二）疫区蛋鸡规模养殖户直接经济损失测算

其一，蛋鸡自身价值损失。规模养殖户饲养蛋鸡主要是以出售鸡蛋为主，只有到饲养周期末才会将蛋鸡淘汰，根据实地调研和查阅相关资料，确定疫情前6个月商品蛋鸡的平均市场价格为8.28元/kg，而规模养殖户蛋鸡的体重则来自《正大褐商品代蛋鸡饲养管理手册》，不同月龄规模蛋鸡的自身价值如表4－2所示。

其二，鸡蛋损失。规模养殖户饲养的蛋鸡数量较多，每天的鸡蛋产量也较多，他们一般通过收购商或养殖户合作社进行出售，但无论哪一种方式，都是几天出售一次，基本上都有库存鸡蛋。禽流感暴发后，当地政府要求上交库存鸡蛋，并按照市场价格另行赔偿，规模养殖户一般较为配合，并对鸡蛋补偿金额较为满意。因此，书中认为应该按照市场价格对库存鸡蛋另行赔偿，在此计算时没有把该损失计算在内。

其三，饲料损失。规模养殖户的蛋鸡主要食用饲料（全料或浓缩料），规模养殖户一般在饲料经销商处赊购大量饲料存放在家中。禽流感暴发后，政府为防止饲料携带病毒进行传播，要求上交进行无害化处理，并按照市价进行补偿，规模养殖户既不能把存放的饲料退回给饲料经销商，又不能存放到恢复生产后使用，上交是减少损失的唯一办法。根据调查可知，政府对受污染的饲料也是按照市价另行补偿的，且规模养殖户对饲料的补偿标准较为满意，因此，书中在此也没把该损失计算在内。

其四，设备损失。规模养殖户的生产设备较为齐全，一般都具备层架式鸡笼、水槽、饮水器、小车、风扇、温度计等设备。在抓鸡进行无害化处理的过程中，水槽、小车等生产设备极易被损害，同时这些设备也与蛋鸡有过亲密接触，为防止携带病毒引发新的疫情，养殖户一般会把这些生产设备消毒或进行无害化处理，损毁的费用较高。根据调研可知，规模养殖户的设备损毁费用约为 0.52 元/只。

其五，防疫费用增加值。根据实地调研可知，当规模养殖户发现自家蛋鸡出现异常或听说周围蛋鸡出现异常时，都会增加投入防疫费用，以防止发生禽流感疫情而遭受更大损失。根据调研可知，规模养殖户对设备消毒、打禽流感疫苗、喂药预防平均增加 5.59 次、1 次、1 次，加上相关产生的人工费用，防疫费用平均增加 0.98 元/只。

其六，处理费用。规模养殖户饲养的蛋鸡较多，自己不能完成捕捉和扑杀工作，一般雇人把处理好的蛋鸡放在鸡舍前，政府派出车辆和人员把蛋鸡、鸡蛋、饲料等物品拉至指定地点进行无公害处理，并给予 0.5 元/只的补贴。根据调查可知，多数规模养殖户对家禽处理费用较为满意，因此，书中把 0.5 元/只作为规模养殖户处理费用损失。

利用公式 4 - 2 对规模养殖户的直接经济损失进行计算，具体数值如表 4 - 2 所示。不同月龄的蛋鸡给规模养殖户带来的直接损失差异较大，1 个月龄的蛋鸡给规模养殖户带来的直接经济损失最小，为 4.44 元/只，而 17 个月龄的蛋鸡给规模养殖户带来的直接经济损失最大，为 18.68 元/只。

表 4 - 2　规模养殖户的直接经济损失

月龄	体重 (g)	市场平均价格 (元/kg)	蛋鸡自身价值 (元/只)	设备损失 (元/只)	防疫费用增加值 (元/只)	处理费用 (元/只)	直接经济损失 (元/只)
1	295	8.28	2.44	0.52	0.98	0.5	4.44
2	665	8.28	5.51	0.52	0.98	0.5	7.51
3	1030	8.28	8.53	0.52	0.98	0.5	10.53
4	1380	8.28	11.43	0.52	0.98	0.5	13.43
5	1680	8.28	13.91	0.52	0.98	0.5	15.91
6	1845	8.28	15.28	0.52	0.98	0.5	17.28
7	1890	8.28	15.65	0.52	0.98	0.5	17.65

月龄	体重（g）	市场平均价格（元/kg）	蛋鸡自身价值（元/只）	设备损失（元/只）	防疫费用增加值（元/只）	处理费用（元/只）	直接经济损失（元/只）
8	1920	8.28	15.90	0.52	0.98	0.5	17.90
9	1940	8.28	16.06	0.52	0.98	0.5	18.06
10	1964	8.28	16.26	0.52	0.98	0.5	18.26
11	1974	8.28	16.34	0.52	0.98	0.5	18.34
12	1984	8.28	16.43	0.52	0.98	0.5	18.43
13	1994	8.28	16.51	0.52	0.98	0.5	18.51
14	1999	8.28	16.55	0.52	0.98	0.5	18.55
15	2000	8.28	16.56	0.52	0.98	0.5	18.56
16	2005	8.28	16.60	0.52	0.98	0.5	18.60
17	2015	8.28	16.68	0.52	0.98	0.5	18.68

三 疫区蛋鸡养殖户间接经济损失测算

根据上文间接经济损失构成可知，疫区蛋鸡养殖户的间接经济损失包括未收回的成本投入、预期净收益、禁养期的设备折旧和贷款的利息支出等损失。根据实地调研数据和查阅相关统计资料，分别核算疫区散养户和规模养殖户的间接经济损失。

（一）疫区蛋鸡散养户间接经济损失测算

第一，未收回的成本投入。散养户已投入成本 = 鸡苗费用 + 饲料费用 + 防疫费用 + 设备折旧费用 + 水电费用 + 人工费用 + 其他费用，已获得收益 = 鸡蛋收入 + 鸡粪收入，未收回的成本投入 = 已投入成本 – 已获得收益。如果成本投入为正值，政府需要对其进行补贴；如果成本投入为负值，说明成本已收回，养殖户损失为 0，政府无须补贴。根据实地调查数据可知，散养户的鸡苗费用平均为 3.6 元/只，其饲养的蛋鸡除食用家庭剩菜剩饭外，还主要食用玉米、麸皮等，市场价格约为 1.5 元/kg，每天平均吃 0.15kg，假设散养蛋鸡成长过程中食料的增加比率同规模养殖户的蛋鸡一致，进而可计算出不同月龄散养蛋鸡的食料量。散养户平时不进行消毒，仅在蛋鸡生长期注射 3 次疫苗，花费为 0.23 元/只，一个饲养周期内药品费用为 0.2 元/只，防疫治疗费用为 0.43 元/只。设备折旧费用 = 鸡舍建设费用÷淘汰前蛋鸡净剩只数（蛋鸡饲养数量×存活率）÷使用期限 + 设备费用÷淘汰前蛋鸡净剩只数（蛋鸡饲养数量×存活率）÷使用期限，散养户鸡舍和设备使用期限平均为 5 年，17 个月蛋鸡的存活率为 94%，则散养户一个饲养周期设备折旧费用约为 1.19 元/只。散养户蛋鸡的鸡舍简陋，基本没有照明、取暖、通风等设备，而且用的是自家井水，所以基本没有水电费用支出。散养户平均每天喂养蛋鸡两次，平均投入 20 分钟，每月花费 0.34 元/只。散养户的蛋鸡收益主要包括鸡蛋收入和鸡粪收入，而鸡蛋收入 = 产蛋量×鸡蛋价格，根据调查可知，散养户蛋鸡 5 个月开产，一个饲养周期内可产 165 枚鸡蛋，每个鸡蛋重约 42.5g，一枚鸡蛋售价 0.75 元左右，按照规模养殖户每月产蛋量增长率可计算出不同月龄散养蛋鸡的鸡蛋收入。散养户饲养蛋鸡数量少，且在庭院内圈养或散养，基本没有鸡粪收入。散养户未收回成本投入具体数值如表 4-3 所示。

表 4-3　散养户未收回的成本投入

月龄	蛋鸡已投入成本						蛋鸡已收益		未收回的成本投入（元/只）
	鸡苗费用（元/只）	饲料食量（kg）	饲料费用（元/只）	防疫治疗费用（元/只）	设备折旧费用（元/只）	人工费用（元/只）	产蛋量（kg）	鸡蛋收入（元/只）	
1	3.60	1.02	1.53	0.06	0.07	0.34	0.00	0.00	5.60
2	3.60	3.08	4.62	0.12	0.14	0.68	0.00	0.00	9.16
3	3.60	5.89	8.84	0.17	0.21	1.02	0.00	0.00	13.84
4	3.60	9.27	13.91	0.23	0.28	1.36	0.00	0.00	19.38

续表

月龄	蛋鸡已投入成本						蛋鸡已收益		未收回的成本投入（元/只）
	鸡苗费用（元/只）	饲料食量（kg）	饲料费用（元/只）	防疫治疗费用（元/只）	设备折旧费用（元/只）	人工费用（元/只）	产蛋量（kg）	鸡蛋收入（元/只）	
5	3.60	13.28	19.92	0.29	0.35	1.70	0.11	1.94	23.92
6	3.60	18.34	27.51	0.30	0.42	2.04	0.62	10.94	22.93
7	3.60	23.66	35.49	0.31	0.49	2.38	1.21	21.35	20.92
8	3.60	28.97	43.46	0.32	0.56	2.72	1.81	31.94	18.71
9	3.60	34.27	51.41	0.34	0.63	3.06	2.42	42.71	16.33
10	3.60	39.58	59.37	0.35	0.70	3.40	3.03	53.47	13.95
11	3.60	44.87	67.31	0.36	0.77	3.74	3.63	64.06	11.72
12	3.60	50.19	75.29	0.37	0.84	4.08	4.22	74.47	9.70
13	3.60	55.45	83.18	0.38	0.91	4.42	4.80	84.71	7.78
14	3.60	60.71	91.07	0.39	0.98	4.76	5.37	94.76	6.03
15	3.60	65.98	98.97	0.41	1.05	5.10	5.93	104.65	4.48
16	3.60	71.24	106.86	0.42	1.12	5.44	6.48	114.35	3.09
17	3.60	76.5	114.75	0.43	1.19	5.78	7.01	123.71	2.04

第二，预期净收益损失。根据养殖户间接损失构成可知，预期净收益＝预期蛋鸡收益－预期成本投入，预期蛋鸡收益＝淘汰时的蛋鸡收益－目前月龄的蛋鸡收益，预期成本投入＝淘汰时的成本投入－目前月龄的蛋鸡投入，而不同月龄的蛋鸡收益（蛋鸡自身价值和鸡蛋收入）和蛋鸡投入成本（鸡苗费用、饲料费用等）可根据表4－1和表4－3计算获得。散养户不同月龄的预期收益损失具体如表4－4所示。

表4－4　散养户预期净收益损失

单位：元/只

月龄	投入成本	预期投入成本	蛋鸡收益	预期蛋鸡收益	预期净收益
1	5.60	120.15	2.51	138.32	18.17

续表

月龄	投入成本	预期投入成本	蛋鸡收益	预期蛋鸡收益	预期净收益
2	9.16	116.59	5.66	135.17	18.58
3	13.84	111.92	8.76	132.07	20.16
4	19.38	106.38	11.73	129.10	22.73
5	25.86	99.89	16.22	124.61	24.72
6	33.87	91.88	26.62	114.21	22.33
7	42.27	83.48	37.41	103.42	19.94
8	50.66	75.10	48.26	92.57	17.48
9	59.04	66.72	59.20	81.64	14.92
10	67.42	58.33	70.16	70.67	12.34
11	75.78	49.98	80.84	59.99	10.02
12	84.18	41.58	91.33	49.50	7.93
13	92.49	33.27	101.66	39.18	5.91
14	100.80	24.96	111.75	29.07	4.12
15	109.13	16.62	121.65	19.18	2.56
16	117.44	8.31	131.39	9.44	1.13
17	125.75	0.00	140.83	0.00	0.00

第三，禁养期的设备折旧。从表4-3中可知，散养户每月的设备折旧为0.07元/只，因此，6个月的禁养期内散养户的设备折旧费用为0.42元/只。

第四，贷款的利息支出。散养户的饲养数量较少，初始投资也少，基本没有贷款，因此，散养户的贷款利息支付为0元。

利用公式4-3对散养户的间接经济损失进行计算，具体数值如表4-5所示。不同月龄的蛋鸡给散养户带来的间接经济损失差异较大，1个月龄的蛋鸡给散养户带来的间接经济损失为24.19元/只，之后逐渐增加，5个月龄的蛋鸡给散养户带来的间接经济损失最大，为49.06元/只，之后逐渐减小，17个月龄的蛋鸡给散养户带来的间接经济损失最小，为2.46元/只。

表 4 - 5 散养户的间接经济损失

单位：元/只

月龄	未收回的成本投入	预期净收益	禁养期的设备折旧	间接经济损失
1	5.60	18.17	0.42	24.19
2	9.16	18.58	0.42	28.16
3	13.84	20.16	0.42	34.42
4	19.38	22.73	0.42	42.53
5	23.92	24.72	0.42	49.06
6	22.93	22.33	0.42	45.68
7	20.92	19.94	0.42	41.28
8	18.71	17.48	0.42	36.61
9	16.33	14.92	0.42	31.67
10	13.95	12.34	0.42	26.71
11	11.72	10.02	0.42	22.16
12	9.70	7.93	0.42	18.05
13	7.78	5.91	0.42	14.11
14	6.03	4.12	0.42	10.57
15	4.48	2.56	0.42	7.46
16	3.09	1.13	0.42	4.64
17	2.04	0.00	0.42	2.46

（二）疫区蛋鸡规模养殖户间接经济损失测算

第一，未收回的成本投入。根据调研可知，规模养殖户的鸡苗费用平均为 3.43 元/只，饲养的蛋鸡主要以饲料为食料，平均价格为 2.88 元/kg，饲料食用量数据来自《正大褐商品代蛋鸡饲养管理手册》。规模养殖户在蛋鸡生长期（1~5 月）的防疫治疗费用平均为 2.16 元/只，产蛋期（6~17 月）的防疫治疗费用平均为 1 元/只，共计 3.16 元/只。规模养殖户鸡舍使用期限约为 20 年，设备使用期限平均为 10 年，17 个月蛋鸡的存活率为

94%，则规模养殖户的设备折旧费用为 2.21 元/只。规模养殖户每个饲养周期（17 个月）一只蛋鸡水电费用平均为 1.36 元，每月人工费用平均为 0.75 元/只。根据以上数据，可计算出规模养殖户的已投入成本。已获得收益主要包括鸡蛋收入和鸡粪收入，不包括蛋鸡自身价值，因为只有在饲养周期末，规模养殖户才会淘汰蛋鸡。鸡蛋收入等于产蛋量和鸡蛋价格之积，规模养殖户的产蛋量数据来自《正大褐商品代蛋鸡饲养管理手册》，鸡蛋市场价格则为 7.98 元/kg。规模养殖户鸡粪收入冬季较多，夏季相对较少，平均为每个月 0.19 元/只。规模养殖户未收回的成本投入如表 4-6 所示。

表 4-6　规模养殖户未收回的成本投入

月龄	蛋鸡已投入成本							蛋鸡已收益			未收回的成本投入(元/只)
	鸡苗费用(元/只)	饲料食量(kg)	饲料费用(元/只)	防疫治疗费用(元/只)	设备折旧费用(元/只)	水电费用(元/只)	人工费用(元/只)	产蛋量(kg)	鸡蛋(元/只)	鸡粪(元/只)	
1	3.43	0.60	1.71	0.43	0.13	0.08	0.75	0.00	0.00	0.19	6.34
2	3.43	1.82	5.24	0.86	0.26	0.16	1.50	0.00	0.00	0.38	11.07
3	3.43	3.48	10.02	1.30	0.39	0.24	2.25	0.00	0.00	0.57	17.06
4	3.43	5.48	15.79	1.73	0.52	0.32	3.00	0.00	0.00	0.76	24.03
5	3.43	7.85	22.60	2.16	0.65	0.40	3.75	0.30	2.36	0.95	29.68
6	3.43	10.84	31.23	2.24	0.78	0.48	4.50	1.70	13.60	1.14	27.92
7	3.43	13.98	40.26	2.33	0.91	0.56	5.25	3.30	26.33	1.33	25.08
8	3.43	17.12	49.29	2.41	1.04	0.64	6.00	4.95	39.49	1.52	21.80
9	3.43	20.25	58.32	2.49	1.17	0.72	6.75	6.62	52.79	1.71	18.38
10	3.43	23.39	67.35	2.58	1.30	0.80	7.50	8.29	66.12	1.90	14.94
11	3.43	26.52	76.39	2.66	1.43	0.88	8.25	9.93	79.27	2.09	11.68
12	3.43	29.66	85.42	2.74	1.56	0.96	9.00	11.55	92.16	2.28	8.67
13	3.43	32.77	94.39	2.82	1.69	1.04	9.75	13.14	104.82	2.47	5.83
14	3.43	35.88	103.34	2.91	1.82	1.12	10.50	14.70	117.27	2.66	3.19
15	3.43	38.99	112.29	2.99	1.95	1.20	11.25	16.22	129.46	2.85	0.80

月龄	蛋鸡已投入成本							蛋鸡已收益			未收回的成本投入(元/只)
	鸡苗费用(元/只)	饲料食量(kg)	饲料费用(元/只)	防疫治疗费用(元/只)	设备折旧费用(元/只)	水电费用(元/只)	人工费用(元/只)	产蛋量(kg)	鸡蛋(元/只)	鸡粪(元/只)	
16	3.43	42.10	121.24	3.07	2.08	1.28	12.00	17.71	141.36	3.04	0.00
17	3.43	45.21	130.19	3.16	2.21	1.36	12.75	19.17	152.97	3.23	0.00

第二，预期净收益损失。规模养殖户的预期蛋鸡收益等于17个月龄的蛋鸡收益减去目前月龄的蛋鸡收益，而蛋鸡收益数据中的蛋鸡自身价值、鸡蛋收入和鸡粪收入数据可从表4-2和表4-6中计算而得。规模养殖户的预期成本投入等于17个月龄的成本投入减去目前月龄的蛋鸡投入，而蛋鸡投入中鸡苗费用、饲料费用等数据可通过表4-6获得。根据规模养殖户的预期蛋鸡收益和预期成本投入可计算出预期净收益损失，具体的数据如表4-7所示。

表4-7 规模养殖户预期净收益损失

单位：元/只

月龄	投入成本	预期投入成本	蛋鸡收益	预期蛋鸡收益	预期净收益
1	6.53	146.57	2.63	170.25	23.68
2	11.45	141.65	5.89	166.99	25.34
3	17.63	135.47	9.10	163.78	28.31
4	24.79	128.31	12.19	160.69	32.38
5	32.99	120.11	17.22	155.66	35.55
6	42.66	110.44	30.02	142.86	32.42
7	52.74	100.36	43.31	129.57	29.21
8	62.81	90.29	56.91	115.97	25.68
9	72.88	80.22	70.56	102.32	22.10
10	82.96	70.14	84.28	88.60	18.46
11	93.04	60.06	97.70	75.18	15.12

续表

月龄	投入成本	预期投入成本	蛋鸡收益	预期蛋鸡收益	预期净收益
12	103.11	49.99	110.87	62.01	12.02
13	113.12	39.98	123.80	49.08	9.10
14	123.12	29.98	136.48	36.40	6.42
15	133.11	19.99	148.87	24.01	4.02
16	143.10	10.00	161.00	11.88	1.88
17	153.10	0.00	172.88	0.00	0.00

第三，禁养期的设备折旧。从表4－6中可知，规模养殖户每月的设备折旧为0.13元/只，因此，6个月的禁养期内散养户的设备折旧费用为0.78元/只。

第四，贷款的利息支出。根据实地调查可知，因家禽养殖业属于高风险产业，而且当地也多次发生禽流感疫情，银行机构不愿意给养殖户提供贷款，因此，能获得贷款支持的养殖户较少，大部分养殖户没有利息支付，基于此，书中假定养殖户贷款利息支付为0元。

利用公式4－3对规模养殖户的间接经济损失进行计算，具体数值如表4－8所示。不同月龄的蛋鸡给规模养殖户带来的间接经济损失差异较大，1个月龄的蛋鸡给规模养殖户带来的间接经济损失为30.81元/只，之后逐渐增加，5个月龄的蛋鸡给规模养殖户带来的间接经济损失最大，为66.01元/只，之后逐渐减小，17个月龄的蛋鸡给规模养殖户带来的间接经济损失最小，为0.78元/只。

表4－8　规模养殖户的间接经济损失

单位：元/只

月龄	未收回的成本投入	预期净收益	禁养期的设备折旧	间接经济损失
1	6.34	23.68	0.78	30.81
2	11.07	25.34	0.78	37.19
3	17.06	28.31	0.78	46.15

月龄	未收回的成本投入	预期净收益	禁养期的设备折旧	间接经济损失
4	24.03	32.38	0.78	57.18
5	29.68	35.55	0.78	66.01
6	27.92	32.42	0.78	61.12
7	25.08	29.21	0.78	55.07
8	21.80	25.68	0.78	48.26
9	18.38	22.10	0.78	41.27
10	14.94	18.46	0.78	34.19
11	11.68	15.12	0.78	27.57
12	8.67	12.02	0.78	21.47
13	5.83	9.10	0.78	15.71
14	3.19	6.42	0.78	10.39
15	0.80	4.02	0.78	5.60
16	0.00	1.88	0.78	2.66
17	0.00	0.00	0.78	0.78

四　疫区蛋鸡养殖户经济损失评价

根据疫区蛋鸡养殖户直接经济损失和间接经济损失的测算结果，分析比较疫区散养户和规模养殖户直接经济损失、间接经济损失及总经济损失的趋势差别。

（一）疫区蛋鸡养殖户直接经济损失评价

在禽流感疫情冲击下，散养户的直接经济损失略低于规模养殖户，两者的走势基本一致，都随着蛋鸡月龄的增加而逐渐增大（见图 4-1）。可能的解释是散养户和规模养殖户虽然饲养方式不同，但随着月龄的增加，蛋鸡的体重增大，自身经济价值增加，遭受的损失也增大；而散养户饲养的蛋鸡虽然市场价格略高，但是体重小，且疫情冲击下的设备损失和防疫费用增加值也少，遭受的直接经济损失略小于规模养殖户。1 个月的蛋鸡给散养户和规模养殖户带来的直接经济损失最小，分别为 3.43 元/只、4.44 元/只，之后迅速增加，5 个月的蛋鸡给散养户和规模养殖户带来的直接经济损失分别为 15.2 元/只、15.91 元/只，之后增加缓慢，17 个月的蛋鸡给散养户和规模养殖户带来的直接经济损失最大，分别为 18.04 元/只、18.68 元/只。整体来看，1 ~ 5 个月龄的蛋鸡给散养户和规模养殖户带来的直接经济损失增加较快，平均增幅分别为 47.45%、38.84%。6 ~ 17 月龄的蛋鸡给散养户和规模养殖户带来的直接经济损失增加较慢，平均增幅分别为 1.47%、1.37%，1 ~ 17 个月龄的蛋鸡给散养户和规模养殖户带来的直接经济损失的平均增幅则分别为 12.96%、10.74%。1 ~ 17 个月龄的蛋鸡给散养户带来的直接经济损失平均为 15.21 元/只，而 1 ~ 17 个月龄的蛋鸡给规模养殖户带来的直接经济损失平均为 15.92 元/只，1 ~ 17 个月龄的蛋鸡给散养户带来的直接经济损失略低于规模养殖户。

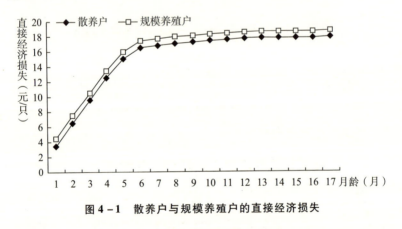

图 4 - 1　散养户与规模养殖户的直接经济损失

（二）疫区蛋鸡养殖户间接经济损失评价

散养户和规模养殖户的间接损失差异较大，1 ~ 13 个月龄的蛋鸡给规模养殖户带来的间接损失较大，而 14 ~ 17 个月龄的蛋鸡给散养户带来的间接经济损失略高于规模养殖户（见图4-2）。两者的走势基本一致，都为先上升后下降的趋势：蛋鸡为1个月时，散养户和规模养殖户的间接损失分别为24.19元/只、30.81元/只，之后逐渐上升，蛋鸡为5个月时，散养户和规模养殖户的间接损失达到最大，分别为49.06元/只、66.01元/只，之后逐渐下降，蛋鸡为17个月时，间接损失分别下降至2.46元/只、0.78元/只。可能的原因是蛋鸡为1~5个月时，投入逐渐增加，但是蛋鸡没有开产，没有收益，所以未收回的成本投入逐渐增大，预期净利润也逐渐增大，所以间接损失逐渐增大，6个月以后，养殖户有鸡蛋和鸡粪收益，所以间接损失逐渐减小。1~17个月龄的蛋鸡给散养户带来的间接经济损失平均为25.78元/只，而1~17个月龄的蛋鸡给规模养殖户带来的间接经济损失平均为33.03元/只，1~17个月龄的蛋鸡给散养户带来的间接经济损失低于规模养殖户。

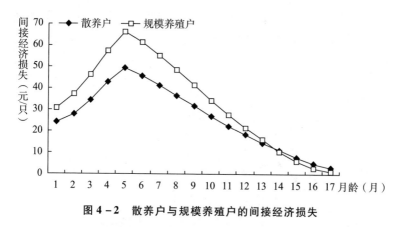

图4-2　散养户与规模养殖户的间接经济损失

（三）疫区蛋鸡养殖户总经济损失评价

散养户和规模养殖户的总经济损失与其间接经济损失走势一致，都表现为先上升后下降的趋势，但1~14个月的蛋鸡给规模养殖户带来的总经济损失较大，蛋鸡月龄为15~17个月时，规模养殖户和散养户总经济损失较为接近（见图 4 - 3），这可能与规模养殖户生产投入较多、散养户成本投入收回较慢有关。1 个月龄的蛋鸡给散养户和规模养殖户带来的总经济损失分别为 27.62 元/只、35.25 元/只，之后逐渐增加，5 个月龄的蛋鸡给散养户和规模养殖户带来的总经济损失最大，分别为 64.26 元/只、81.92 元/只。6 ~ 17 个月龄的蛋鸡给散养户和规模养殖户带来的总经济损失逐渐减少，蛋鸡月龄为 17 个月时，总经济损失分别减少至 20.5 元/只和 19.46 元/只。1 ~ 17 个月龄的蛋鸡给散养户带来的总经济损失平均为 41.08 元/只，给规模养殖户带来的总经济损失平均为 48.95 元/只，可见，疫情冲击下规模养殖户遭受的总经济损失大于散养户，这可能与规模养殖户生产投入较多、预期收益较多等有关。散养户和规模养殖户的直接经济损失分别平均为 15.21 元/只、15.92 元/只，分别占其总经济损失的 37.03%、32.53%；而散养户和规模养殖户的间接经济损失分别平均为 25.87 元/只、33.03 元/只，分别占其总经济损失的 62.97%、67.47%，可见在禽流感疫情冲击下，无论是散养户还是规模养殖户，遭受的间接经济损失大于其遭受的直接经济损失。

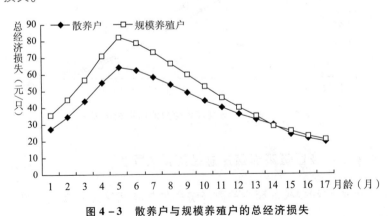

图 4 - 3　散养户与规模养殖户的总经济损失

五　疫区蛋鸡养殖户禽流感疫情补偿强度分析

疫区蛋鸡养殖户禽流感疫情补偿强度是指禽流感疫情补偿金额对疫区蛋鸡养殖户疫情损失的弥补程度，其大小直接影响蛋鸡养殖户的不文明销售行为、防控行为以及疫后生产恢复行为。我国疫情补偿标准是按照《高致病性禽流感防治经费管理暂行办法》规定，即为每只被扑杀的鸡、鹅、鸭等禽类补贴 10 元。各地区可以根据家禽的种类和体积等实际情况确定地区的补助金额，宁夏当地政府按照幼雏鸡（1～2 月龄）5.5 元/只、中雏鸡（3～4 月龄）11.5 元/只、成年鸡（5 月龄及其以上）16.5 元/只的标准进行补偿。与国家补偿标准相比，宁夏的疫情补偿标准考虑了蛋鸡的月龄，合理程度相对增加。从养殖户禽流感疫情经济损失计算结果可知，散养户的经济损失平均为 41.08 元/只，而规模养殖户的经济损失平均为 48.95 元/只，按照国家的补偿标准，散养户和规模养殖户的补偿强度分别为 24.34% 和 20.43%，而宁夏平均补偿标准分别能弥补散养户和规模养殖户经济损失的 27.19% 和 22.82%。无论是国家还是宁夏地区的补偿标准，对疫区散养户和规模养殖户疫情损失的补偿强度都不足 30%，补偿强度有待提高。

从表 4-9 可知，不同月龄的蛋鸡给疫区养殖户带来的疫情补偿强度不同，如果按国家标准来补偿，5 个月的蛋鸡给散养户和规模养殖户带来的补偿强度最小，分别为 15.56% 和 12.21%，17 个月的蛋鸡给散养户和规模养殖户带来的补偿强度最大，分别为 48.98% 和 51.39%。但总体来说，国家禽流感疫情补偿标准不尽合理，一方面实际补偿强度过低，只有 17 个月龄蛋鸡的损失补偿强度在 50% 左右；另一方面没有区分鸡龄进行补偿，忽略公平性。和国家疫情补偿强度相比，宁夏疫情标准补偿强度整体略高，14～17月龄蛋鸡的补偿强度较高，都在57%以上，但是，在没有准确核算蛋鸡疫情经济损失的情况下按照月龄大小来决定补贴金额的高低，缺乏合理性，因为不是月龄越大的蛋鸡给疫区养殖户带来的损失越大。这种补贴标准导致不同月龄的蛋鸡给养殖户带来的补偿强度差异较大，散养户和规模养殖户最小的补偿强度为15.83%和12.30%，最大的补偿强度已达到80.49%和84.79%，这样容易导致补偿强度较小的养殖户发生不文明销售行为，同时影响疫后生产恢复行为，而补偿强度较大的养殖户防控积极性下降，容易产生道德风险。

表4－9　疫区蛋鸡养殖户禽流感疫情补偿强度

月龄	疫情损失（元/只）		国家补偿标准（元/只）	国家标准补偿强度（%）		宁夏补偿标准（元/只）	宁夏标准补偿强度（%）	
	散养户	规模养殖户		散养户	规模养殖户		散养户	规模养殖户
1	27.62	35.25	10	36.21	28.37	5.5	19.91	15.60
2	34.74	44.7	10	28.79	22.37	5.5	15.83	12.30
3	44.1	56.68	10	22.68	17.64	11.5	26.08	20.29
4	55.18	70.61	10	18.12	14.16	11.5	20.84	16.29
5	64.26	81.92	10	15.56	12.21	16.5	25.68	20.14
6	62.28	78.4	10	16.06	12.76	16.5	26.49	21.05
7	58.26	72.72	10	17.16	13.75	16.5	28.32	22.69
8	53.85	66.16	10	18.57	15.11	16.5	30.64	24.94
9	49.08	59.33	10	20.37	16.85	16.5	33.62	27.81
10	44.32	52.45	10	22.56	19.07	16.5	37.23	31.46
11	39.86	45.91	10	25.09	21.78	16.5	41.39	35.94
12	35.83	39.9	10	27.91	25.06	16.5	46.05	41.35
13	31.98	34.22	10	31.27	29.22	16.5	51.59	48.22
14	28.48	28.94	10	35.11	34.55	16.5	57.94	57.01
15	25.38	24.16	10	39.40	41.39	16.5	65.01	68.29
16	22.6	21.26	10	44.25	47.04	16.5	73.01	77.61

月龄	疫情损失 （元/只）		国家补 偿标准 （元/只）	国家标准 补偿强度（%）		宁夏补 偿标准 （元/只）	宁夏标准 补偿强度（%）	
	散养户	规模 养殖户		散养户	规模 养殖户		散养户	规模 养殖户
17	20.5	19.46	10	48.78	51.39	16.5	80.49	84.79
平均	41.08	48.95	10	24.34	20.43	11.17	27.19	22.82

注：补偿强度等于补偿标准除以疫情损失。

六　本章小结

本章在构建养殖户经济损失评价模型的基础上测算不同月龄的蛋鸡给养殖户带来的经济损失，进而比较散养户和规模养殖户遭受经济损失的差异，同时评价现有补偿政策对散养户和规模养殖户的补偿强度，得到以下结论。①疫区散养户和规模养殖户的直接经济损失平均为 15.21 元/只和 15.92 元/只，分别占其总经济损失的 37.03%、32.53%；间接经济损失平均为 25.87 元/只和 33.03 元/只，分别占其总经济损失的 62.97%、67.47%，疫区养殖户遭受的间接经济损失较大。②疫区散养户和规模养殖户的经济损失随着蛋鸡月龄的增加表现出先上升后下降的趋势，其中，蛋鸡为 5 个月龄时，散养户和规模养殖户遭受的经济损失最大，分别为 64.26 元/只、81.92 元/只。③疫区养殖户遭受的经济损失因其饲养方式而异，与散养户相比，规模养殖户遭受的经济损失相对较大（每只平均多 7.87 元）。④国家和宁夏疫情补偿标准仅能弥补疫区散养户和规模养殖户经济损失的 24.34%、20.43% 和 27.19%、22.82%，补偿强度不足。

▶ 第五章
基于养殖户满意度的禽流感疫情补偿政策实施效果评价

禽流感暴发后，养殖户遭受严重经济损失，单凭自身力量无法承担疫情损失，国家为此出台《高致病性禽流感防治经费管理暂行办法》《国务院办公厅关于扶持家禽业发展的若干意见》《重大动物疫情应急条例》等行政法规，给予合理补偿。养殖户是禽流感疫情补偿政策的直接受益者，其满意程度直接关系到禽流感补偿政策的实施成效。那么，养殖户对现有补偿政策是否满意？影响其满意程度的因素是什么？散养户和规模养殖户之间对补偿政策的满意程度是否有差异？这些问题的回答对于了解现有补偿政策实施效果及存在的问题，为政府制定差异化的疫情补偿策略具有重要意义。

本章首先构建禽流感疫情实施效果评价框架，其次利用因子分析测算散养户和规模养殖户对现有补偿政策的整体满意度，评价现有疫情补偿政策的实施效果，进而利用有序 Probit 模型分析散养户和规模养殖户补偿政策整体满意度、补偿标准满意度、补偿范围满意度及补偿速度满意度的主要影响因素，最终探究现有疫情补偿政策存在的问题，以期为制定禽流感疫情补偿政策优化方案，提高养殖户对补偿政策的满意程度，增强疫情补偿政策的实施效果提供理论和实证基础。

一　禽流感疫情补偿政策实施效果评价框架

公共政策评估是公共政策实施过程中较为重要的环节之一，是为了改善公共政策实施效果，提高实施质量，并保证目标实现的重要手段（高兴武，2008）。禽流感疫情补偿政策作为公共政策，也需对其实施效果进行科学评价，以此判断这项政策的预期目标是否实现，为进一步调整、优化或终止疫情补偿政策奠定基础。禽流感补偿政策的预期目标是多重的，主要包括：及时、有效地预防、控制和扑灭禽流感，确保家禽业持续健康发展，保证公众身体健康和生命安全，维护正常的社会秩序等（梅付春，2011）。从判断疫情补偿政策预期目标是否实现角度评价疫情补偿政策的实施效果较为困难，但从疫情补偿政策预期目标实现路径（见图 5 – 1）可知，实现疫情补偿政策的公共目标必须先要满足养殖户的个人目标，只有在其损失得到合理补偿的情况下，他们才会选择积极防控和主动恢复，所以评价养殖户对补偿政策的满意程度是判断疫情补偿政策实施效果的可行方法。

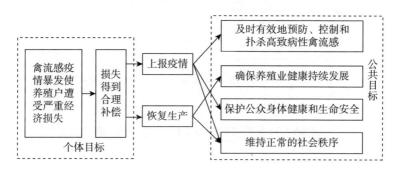

图 5 – 1　禽流感补偿政策公共目标实现路径

公共政策客体对公共政策的满意程度是评价公共政策的一项重要指标，学者们也常用满意度来评价某项公共政策的实施效果，例如，陈利和谢家智（2013）利用农户对农业灾害赔偿的满意度来分析农业灾害救济补偿制度的实施效果，余亮亮和蔡银莺（2015）利用农户满意度对耕地保护经济补偿政策的绩效进行评价，郭伟和王克强（2016）利用农民满意度评价"十二五"高标准农田建设工程的质量效果，孙梦洁和陈雪原（2016）利用农村居民对财政支农政策的满意程度来分析财政支农政策的实施效果。因此，书中利用养殖户满意度对禽流感补偿政策的实施效果进行评价。满意是一种心理状态，其内涵为个体需求被满足后的愉悦感。养殖户补偿政策满意度是指养殖户对疫情补偿政策的期望与其在补偿政策实施过程中的实际感受的相对关系，包括补偿标准满意度、补偿范围满意度及补偿速度满意度（刘明月等，2017）。只有养殖户对补偿政策满意，才会选择主动上报疫情和积极恢复生产等行为，进而实现补偿政策的预期目标，所以评估禽流感疫情补偿政策的实施效果，需要评价养殖户对补偿政策的满意度，即评价养殖户补偿标准的满意度、对补偿范围的满意度及对补偿速度的满意度，具体评价框架见图 5 - 2。

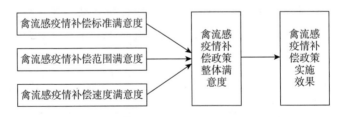

图 5 - 2　禽流感补偿政策实施效果评价框架

二　养殖户禽流感疫情补偿政策满意度测评

（一）养殖户禽流感疫情补偿政策满意度的统计分析

书中利用李克特（Likert）量表对养殖户疫情补偿政策满意度进行度量，并对每项满意度由低到高设置为"非常不满意"、"比较不满意"、"一般"、"比较满意"及"非常满意"五级。从补偿范围满意度来看（见表5-1），散养户中有24户（22.86%）表示满意（包括比较满意和非常满意），规模养殖户有52户（20.16%）表示满意，可见，仅有21%左右的养殖户对补偿范围表示满意，但散养户对补偿范围的满意度略高于规模养殖户，可能的原因是散养户饲养模式主要是圈外散养，在疫情中损毁的生产设备较少，在相同补偿范围的情况下，散养户遭受的疫情损失较小，满意度也就较高。从补偿标准满意度来看，散养户中有11户（10.48%）表示满意，规模养殖户中有25户（9.69%）表示满意，可见，养殖户对补偿标准满意度较低，仅有10%左右的养殖户对补偿标准表示满意，但散养户对补偿标准的满意度高于规模养殖户，可能的解释是散养户遭受的疫情损失小于规模养殖户，在相同补偿标准的情况下，散养户的疫情补偿强度高于规模养殖户，所以满意度相对较高。从补偿速度来看，散养户中有19户（18.09%）表示满意，规模养殖户中有39户（15.12%）表示满意，可见，散养户对补偿速度的满意程度也略高于规模养殖户，这可能是因为规模养殖户的养殖收入在家庭收入中占比较高，遭受疫情冲击后急需政府的救助来维持生活和恢复生产，所以对补偿款发放速度的期望较高，而现有的补偿速度较慢，所以其满意度较低。总之，散养户对补偿政策的满意度高于规模养殖户，这可能与其损失程度有关；养殖户对补偿范围感到满意的最多，其次是补偿速度和补偿标准，这意味着政府在完善疫情补偿政策时首先要增加补偿标准，其次是提高补偿速度和扩大补偿范围。

表5-1 养殖户对禽流感疫情补偿政策满意度

单位：%

满意程度	散养户（105户）			规模养殖户（258户）		
	补偿范围	补偿标准	补偿速度	补偿范围	补偿标准	补偿速度
非常不满意	19.05	35.24	26.67	19.77	36.43	29.07
比较不满意	35.24	39.04	38.10	39.53	39.54	40.70

满意程度	散养户（105 户）			规模养殖户（258 户）		
	补偿范围	补偿标准	补偿速度	补偿范围	补偿标准	补偿速度
一般	22.86	15.24	17.14	20.54	14.34	15.12
比较满意	14.28	7.62	13.33	12.02	7.75	11.63
非常满意	8.57	2.86	4.76	8.14	1.94	3.48

（二）养殖户禽流感疫情补偿政策整体满意度测算

养殖户禽流感疫情补偿政策满意度包括补偿范围满意度、补偿标准满意度及补偿速度满意度，为更好地评价疫情补偿政策实施效果，书中利用因子分析对禽流感疫情补偿政策整体满意度进行测算。

1. 因子分析方法基本原理

因子分析的原理是将原有的多个指标用互相独立的较少综合指标代替，可通过数学模型表示：

$$X_1 = a_{11}F_1 + a_{12}F_2 + \cdots + a_{1m}F_m + \varepsilon_1$$
$$X_2 = a_{21}F_1 + a_{22}F_2 + \cdots + a_{2m}F_m + \varepsilon_2$$
$$\cdots$$
$$X_p = a_{p1}F_1 + a_{p2}F_2 + \cdots + a_{pm}F_m + \varepsilon_p \qquad (5-1)$$

该模型中，X_1，X_2，$\cdots$，X_p 为 p 个原有变量，F_1，F_2，$\cdots$，F_m 为 m 个公共因子，a_{ij}（$i=1$，2，$\cdots$，p；$j=1$，2，$\cdots$，m）为因子载荷，表示第 i 个变量 X_i 在第 j 个因子 F_j 上的负荷。ε_1，ε_2，$\cdots$，ε_p 为特殊因子，均值为 0，协方差矩阵为对角矩阵，且仅与 X_1，X_2，$\cdots$，X_p 有关系。以上模型如果写成矩阵形式则为：

$$X = AF + \varepsilon \qquad (5-2)$$

上式中，$X = (X_1, X_2, \cdots, X_p)$ 为 $p \times 1$ 的随机向量，$F = (F_1, F_2, \cdots, F_m)$ 为 $m \times 1$ 的公共因子向量，$A = (a_{ij})$（$p \times m$ 阶）为因子负荷矩阵，$\varepsilon = (\varepsilon_1, \varepsilon_2, \cdots, \varepsilon_p)$ 为 $p \times 1$ 的特殊因

子向量。

在构建因子分析模型的基础上，通过主成分分析法等方法对模型进行估计，进而抽取因子。为更好地对因子分析做出合理解释，需利用因子旋转方法，达到负荷平方的方差最大目标，以便得到一个更简单的易于解释的结构。因子变量确定以后，需对公共因子的取值进行估计，计算各个样品的公共因子得分问题，得分越高意味着该评价指标越好。因子得分的估计方法很多，利用多元回归方法估计第 i 个样品对第 j 个因子得分的公式为：

$$F_{ij} = b_1 X_{i1} + b_2 X_{i2} + \cdots + b_p X_{ip} \ (i = 1,2,\cdots,n;j = 1,2,\cdots,m) \quad (5-3)$$

上式中，b_1，b_2，$\cdots$，b_p 相当于回归系数，以矩阵的形式表示为：

$$F = XB$$
$$(n \times m)(n \times p)(p \times m) \quad\quad\quad (5-4)$$

上式中，F 表示因子得分矩阵；X 是原始数据矩阵；B 表示回归系数。对原始数据进行标准化之后，则（5-4）式可表示：

$$F = XZ$$
$$(n \times m)(n \times p)(p \times m) \quad\quad\quad (5-5)$$

上式中，Z 为标准化的回归系数矩阵，可以证明它的最小二乘法估计为：

$$Z = R^{-1}A$$
$$(p \times m)(p \times p)(p \times m) \quad\quad\quad (5-6)$$

其中 R^{-1} 是变量 X_1，X_2，$\cdots$，X_P 的样本相关矩阵，A 为因子负荷矩阵，因子得分的估计则为：

$$F = XR^{-1}A$$
$$(n \times m)(n \times p)(p \times p)(p \times m) \quad\quad\quad (5-7)$$

2. 禽流感疫情补偿政策整体满意度测算

选取散养户补偿范围满意度（X_{11}）、补偿标准满意度（X_{21}）、补偿速度满意度（X_{31}）和规模养殖户补偿范围满意度（X_{12}）、补偿标准满意度（X_{22}）、补偿速度满意度（X_{32}），利用因子分析方法分别对散养户和规模养殖户疫情补偿政策整体满意度进行测评。基本步骤为：数据的标准化处理；因子分析的可行性检验；因子提取及因子旋转；计算因子变量的得分。

第一，数据的标准化处理。进行因子分析的指标变量可能具有不同的单位属性，没有统一的度量标准，直接运行可能会出现误差，因此，为得到更客观的数据结果，进行因子分析前需对原始数据进行标准化处理。书中养殖户疫情补偿范围满意度、补偿标准满意度及补偿速度满意度都是李克特（Likert）量表形式，有统一的度量标准，所以不用进行数据的标准化处理。

第二，因子分析的可行性检验。进行因子分析前需要判断选取的变量或指标是否适合做因子分析，常用的检验方法有 Bartlett 球形检验和 KMO 统计量检验。根据检验结果（见表 5 – 2）可知，散养户和规模养殖户 KMO 检验值分别为 0.780 和 0.778，依据 Kaiser 的常用 KMO 度量标准（0.7 ~ 0.8 表示适合）进行判定，发现都处于 0.7 ~ 0.8，说明原数据适合做因子分析。Barlett 球形检验的 p 值为 0.000，因此拒绝原始变量之间相互独立的假设，说明原始变量之间存在相关性，适合做因子分析。

表 5 – 2　KMO 与 Bartlett 检验

		散养户	规模养殖户
取样足够度的 KMO 度量		0.780	0.778
Bartlett 的球形度检验	近似卡方	406.385	970.731
	df	3	3
	显著性	0.000	0.000

第三，因子提取及因子旋转。利用 SPSS 22.0 软件得到各变量的相关系数矩阵，结果见表 5－3。可以看出，变量间存在较强的相关性，适合做因子分析。采取主成分分析法提取一个公共因子，命名为疫情补偿政策整体满意度，从表 5－4 可知，散养户和规模养殖户的特征值分别为 2.834 和 2.819，总方差解释率分别达到 94.478% 和 93.966%，说明散养户和规模养殖户各指标之间存在较高的共同度。只有一个公共因子，所以无须做因子旋转。

表 5－3　各变量的相关系数 R 矩阵

	散养户				规模养殖户		
	X_{11}	X_{21}	X_{31}		X_{12}	X_{22}	X_{32}
X_{11}	1.000	0.902	0.929	X_{12}	1.000	0.893	0.921
X_{21}	0.902	1.000	0.920	X_{22}	0.893	1.000	0.914
X_{31}	0.929	0.920	1.000	X_{32}	0.921	0.914	1.000

表 5－4　解释的总方差

养殖户种类	成分	初始特征值			提取平方和载入		
		合计	方差的%	累计%	合计	方差的%	累计%
散养户	1	2.834	94.478	94.478	2.834	94.478	94.478
	2	0.099	3.292	97.770			
	3	0.067	2.230	100.000			
规模养殖户	1	2.819	93.966	93.966	2.819	93.966	93.966
	2	0.108	3.585	97.551			
	3	0.073	2.449	100.000			

第四，计算因子变量得分。采用主成分法对养殖户补偿政策各个变量进行因子分析，得到成分得分系数矩阵（见表 5－5）。因子载荷系数的绝对值越大，表明当前变量对该因子的影响程度越大，散养户的成分得分系数中，补偿速度满意度的系数最大，其次是补偿范围满意度和补偿标准满意度的系数。在规模养殖户

的成分得分系数中，也是补偿速度的系数最大，这意味着补偿速度对规模养殖户公共因子的影响程度最大。

表 5 – 5　成分得分系数矩阵

	散养户			规模养殖户		
	X_{11}	X_{21}	X_{31}	X_{12}	X_{22}	X_{32}
成分	0.343	0.341	0.345	0.343	0.342	0.346

在此基础上，可构建散养户和规模养殖户的因子得分函数：

$$F_1 = 0.343X_{11} + 0.341X_{21} + 0.345X_{31} \qquad (5-8)$$

$$F_2 = 0.343X_{12} + 0.342X_{22} + 0.346X_{32} \qquad (5-9)$$

根据调研数据可知，散养户补偿范围满意度（X_{11}）、补偿标准满意度（X_{21}）、补偿速度满意度（X_{31}）的均值分别为 2.58、2.04、2.31；规模养殖户补偿范围满意度（X_{12}）、补偿标准满意度（X_{22}）、补偿速度满意度（X_{32}）的均值分别为 2.49、1.99、2.20，把这些数据分别代入公式（5-8）和公式（5-9），即可得到散养户和规模养殖户公共因子的得分。通过计算可得，散养户的补偿范围满意度得分为 0.8849，补偿标准满意度得分为 0.6956，补偿速度满意度得分为 0.7970，F_1 得分为 2.38；规模养殖户补偿范围满意度得分为 0.8541，补偿标准满意度得分为 0.6806，补偿速度满意度得分为 0.7612，F_2 得分为 2.30。从补偿范围满意度、补偿标准满意度及补偿速度满意度的得分来看，无论是散养户还是规模养殖户，补偿范围满意度的得分最高，其次是补偿速度和补偿标准满意度。散养户和规模养殖户补偿公共因子得分换算为百分制则分别为 47.6%、46%，这表明散养户的疫情补偿整体满意度为 47.6%，而规模养殖户的疫情补偿整体满意度为 46%，整体上都处于不满意状态，但散养户的疫情补偿整体满意度略高于规模养殖户，这可能与其损失程度有关。

三　养殖户疫情补偿政策满意度的影响因素分析

（一）变量选择、模型构建及描述性统计

1. 变量选择

满意度是一种复杂的主观心理感受，会受到不同种类因素的影响。第一，个体特征。性别、年龄和文化程度会影响其对疫情风险及周围社会环境的感知，进而影响其对补偿政策满足其需求程度的判断。第二，家庭特征。养殖户对补偿政策的满意程度与家庭特征有着必然联系。养殖年限显著影响养殖户的防控行为（张桂新、张淑霞，2013），进而影响其疫情损失程度，因此，对补偿政策的满意程度也会受到影响。劳动力、家庭总收入及养殖收入占比都代表着养殖户疫情损失抵抗能力，所以也会对其补偿政策的满意程度产生影响。第三，疫情环境。养殖户所处的疫情环境影响其对疫情风险的感知，养殖户越认为疫情传播速度快、对家禽生产的冲击强度大，对补偿政策的期望就越高，进而影响其对补偿政策的满意程度。第四，补偿政策环境。养殖户对补偿政策的了解程度和对政府实施补偿政策的信任程度也影响其对补偿政策的满意程度，对周围的补偿政策越了解，对补偿政策的期望水平越理性。

2. 模型构建

模型中的因变量为养殖户对疫情补偿政策的满意度（Y），为多分类有序变量，赋值为 1~5，分别对应"非常不满意"、"比较不满意"、"一般"、"比较满意"和"非常满意"五个选项，因此，选择多元有序 Probit 模型研究满意度及其影响因素之间的关系较为理性。有序 Probit 模型假定存在一个能够代表解释变量 y，但又不能被观测到的潜变量 y^*，其由下式决定：

$$y^* = x'\beta + \varepsilon \qquad (5-10)$$

而选择规则为：

$$y = \begin{cases} 0, 若\ y^* \leqslant r_0 \\ 1, 若\ r_0 < y^* \leqslant r_1 \\ 2, 若\ r_1 < y^* \leqslant r_2 \\ \cdots\cdots\cdots \\ J, 若\ r_{J-1} \leqslant y^* \end{cases} \qquad (5-11)$$

式（5-10）和式（5-11）中：y^* 是隐变量或潜在变量；x' 是自变量的集合；β、$r_0 < r_1 < r_2 < \cdots < r_{J-1}$ 是待估计参数；ε 是随机变量（或随机扰动项）。

假设 $\varepsilon \sim N\ (0, 1)$，则

$$P(y = 0 \mid x) = P(y^* \leqslant r_0 \mid x) = P(x'\beta + \varepsilon \leqslant r_0 \mid x)$$
$$= P(\varepsilon \leqslant r_0 - x'\beta \mid x) = \Phi(r_0 - x'\beta)$$
$$P(y = 1 \mid x) = P(r_0 < y^* \leqslant r_1 \mid x)$$
$$= P(y^* \leqslant r_1 \mid x) - P(y^* < r_0 \mid x)$$
$$= P(x'\beta + \varepsilon \leqslant r_1 \mid x) - \Phi(r_0 - x'\beta)$$
$$= P(\varepsilon \leqslant r_1 - x'\beta \mid x) - \Phi(r_0 - x'\beta)$$
$$= \Phi(r_1 - x'\beta) - \Phi(r_0 - x'\beta)$$
$$P(y = 2 \mid x) = \Phi(r_2 - x'\beta) - \Phi(r_1 - x'\beta)$$
$$\cdots$$
$$P(y = J \mid x) = 1 - \Phi(r_{J-1} - x'\beta) \qquad (5-12)$$

这样，可得到样本似然函数，并得到 MLE 估计量，即多元有序 Probit 模型。

3. 描述性统计分析

散养户和规模养殖户对补偿范围的满意度为 2.58、2.49，对补偿标准的满意度分别为 2.04、1.99，对补偿速度的满意度则为 2.31、2.20，可见，散养户和规模养殖户对补偿政策（补偿标

准、补偿范围及补偿速度）的满意程度较低，都处于不满意状态；散养户和规模养殖户对补偿范围的满意度最高，其次是补偿速度和补偿标准；散养户对补偿范围、补偿标准及补偿速度的满意度均高于规模养殖户，这可能跟损失程度有关。从自变量的描述统计来看（见表5-6），散养户和规模养殖户都以男性、年龄为44~45岁、文化程度为小学—初中为主，但规模养殖户的养殖年限和家庭劳动力都略高于散养户。在家庭总收入和养殖收入占比方面，散养户和规模养殖户差别较大，散养户的年均家庭收入为45675元，而规模养殖户则为85880元，散养户的养殖户收入仅占其家庭年均收入的9.53%，但规模养殖户的养殖收入则占到其家庭年均收入的82.70%。在对疫情风险评价及政策环境认知方面，散养户和规模养殖户差别不大，规模养殖户对疫情传播速度、疫情损失程度、补偿政策了解程度略高于散养户，但散养户对政府实施补偿政策的信任程度略高于规模养殖户。

表5-6 变量定义及描述性统计

变量名称	变量定义	散养户		规模养殖户	
		平均值	标准差	平均值	标准差
因变量					
整体补偿政策满意度	1~5：非常不满意—非常满意	2.38	1.13	2.30	1.09
补偿范围满意度	1~5：非常不满意—非常满意	2.58	1.20	2.49	1.17
补偿标准满意度	1~5：非常不满意—非常满意	2.04	1.04	1.99	1.00
补偿速度满意度	1~5：非常不满意—非常满意	2.31	1.15	2.20	1.09
自变量					
个体特征					
性别	1=男；0=女	0.68	0.47	0.70	0.46
年龄	连续变量，户主年龄（岁）	45.45	10.10	44.86	8.31

变量名称	变量定义	散养户		规模养殖户	
		平均值	标准差	平均值	标准差
文化程度	1=小学以下；2=小学；3=初中；4=高中；5=大专及以上	2.70	0.69	3.01	0.81
家庭特征					
养殖年限	连续变量，实际养殖年数（年）	10.25	5.74	11.05	5.06
劳动力	连续变量，家庭劳动力人数（人）	2.80	1.06	3.10	1.03
家庭收入	连续变量，家庭年收入（元）	45675.24	8436.04	85880.00	37427.12
养殖收入占比	养殖收入占家庭总收入比例（%）	9.53	0.02	82.70	0.15
疫情风险评价					
疫情传播速度	1~5：非常慢—非常快	3.27	1.21	3.36	1.33
疫情损失程度	1~5：非常不严重—非常严重	3.72	0.89	3.82	1.05
政策环境认知					
补偿政策了解程度	1~5：非常不了解—非常了解	2.25	1.03	2.37	1.02
对政府实施补偿政策的信任程度	1~5：非常不信任—非常信任	2.72	1.09	2.68	1.03

（二）养殖户对禽流感疫情补偿政策整体满意度影响因素分析

养殖户补偿政策整体满意度 Probit 模型运行结果（见表 5-7）显示，散养户和规模养殖户模型的似然比检验统计量的卡方值分别为 154.28、269.8，且都在 1% 的显著性水平上拒绝原假设，因此该模型结果的可信度较高。

其一，个体特征。性别变量负向影响散养户的疫情补偿整体满意度，且在 5% 的显著性水平下显著，意味着女性的疫情补偿整体满意度高于男性，可能的解释是一方面女性负责日常的家禽生产，对疫情补偿政策等较为了解；另一方面女性的非养殖收入较少，对补偿政策的期望水平较低，所以在目前的补偿政策下，感受到的满意度高于男性。年龄变量正向影响规模养殖户的疫情补偿整体满意度，且通过5%的显著性水平检验，表明规模养殖户年龄越大，对补偿政策整体满意度越高。可能的原因是规模养殖户年龄越大，饲养经验越丰富，可以在一定程度上减少疫情带来的损失，同时年龄越大，思想越保守，对政府推行的补偿政策配合度较高，所以对补偿政策金额、范围及速度等的满意度较高。

其二，家庭特征。家庭收入变量正向影响规模养殖户的疫情补偿整体满意度，且在5%的显著性水平下显著，意味着规模养殖户家庭收入越高，对补偿政策整体满意度越高。可能的解释是家庭收入代表着规模养殖户的抵抗疫情风险的能力，家庭收入越高，表明疫情风险带来的冲击越小，规模养殖户疫后的恢复能力越大，所以对补偿标准、范围及发放速度等的期望水平较低，总体满意度就越高。养殖收入占比变量负向影响散养户和规模养殖户的疫情补偿整体满意度，且分别通过10%和1%的显著性检验，表明规模养殖户养殖收入在家庭收入中占比越高，对补偿政策整体越不满意。可能的解释是疫情暴发后，规模养殖户家庭中非养殖收入可以缓解疫情给家禽生产带来的冲击程度，养殖收入占比越高，意味着家庭中用来缓解疫情损失的能力越小，在这种情况下，规模养殖户就期望政府的补偿标准高一点，补偿范围宽一点，补偿速度快一点，所以对现有补偿政策的满意程度较低。

其三，疫情风险评判。疫情传播速度变量负向影响规模养殖户的疫情补偿整体满意度，且通过5%的显著性水平检验，表明规模养殖户认为疫情传播速度越大，对补偿整体满意度越低。可能的解释是疫情大范围快速传播，不仅会给养殖户家禽生产带来较大损失，同时也会严重冲击家禽产品市场，在这种情况下，养殖户不仅要承受疫情损失，同时也要承受价格波动带来的损失，所以对补偿政策整体期望较高，感受到的满意度相对越低。疫情损失程度变量负向影响散养户和规模养殖户的损失补偿整体满意度，且都在1%的显著性水平下显著，表明养殖户认为疫情带来的损失程度越大，对补偿政策整体满意度越低。可能的解释是养殖户认为疫情带来的冲击程度越大，疫后需承受的损失就越多，在自身无力承担的情况下，希望政府及时发放较多的补偿金，以快速恢复生产，所以在现有补偿政策的情况下，满意程度越低。

其四，政策环境认知。对补偿政策了解程度变量正向影响散养户和规模养殖户的疫情补偿整体满意度，且都通过1%的显著性检验，意味着养殖户对补偿政策越了解，其整体满意度越高。可能的解释是养殖户越了解不同家禽的补偿标准、补偿款发放的形式和速度等，对补偿政策的期望水平越理性，其疫情补偿整体满意度就越高。对政府实施补偿政策的信任程度变量正向影响散养户和规模养殖户疫情补偿整体满意度，且通过1%和5%的显著性检验，意味着养殖户对政府实施的补偿政策信任程度越高，对补偿政策整体满意度就越高。可能的原因是养殖户越信任政府制定的补偿政策，越认为自己在疫后会得到满意的补偿，对其实施过程中的配合程度越高，抱怨越少，满意度也就越高。

表 5 - 7　养殖户补偿政策整体满意度 Probit 模型分析结果

变量	散养户		规模养殖户	
	系数	标准差	系数	标准差
个体特征				
性别	− 0.4996 **	0.2549	− 0.1351	0.1470
年龄	− 0.0285	0.0191	0.0229 **	0.0109
文化程度	− 0.0297	0.2160	0.1181	0.0985
家庭特征				
养殖年限	0.0184	0.0267	0.0052	0.0148

续表

变量	散养户		规模养殖户	
	系数	标准差	系数	标准差
劳动力	0.0318	0.1042	0.0660	0.0668
家庭收入	0.5406	0.9097	0.5554 **	0.2816
养殖收入占比	− 12.8039 *	7.3515	− 2.5455 ***	0.6478
疫情风险评价				
疫情传播速度	0.0015	0.1010	− 0.1117 **	0.0525
疫情损失程度	− 0.5260 ***	0.2019	− 0.6051 ***	0.0871
政策环境认知				
对补偿政策了解程度	0.4572 ***	0.1703	0.4156 ***	0.0937
对政府实施补偿政策的信任程度	1.0349 ***	0.1779	0.1482 **	0.0706
Pseudo R^2	0.3137		0.2238	
Log likelihood	− 168.7634		− 467.8712	
LR chi^2（11）	154.28（P = 0.0000）		269.8（P = 0.0000）	

注：***、**、*分别表示在1%、5%、10%的显著性水平下显著。

（三）养殖户对禽流感疫情补偿范围满意度影响因素分析

根据养殖户补偿范围满意度 Probit 模型运行结果（见表 5 - 8）可知，散养户和规模养殖户模型的似然比检验统计量的卡方值分别为 142.16、150.78，且都在 1% 的显著性水平上拒绝原假设，因此认为该模型结果可信。

其一，个体特征。性别变量负向影响散养户补偿范围满意度，且通过 10% 的显著性水平检验，表明女性散养户对补偿范围的满意度高于男性，可能的解释是一方面散养户饲养的家禽较少，且设备简陋，除家禽自身价值外，其他生产设备等损毁较少，期望政府补偿的项目也较少；另一方面，男性散养户投入家禽养殖的机会成本较大，对于相同的政府补偿范围，女性散养户更容易满足，所以满意度较高。年龄变量正向影响规模养殖户补偿范围满意度，且通过 1% 的显著性检验，意味着规模养殖户年龄越大，对补偿范围的满意度越高。可能的原因是规模养殖户年龄越大，接受新事物较少，思想较为保守，对政府实施的政策较为配合，除政府补偿的项目外较少期望额外的补偿项目，所以对补偿范围的满意度较高。

其二，家庭特征。养殖年限变量正向影响规模养殖户的补偿范围满意度，且在 5% 的显著性水平下显著，表明规模养殖户养殖年限越长，对补偿范围的满意度越高。可能的解释是一方面规模养殖年限越长，饲养经验越丰富，可以有效降低自己遭受的疫情损失；另一方面，规模养殖户饲养时间越长，经历的疫情次数越多，在疫情处理中会最大可能地减少生产设备被污染或损坏，对补偿项目期望水平较低，所以对现有补偿范围的满意程度较高。养殖收入占比变量负向影响散养户和规模养殖户的补偿范围满意度，且分别在 10% 和 5% 的水平下显著，表明养殖户的养殖收入占比越高，对补偿范围的满意度越低。可能的解释是养殖户的养殖户收入在家庭收入中的占比越高，意味着疫情风险带来的冲击之大，在疫情处理中设备损毁之多，而养殖户期望政府可以多方位补偿，以缓解疫情给生产和生活带来的压力，但现有补偿项目较少，所以其满意程度较低。

其三，疫情风险评价。疫情传播速度变量负向影响规模养殖户的补偿范围满意度，且在 10% 的显著性水平下显著，表明规模养殖户认为疫情传播速度越快，对补偿范围的满意度较低。可能是因为疫情传播度快很容易导致疫情大范围传播，政府为控制疫情扩散蔓延，会消灭一切潜在的传染源，规模养殖户的生产设备在应急处理中损毁的程度也就越大，所以对现有较小的补偿范围满意程度较低。疫情损失程度变量负向影响散养户和规模养殖户的补偿范围满意度，表明散养户和规模养殖户认为疫情损失越大，其对补偿范围的满意度越小。可能的解释是禽流感疫情带来的损失不仅包括家禽本身，还包括水槽、小车、厂房等生产设备损失，以及禁养期内的停止生产带来的间接损失等，现有补偿范围只包括被扑杀的家禽、库存的鸡蛋、饲料、运输费用等，仅能弥补养殖户一小部分损失，在养殖户无力承担的情况下，希望政府可以增加补偿项目，所以对现有补偿范围的满意度较低。

其四，政策环境认知。补偿政策了解程度变量正向影响散养户和规模养殖户补偿范围满意程度，且分别通过5%和1%的显著性检验，表明散养户和规模养殖户的补偿政策了解程度越大，对补偿范围的满意程度越高。可能的解释是养殖户对现有的补偿范围不清楚，认为在疫情中的损失都应该得到补偿，如果养殖户对补偿政策足够了解，能认识到政府补偿的目的是缓解养殖户遭受的疫情损失，而不是全额补偿，就不会盲目期望较多补偿项目，对补偿范围的满意度也就越高。对政府实施补偿政策信任程度变量正向影响散养户和规模养殖户的补偿范围满意度，且分别通过1%和5%的显著性检验，意味着散养户和规模养殖户对补偿政策越信任，对补偿范围的满意度就越高。可能的原因是政府实施补偿政策的目的就是为在疫情中遭受损失的养殖户服务，维持其正常生活，鼓励其恢复生产，如果养殖户对政府足够信任，就会减少对补偿政策的抱怨，对补偿范围的满意度也就越高。

表 5 - 8 养殖户补偿范围满意度 Probit 模型分析结果

变量	散养户		规模养殖户	
	系数	标准差	系数	标准差
个体特征				
性别	- 0.5222 *	0.2816	- 0.2058	0.1522
年龄	- 0.0256	0.0211	0.0355 ***	0.0113
文化程度	0.0060	0.2403	- 0.0693	0.1023
家庭特征				
养殖年限	0.0268	0.0297	0.0350 **	0.0154

变量	散养户		规模养殖户	
	系数	标准差	系数	标准差
劳动力	- 0.0174	0.1141	0.0349	0.0698
家庭收入	0.3383	1.0080	- 0.2236	0.2895
养殖收入占比	- 13.9269 *	8.2629	- 1.6915 **	0.6654
疫情风险评价				
疫情传播速度	0.0153	0.1102	- 0.0917 *	0.0539
疫情损失程度	- 0.7058 ***	0.2230	- 0.1917 **	0.0846
政策环境认知				
补偿政策了解程度	0.4502 **	0.1891	0.3638 ***	0.0975
对政府实施补偿政策的信任程度	0.9667 ***	0.1946	0.1701 **	0.0736
Pseudo R^2	0.4485		0.1986	
Log likelihood	- 87.3990		- 304.1911	
LR chi^2 (11)	142.16 (P = 0.0000)		150.78 (P = 0.0000)	

注: ***、**、*分别表示在1%、5%、10%的显著性水平下显著。

(四) 养殖户对禽流感疫情补偿标准满意度影响因素分析

根据养殖户补偿标准满意度 Probit 模型运行结果 (见表 5 - 9) 可知, 散养户和规模养殖户模型的似然比检验统计量的卡方值分别为 195.30、425.64, 且都在 1% 的显著性水平上拒绝原假设, 因此认为上述模型可以接受。

其一, 家庭特征。养殖年限变量正向影响规模养殖户的补偿标准满意度, 且通过 1% 的显著性检验, 表明规模养殖户养殖年限越长, 对补偿标准越满意。可能的解释是规模养殖户饲养家禽的时间越长, 养殖经验越丰富, 可以有效预防禽流感的发生和及时控制疫情扩散, 在一定程度上降低疫情损失, 增加补偿标准对疫情损失的弥补程度, 所以其满意度较高。劳动力变量正向影响散养户的补偿标准满意度, 且在 10% 的显著性水平下显著, 表明散养户家庭中劳动力人数越多，对补偿标准满意度越高。可能的解释是散养户饲养家禽少，损失相对较小，劳动力越多代表非养殖收入越多，抵御疫情风险损失的能力越大，所以对现有补偿标准的满意度较高。家庭收入变量对规模养殖户补偿标准满意度的影响通过1%的显著性检验，且方向为正，意味着规模养殖户家庭收入越高，对补偿标准的满意度越高。这是因为家庭收入代表规模养殖户的损失承受能力，收入越高，疫情风险带来的冲击相对较小，政府的补偿标准对疫情损失的补偿强度相对较大，对补偿标准的满意度也就越高。养殖收入占比变量负向影响散养户和规模养殖户的补偿标准满意度，且都通过1%的显著性检验，表明养殖户的养殖收入在家庭收入中占比越高，对补偿标准的满意度较低，可能的原因是养殖收入占比越高，禽流感疫情带来的损失越大，除养殖收入外抵御风险的资金越少，养殖户对政府补偿水平的期望越高，在现有补偿标准不能满足养殖户需求的情况下，抱怨越多。

其二，疫情风险评价。疫情损失程度变量负向影响散养户和规模养殖户的补偿标准满意度，且都通过1%的显著性检验，表明散养户和规模养殖户对疫情损失的评价越高，其对补偿标准的满意度越低。可能的解释是散养户和规模养殖户认为疫情给自己带来的损失越大，自己期望政府给予的补偿标准越高，在现有较低的补偿水平下，满意度较低。

其三，政策环境认知。对补偿政策了解程度变量正向影响散养户和规模养殖户补偿标准满意度，且都通过1%的显著性检验，意味着散养户和规模养殖户对补偿政策越了解，其对补偿标准的满意程度越高。可能原因是现有养殖户对补偿政策的目的、标准、发放程序等内容了解较为模糊，所以存在盲目期望补偿水平较高的现象，如果养殖户对补偿政策的了解程度增加，其对补偿标准的期望水平会趋于理性，即相对较低。对政府实施补偿政策的信任程度变量显著正向影响散养户和规模养殖户补偿标准的满意程度，表明散养户和规模养殖户对政府实施补偿政策越信任，其对补偿标准的满意程度越高。可能的解释是如果散养户和规模养殖户认为政府在疫后一定会完善疫情损失构成，认真核算损失，制定合理的补偿标准，那么养殖户对政府给予的补偿额度的质疑和抱怨就越少，满意度就越高。

表 5 – 9　养殖户补偿标准满意度 Probit 模型分析结果

变量	散养户		规模养殖户	
	系数	标准差	系数	标准差
个体特征				
性别	− 0. 4352	0. 3775	− 0. 2747	0. 2032
年龄	0. 0021	0. 0296	− 0. 0036	0. 0153
文化程度	0. 1808	0. 3418	0. 0052	0. 1429
家庭特征				
养殖年限	0. 0124	0. 0378	0. 1015 ***	0. 0217
劳动力	0. 2746 *	0. 1635	− 0. 0556	0. 0937
家庭收入	1. 0793	1. 4402	2. 6981 ***	0. 4857
养殖收入占比	− 46. 2468 ***	12. 6927	− 7. 2921 ***	0. 9997
疫情风险评价				
疫情传播速度	− 0. 1519	0. 1577	− 0. 0383	0. 0743
疫情损失程度	− 0. 9582 ***	0. 3087	− 0. 4215 ***	0. 1172
政策环境认知				
对补偿政策了解程度	1. 0758 ***	0. 2892	1. 1064 ***	0. 1501
对政府实施补偿政策的信任程度	1. 2697 ***	0. 2938	0. 1912 *	0. 0996
Pseudo R^2	0. 7050		0. 6405	
Log likelihood	− 40. 8623		− 119. 4586	
LR chi^2 （11）	195. 30（P = 0. 0000）		425. 64（P = 0. 0000）	

注：*** 、** 、* 分别表示在 1% 、5% 、10% 的显著性水平下显著。

（五）养殖户对禽流感疫情补偿速度满意度影响因素分析

根据养殖户补偿速度满意度 Probit 模型运行结果（见表 5 –

10）可知，散养户和规模养殖户模型的似然比检验统计量的卡方值分别为 137.76、220.30，且都在 1% 的显著性水平上拒绝原假设，因此认为两个模型结果可信。

其一，个体特征。性别变量负向影响散养户补偿速度满意度，且在 5% 的显著性水平下显著，表明女性散养户对补偿速度的满意度高于男性。可能的解释男性投入家禽生产的机会成本较大，同时对补偿政策的整体期望较高，希望能快速得到补偿，所以对补偿速度的满意度低于女性。年龄变量正向影响规模养殖户的补偿速度满意度，且通过 5% 的显著性检验，表明规模养殖户年龄越大，对补偿速度的满意度越高。可能的原因是年龄大的规模养殖户思想较为保守，对政府的补偿政策较为配合，只要政府答应给予补偿，不关注速度快慢，所以对补偿速度的满意程度较高。

其二，家庭特征。家庭收入变量正向影响规模养殖户的补偿速度满意度，且在 5% 的显著性水平下显著，表明规模养殖户家庭收入越大，对补偿速度越满意。可能的解释是规模养殖户家庭收入越大，意味着疫情风险对家庭收入造成的冲击越小，疫后支持生产恢复的资金就越多，疫情恢复能力就越强（刘明月、陆迁，2016），就越不急于补偿款快速到位，对现有发放速度的满意度越高。养殖收入占比变量负向影响散养户和规模养殖户的补偿速度满意度，且分别通过 10% 和 5% 的显著性检验，表明散养户和规模养殖户养殖收入占比越高，对补偿速度的满意度越低。可能的解释是养殖收入占比越高，疫情带来的损失越大，而家庭中用于缓解疫情冲击的其他资金越少，养殖户就会希望政府快速发放补偿款来恢复生活和生产，所以对补偿速度的满意程度较低。

其三，疫情风险评价。疫情传播速度变量负向影响散养户和规模养殖户的补偿速度满意度，且都通过 5% 的显著性检验，表明养殖户认为疫情的传播速度越快，对补偿速度的满意度越低。

可能的解释是疫情传播速度快，意味着给家禽生产或给人类健康带来的风险大，所以养殖户期望政府能够尽快发放补偿金，来提高养殖户的生产信心，尽快恢复生产。疫情损失变量负向影响规模养殖户的补偿速度满意度，且在1%的显著性水平下显著，表明规模养殖户的疫情损失越大，对补偿速度的满意度越低。可能的解释是规模养殖户饲养的家禽较多，疫情带来的损失较大，同时由于资产专用型，疫后不得不继续从事养殖，在自身无力承受损失恢复生产的时候，期望政府尽快发放补偿金，所以对补偿速度的期望较大，在现有的补偿速度情况下，满意程度较低。

其四，政策环境认知。对补偿政策的了解程度变量正向影响散养户和规模养殖户的补偿速度满意度，且分别通过5%和1%的显著性检验，表明养殖户对补偿政策的了解程度越高，对补偿速度的满意程度越高。可能的解释是养殖户对补偿政策的发放方式、发放程序及发放速度越了解，对现有的补偿速度的期望越理性，对现有补偿金发放速度的满意程度越高。对政府实施补偿政策的信任程度正向影响散养户和规模养殖户的补偿速度满意度，且都在1%的显著性水平下显著，表明养殖户对政府实施的补偿政策越信任，对补偿速度的满意度越高。可能的解释是如果养殖户相信政府会按照"公平、公正、效率"的原则来实施补偿政策，那么就会尊重政府发放补偿金的程序，对现有的补偿金发放速度的抱怨较少，满意度较高。

表 5 – 10　养殖户补偿速度满意度 Probit 模型分析结果

变量	散养户		规模养殖户	
	系数	标准差	系数	标准差
个体特征				
性别	– 0. 7378 **	0. 2952	– 0. 2052	0. 1588
年龄	0. 0010	0. 0213	0. 0237 **	0. 0118

变量	散养户		规模养殖户	
	系数	标准差	系数	标准差
文化程度	− 0.0543	0.2460	0.1423	0.1075
家庭特征				
养殖年限	− 0.0367	0.0307	0.0020	0.0160
劳动力	0.0769	0.1171	0.0730	0.0726
家庭收入	− 1.2157	1.0243	0.6127 **	0.3040
养殖收入占比	− 15.8435 *	8.5110	− 1.4563 **	0.6961
疫情风险评价				
疫情传播速度	− 0.2287 **	0.1146	− 0.1242 **	0.0569
疫情损失程度	− 0.2763	0.2228	− 0.6106 ***	0.0932
政策环境认知				
补偿政策了解程度	0.5014 **	0.1938	0.3283 ***	0.1012
对政府实施补偿政策的信任程度	1.2834 ***	0.2144	0.2047 ***	0.0773
Pseudo R^2	0.4568		0.3098	
Log likelihood	− 81.9107		− 245.3486	
LR chi^2 （11）	137.76（P = 0.0000）		220.30（P = 0.0000）	

注：***、**、*分别表示在1%、5%、10%的显著性水平下显著。

四　禽流感疫情补偿政策存在的问题

无论是散养户还是规模养殖户对补偿政策整体、补偿范围、补偿标准以及补偿标准都处于不满意状态，这意味着疫情补偿政策实施效果不好，疫情补偿政策存在一定的不足。分析现有疫情补偿政策存在的问题，能够为后面疫情补偿标准的确定、疫情补偿政策的优化设计奠定基础。

（一）疫情补偿政策有待法律化

中国关于禽流感疫情补偿方面的法律仅有《中华人民共和国

动物防疫法》，其他都为行政法规，而且内容较为笼统，没有规定按照什么标准给予补偿、给予多少补偿等内容，不够细致全面。而发达国家关于禽流感疫情补偿的法律中则明确规定了对禽流感疫情带来的直接损失按照市场价值给予补偿，甚至还规定了最高的补偿标准。中国禽流感疫情补偿的其他规定都是以《重大动物疫情应急条例》《高致病性禽流感防治经费管理暂行办法》等行政法规形式存在，缺乏权威性，另外，虽然规定了"鸡、鸭、鹅等禽类每只补助 10 元，各地可根据实际情况对不同禽类和幼禽、成禽的补助有所区别"，但在实际执行过程中各地存在不同的补偿标准，导致低补偿标准地区养殖户往往感到不公平，不愿意配合政府的扑杀行动，造成疫情防控过程中的混乱，因此，这些文件的补偿标准缺乏统一性。养殖户是家禽及其产品的所有者，为配合政府的防控措施而遭受家禽被扑杀等损失，牺牲的是个人的局部利益，维护的是公众的公共利益，所以理应有权依法要求自己遭受的损失得到补偿，而这种权利只有通过法律规定才能得到确认和保护。政府行使强制扑杀等防控措施是出于维护公共卫生安全的目的，在合法行使行政行为的过程中不可避免地对养殖户造成损害，因此，政府需要对受损养殖户给予补偿，这是政府对受损养殖户应尽的义务。这种义务与养殖户的权利是相对的，也必须通过法律规定才能自觉履行，否则在疫情补偿过程中就会出现损害养殖户利益的现象（梅付春，2011）。目前的疫情政策法规中都没有规定这些养殖户的权利和政府的义务，因此有待进一步完善和法律化。

（二）疫情补偿范围偏小

虽然中国动物疫情补偿政策要求政府对在动物疫情防控过程中被强制扑杀的动物、被销毁的相关物品等给予补偿，但在实际操作中大多数地区政府仅对被扑杀家禽进行了相应的补偿。与其他地区相比，宁夏地区的疫情补偿范围除被扑杀的家禽外，还包括被污染的鸡蛋和饲料以及疫情处理费用，但依然不包括病死家禽、受污染或损害的生产设备费用、禁养期折旧、预期净利润损失等损失。发达国家对病死家禽不给予补偿是因为病死家禽在发达国家没有市场价值，但在中国等发展中国家，由于市场监管系统不完善、生产者和消费者食品安全意识较低等原因，导致偷运、偷卖病死家禽的事件经常发生，即病死家禽在发展中国存在市场价值。中国目前对病死家禽不给予补偿，一方面是由于财政能力有限；另一方面是为了鼓励养殖户及早上报疫情，即如果养殖户不及时上报疫情，病死的家禽就会越多，自己遭受的损失也会越多。但这种激励养殖户及早上报疫情的方式通常达不到政府想要的效果，因为就算养殖户不上报疫情，也可以把病死家禽销售出去，同时政府给予的补偿水平一般较低，而且上报疫情还会遭受其他养殖户的指责，在这种情况下，养殖户不愿意上报疫情。因此，为防止养殖户把病死家禽销售出去，进而威胁公众食品安全和生命健康，政府应该对病死家禽给予补偿，这样也有利于防止疫情的扩散和蔓延。在强制扑杀等疫情防控过程中，养殖户的鸡笼、饮水器、小车等生产设备也会受到损害或被污染，但这部分成本目前还不在疫情补偿范围之内，往往由养殖户自己承担，进而也增加了养殖户疫情损失。从理论上讲，清洗、消毒等无害化处理成本应该属于政府疫情防控支出的一部分，因为这是养殖户为配合政府强制扑杀等防控行为而发生的费用，而且在发达国家，这部分无害化处理费用都包含在政府的补偿范围之内，所以这些无害化处理费用都应该纳入补偿范围。此外，在目前没有保险等疫情间接损失分担方式的条件下，政府的疫情补偿范围还应该包括禁养期折旧、未收回的成本、预期净收益等，否则将不利于疫情防控和疫后恢复生产。

（三）疫情补偿标准不合理

中国禽流感疫情的补偿标准主要来自《高致病性禽流感防治经费管理暂行办法》，即对鸡、鸭、鹅等禽类每只补助 10 元，各地可根据实际情况对不同禽类和幼禽、成禽的补助有所区别。现有国家补偿标准不合理主要表现在两个方面：一方面是补偿标准过低；另一方面则是补偿标准缺乏公平性。从家禽养殖成本来看，2005 年，新疆新源县蛋鸡的养殖成本为 15 元/只，肉鸡的养殖成本为 13 元/只（均不含人工成本），中部地区和东部地区的养殖成本则更高（梅付春，2011），10 元/只的补偿标准在 2005年时都不足以弥补养殖户的家禽养殖成本，如今对家禽养殖成本的补偿程度更低。从市场价值来看，2005 年，大部分疫区每只鸡（或鸭）的平均静态价值为 14～20 元，而每只鹅的平均静态价值为 60～200 元（梅付春，2011），均远远超过政府的补偿标准。就养殖户遭受的疫情损失角度而言，2012 年宁夏蛋鸡散养户遭受的疫情损失平均为 41.08 元/只，而蛋鸡规模养殖户遭受的疫情损失平均为 48.95 元/只，10 元/只的补偿标准仅能弥补蛋鸡散养户、规模养殖户疫情损失的 24.34% 和 20.43%，这不利于蛋鸡养殖户疫后的恢复生产。国家补偿标准存在以下三个方面的不公平。一是不同家禽种类之间存在不公平。不同家禽因饲养成本的不同带来其市场价值的差异，如果按照国家的 10 元/只进行统一补偿，则会使高经济价值家禽（鸭、鹅等）的养殖户遭受较大损失，而低经济价值家禽（如肉鸡）饲养户遭受的损失相对较小，进而引起高经济价值家禽养殖户的不满。二是同一种家禽之间的不公平。同一种家禽因禽龄的不同，其体重和采食量也不同，所以市场价值和养殖成本也不同，例如，随着肉鸡禽龄的增加，其体重也在增加，其市场价值也在增加。如果对同一种家禽不分禽龄、体重等因素，按照 10 元/只的标准统一进行补偿，则会引起同种禽类之间的不公平现象，进而引起拥有较高市场价值家禽的养殖户的不满。三是不同规模养殖户之间的不公平。学者们一致认为禽流感疫情给不同规模养殖户带来的损失不同，散养户遭受的疫情损失相对较小，而规模养殖户遭受的疫情损失相对较大（于乐荣等，2009；张莉琴等，2009），如果按照相同的补偿标准进行补偿，则会使规模养殖户感到不公平，进而影响防控行为和生产恢复行为。

　　宁夏禽流感疫情的补偿标准主要来自《宁夏回族自治区高致病性禽流感防治应急预案》。根据实际调研可知，2012 年宁夏地区对蛋鸡的补偿标准为：幼雏鸡（1～2 月龄）5.5 元/只，中雏鸡（3～4 月龄）11.5 元/只，成年鸡（5 月龄及以上）16.5 元/只，不仅提高了补偿标准，还考虑了禽龄，和国家补偿标准相比具有一定的合理性。每只幼雏鸡、中雏鸡和成年鸡给蛋鸡散养户带来的损失分别平均为 31.18 元、49.64 元和 41.28 元，对蛋鸡规模养殖户带来的损失分别平均为 39.98 元、63.65 元和 48.06元。宁夏补偿标准对蛋鸡散养户损失的补偿程度分别为 17.64%、23.17% 和 39.97%，对蛋鸡规模养殖户损失的补偿程度分别为 13.76%、18.07% 和 34.33%。总之，宁夏补偿标准也处于较低状态，对养殖户损失的弥补程度不超过 40%，在没有农业保险等损失分担方式的情况下，绝大多数疫情损失由养殖户自己承担。虽然宁夏的补偿标准考虑了蛋鸡月龄，按照幼雏鸡、中雏鸡和成年鸡来补偿，但通过损失计算结果可知，中雏鸡的损失最大，其次是成年鸡和幼雏鸡，所以按照幼雏鸡 5.5 元/只，中雏鸡 11.5元/只，成年鸡 16.5 元/只的标准进行补偿也缺乏公平性。例如，饲养 5 个月龄蛋鸡的农户大概投入 30～40 元/只的成本，几乎没有鸡蛋收入，得到政府的补偿标准为 11.5 元/只，对补偿标准往往处于不满意状态；而饲养 17 月龄的农户生产成本已收回，甚至已获得部分利润，得到政府的补偿标准为 16.5 元/只，甚至比市场上淘汰鸡的价格还高，所以往往感到满意。另外，养殖户的疫情损失也会因其饲养方式而异，即蛋鸡散养户的疫情损失往往低于蛋鸡规模养殖户，如果按照统一的补偿标准来补偿，则对蛋鸡规模养殖户不公平。

（四）疫情补偿速度较慢

在发展中国家，养殖户饲养家禽的方式一般都属于第三种（低生物安全水平的商品化生产）和第四种（村庄或庭院式养殖），他们没有完整的疫情损失分担机制，从事生产的资金也主要来源于亲戚朋友等非正规借贷，因此，家禽被扑杀后急需政府的补偿资金来维持其基本生活和恢复生产，疫情补偿款的发放速度对他们的影响较大。在中国，政府的疫情补偿款主要是由地方政府和中央政府共同分担的，这就形成了两级政府按照两种程序发放补偿款的烦琐局面。地方政府承担的补偿款主要来自省财政，发放程序为自上而下，即省畜牧兽医行政主管部门会同省财政部门根据扑杀数量和扑杀补助标准把补偿款通过县财政发放到养殖户账户中，速度较快。中央政府承担的补偿款主要来自财政部，发放程序先为自下而上，再自上而下，即先有省畜牧兽医行政主管部门和省财政部门联合向农业部、财政部申请中央财政扑杀补助资金，经两部审核后，由财政部将资金拨付给省财政，再由省财政通过县财政发放到养殖户的账户中，程序较为复杂，速度较慢。由于补偿款发放程序烦琐，导致补偿款发放到养殖户手中较慢，导致养殖户对政府的不信任程度增加，在未来不愿意积极配合政府的扑杀行动，不利于禽流感疫情防控工作的进行，同时养殖户也没有资金及时恢复生产，不利于家禽业的持续健康发展。例如，2012年宁夏暴发禽流感后，养殖户3个月后收到省政府的补偿款，6个月后才收到中央政府的补偿款，这极大影响了养殖户对政府的信任程度，同时也不利于养殖户的生产恢复。政府一方面可以简化补偿款发放程序，尽可能缩短补偿款发放到养殖户手中的时间；另一方面也可向其他发展中国家借鉴，在扑杀现场以现金的方式发放补偿款或在扑杀后 24 小时内发放，这也是目前发展中国家最为理性的补偿款发放方式和速度。

（五）疫情补偿政策缺乏监督机制

补偿政策各利益主体的价值取向不同，其所拥有的信息量也处于不对称状态，如果没有相应的监督机制，则很难保证疫情补偿政策的运行质量和实施效果，进而影响补偿政策目标的实现。疫情补偿政策的监督机制是指监督主体维护补偿政策正常运行的各种监督手段和方法，主要包括对家禽扑杀、价值评估的监督，以及对补偿款进行独立的评审和社会问责制度等。目前，中国的疫情政策监督处于松散状态，仅有《高致病性禽流感防治经费管理暂行办法》中对补偿款发放的监督做出简单规定，即"切实加强对禽流感防治经费的监管，对防疫经费本着公开、公正、透明的原则，实行专款专用。对经费使用情况登记造册，不得挤占、挪用，对虚报冒领、挤占挪用的，要严肃处理"（国务院，2004）。可见，中国的疫情政策缺乏相应的监督机制，主要表现在以下三点。一是监督所依据的法律法规缺失。实施疫情补偿政策监督必须以法规或制度为准则，因为这是补偿政策监督的依据和标准。二是缺少明确的监督主体。现有政策制度没有明确规定由谁来监督补偿政策的实施，即谁有权利和义务对补偿政策进行监督，导致各地政府随意组建监督团队，缺少禽主代表或第三方代表，严重影响监督效果和政策实施效果。三是监督的范围较小，仅限于对补偿款发放的监督。对家禽扑杀和价值评估的监督是确定合理补偿款的基础，否则就会出现谎报扑杀数量、错估家禽价值的现象。补偿后还要设定社会问责制度，让不满意补偿结果的养殖户有权进行申诉，进而维护自己的合法权益。疫情补偿监督机制的缺失往往导致现实中出现地方政府虚报扑杀数量向中央财政骗取补偿款、地方政府截留上级的补偿款、地方政府随意制定补偿标准进而损害养殖户利益、养殖户谎报扑杀数量骗取补偿款、养殖户私自偷运病死家禽并将其售出到市场等现象，这严重影响补偿政策目标的实现，因此，在疫情补偿政策实施过程中需要建立相应的监督机制来约束。

五　本章小结

本章在构建禽流感疫情实施效果评价框架的基础上，利用因子分析分别测算散养户和规模养殖户对现有补偿政策的整体满意度，进而通过有序 Probit 模型分析散养户和规模养殖户补偿政策整体满意度、补偿标准满意度、补偿范围满意度及补偿速度满意度的主要影响因素，得出以下结论。

第一，散养户和规模养殖户疫情整体满意度的因子得分分别为 2.38 和 2.30，换算为百分制则分别为 47.6% 和 46%，这说明散养户和规模养殖户对疫情补偿整体满意度较低，但散养户的疫情补偿政策整体满意度高于规模养殖户，可能与其损失程度有关。

第二，散养户补偿范围满意度、补偿标准满意度和补偿速度满意度均值分别为 2.58、2.04 和 2.31，换算为百分制则分别为 51.6%、40.8% 和 46.2%，规模养殖户补偿范围满意度、补偿标准满意度和补偿速度满意度均值分别为 2.49、1.99 和 2.20，换算为百分制则分别为 49.8%、39.8% 和 44%，可见散养户和规模养殖户对补偿标准最不满意，其次是补偿速度和补偿范围。

第三，养殖户收入占比、疫情损失程度、对补偿政策的了解程度和对政府实施补偿政策的信任程度是影响散养户和规模养殖户疫情补偿整体满意度、补偿标准满意度、补偿范围满意度和补偿速度满意度的主要因素。

第四，中国禽流感疫情补偿政策还处于尝试阶段，存在缺失法律基础、补偿范围偏小、补偿标准不合理、补偿速度较慢以及缺乏监督机制等问题，至于补偿政策效果不好，在未来有待优化。

▶ 第六章
禽流感疫情补偿标准测算

禽流感暴发后，疫区散养户的经济损失平均为 41.08 元/只，而规模养殖户的经济损失平均为 48.95 元/只，国家的补偿标准仅能弥补疫区散养户和规模养殖户疫情损失的 24.34% 和 20.43%，宁夏的平均补偿标准也仅能弥补疫区散养户和规模养殖户疫情损失的 27.19% 和 22.82%，可见，现有疫情补偿标准的补偿强度不足。从第五章可知，疫区散养户和规模养殖户对现有疫情补偿政策满意程度较低，都处于不满意状态，其中对补偿标准最不满意，其次是补偿速度和补偿范围。补偿标准是补偿政策最实质、最核心的部分，直接关系到补偿政策目标的实现和实现程度，因此，重新确定禽流感疫情补偿标准尤为迫切。在养殖户疫情损失测算结果的基础上，确定出养殖户可接受的补偿强度，即可得到养殖户愿意接受的补偿标准。

养殖户是补偿政策的接受者，从养殖户的受偿意愿及其意愿受偿水平角度来确定补偿标准可使其更合理、更科学。养殖户也是家禽生产主体和疫情防控主体，其上报疫情和恢复生产的行为是实现禽流感疫情补偿政策公共目标的重要途径（见图 5 - 1），因此，合理的补偿标准要能激励养殖户上报疫情和恢复生产，但这需要以养殖户疫情损失得到满意补偿为前提，即疫情补偿标准至少提高至养殖户愿意上报疫情和恢复生产情景下最低受偿水平，才可以激励养殖户上报疫情和恢复生产，进而实现禽流感疫情补偿政策公共目标。本章从养殖户上报疫情和恢复生产的双重视角，利用非参数估计和参数估计两种方法对养殖户可接受的受偿强度进行测算，进而基于第四章的损失测算结果确定合理的补偿标准，为防控禽流感疫情扩散蔓延和促进家禽业健康持续发展等提供理论和实证依据。

一　理论分析

（一）禽流感疫情补偿政策实施的理由

禽流感暴发后，对养殖户进行损失补偿的必要性在于公共物品理论和外部性理论。禽流感属于突发性公共卫生事件，具有典型的公共物品特征，暴发后产生的社会效应由社会公众共同分担。从外部性理论来看，禽流感是一种人畜共患的疫病，具有极强的传染力，严重威胁着社会公众的生命健康和社会安全，具有传染的负外部性；扑杀发病家禽等措施是目前控制禽流感扩散和蔓延，降低禽流感对社会公众损害的有效手段，具有应急处理的正外部性。但养殖户是家禽生产的主体，上报疫情和配合扑杀家禽等就会遭受严重的经济损失，在没有政府补偿的情况下，养殖户上报疫情和恢复生产的积极性较低，因此，只有对养殖户疫情损失给予相应的补偿，才能提高养殖户提供降低疫情威胁社会公众生命健康、促进畜牧业健康发展等正外部性的可能性。

在没有政府补偿的情况下，养殖户根据边际私人利益（MPB）等于边际私人成本（MPC）的原则来决定其参与禽流感疫情应急处理水平，即选择均衡点 M_0（P_0，Q_0）（见图 6-1）。根据边际社会利益（MSB）等于边际社会成本（MSC）原则确定的社会最优均衡点则为 M_1（P_1，Q_1），其中边际社会利益

（MSB）等于边际私人利益（MPB）与外部性收益之和。因此，为实现整个社会的帕累托最优，必须使均衡点由 M_0（P_0，Q_0）移动至 M_1（P_1，Q_1），但养殖户参与禽流感应急处理的成本会增加，只有对养殖户进行相应的补偿，才能提高养殖户参与禽流感应急处理的积极性，进而阻止禽流感大规模暴发，减少对社会公众食品安全和身体健康的威胁，降低对畜牧业持续健康发展造成的损害。

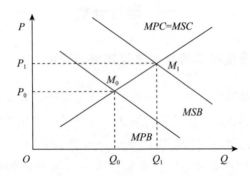

图 6-1　养殖户参与禽流感应急处理的成本与收益

（二）禽流感补偿标准确定

禽流感补偿政策的目的在于促进社会福利最大化，而补贴前后整体社会福利的变化取决于养殖户的受偿额度和政府的补偿力度，只有当政府的补偿标准不小于养殖户的受偿额度时，才能激励养殖户把上报疫情、恢复生产等行为需求变为现实选择。

书中基于希克斯（Hiks）补偿变动（CV）和等价变动（EV）原理，借鉴刘军弟等（2012）的分析框架，分析养殖户和政府基于上报疫情、恢复生产的受偿意愿和补偿意愿。书中把养殖户上报疫情和恢复生产行为表征为禽流感应急处理的改善，如图 6-2 所示，设定养殖户的生产可能性曲线为 P，效用曲线为 U，预算线为 X，希克斯补偿需求曲线为 H，横轴 X_1 表示禽流感应急处理中养殖户上报疫情和恢复生产的投入量，纵轴 X_2 表示禽流感应急处理中养殖户其他行为投入量。假定养殖户初始效用水平为 U_0 上的 A 点，现因上报疫情和恢复生产增加了养殖户的机会成本和生产成本，福利下降为 U_1 上的 B 点，同时对禽流感应急处理中上报疫情和恢复生产的投入量从 OM 减少到 ON，意味着及时防控禽流感疫情扩散蔓延及疫后家禽业健康持续发展受到影响，其他社会成员的福利水平有所降低。如果欲使养殖户恢复到 A 点时的效用水平，就需要给予一定的货币补偿（EV），即 EV 度量的是养殖户选择上报疫情和恢复生产为避免效用水平下降所需的最低补偿意愿（受偿意愿，WTA）。由希克斯补偿需求曲线 H_0（P_0，U_0）可知，P_0 与 P_1 之间 H_0（P_0，U_0）曲线左边的面积 $S_{P_1C'A'P_0}$ 为 EV 的大小，即养殖户受偿意愿（WTA）的大小。P_0 与 P_1 之间预算线 X（P，M）左边的面积 $S_{P_1B'A'P_0}$ 为养殖户上报疫情和恢复生产投入的成本支出。

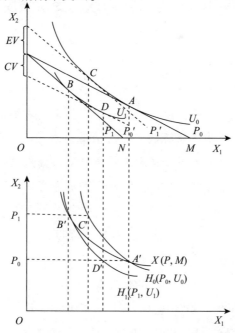

图 6 - 2 疫情补偿的等价变动、补偿变动及希克斯需求曲线

同理可以推导出社会其他成员对上报疫情和恢复生产的补偿意愿。假定其他社会成员原始的福利水平为 U_1 上的 B 点，养殖户上报疫情和恢复生产后，禽流感疫情及时得到控制，家禽市场价格波动得到缓和，其他社会成员的福利水平提高到 U_0 上的 A 点，因此，CV 可以度量其他社会成员为达到 U_0 上 A 点的福利水平所愿意支付的最高价格，即其他社会成员对禽流感疫情的应急处理的补偿意愿，其大小可以用 P_0 与 P_1 之间 H_1（P_1，U_1）曲线左边的面积 $S_{P_1B'D'P_0}$ 表示。由图 6-2 可知，养殖户上报疫情和恢复生产的受偿意愿 > 养殖户上报疫情和恢复生产的成本支出 > 其他社会成员对禽流感应急处理的补偿意愿，可见，其他社会成员的补偿意愿不足以激励养殖户上报疫情和恢复生产，需要政策激励；同时，有效激励养殖户的补偿额度必须满足养殖户的受偿意愿（WTA）。

二 问卷设计与养殖户意愿受偿强度分布

（一）问卷设计

问卷调查涉及养殖户个体特征、家庭特征、疫情风险认知、补偿政策认知、外部支持等方面的内容。重点采用条件价值评估法（CVM，亦称意愿调查法）进行情景描述，询问养殖户对上报疫情和恢复生产的意愿及其意愿受偿强度，分别由两个核心问题构成。基于上报疫情方面，首先询问养殖户"如果政府给予一定的疫情损失补贴，您是否愿意上报疫情?"，如果养殖户回答"愿意"，则继续询问"您愿意接受的补偿强度（政府补偿标准对蛋鸡损失的补偿程度）是多少?"，答题选项为"A.［0，10%］，B.（10%，20%］，C.（20%，30%］，D.（30%，40%］，E.（40%，50%］，F.（50%，60%］，G.（60%，70%］，H.（70%，80%］，I.（80%，90%］，J.（90%，100%］"。基于恢复生产方面，首先询问养殖户"如果政府给予您一定的疫情损失补贴，您是否愿意在疫后恢复生产?",如果养殖户回答"愿意",继续询问"您愿意接受的政府补偿标准的补偿强度是多少?",答题选项为"A. [0,10%]、B. (10%,20%]、C. (20%,30%]、D. (30%,40%]、E. (40%,50%]、F. (50%,60%]、G. (60%,70%]、H. (70%,80%]、I. (80%,90%]、J. (90%,100%]"。

(二)养殖户上报疫情情景下受偿强度分布

根据实地调研可知,散养户中有24户(22.86%)不愿意上报疫情,规模养殖户中有66户(25.59%)不愿意上报疫情,规模养殖户不愿意上报疫情的比例略高于散养户。调查中了解到不愿意上报疫情的原因主要基于以下几点:不相信政府的补偿政策,认为不会补偿(47.78%);补偿标准过低,自己需承担巨大损失(55.56%);自己上报会影响邻里关系,受到指责(51.11%);自己不上报,别人也会上报(45.56%)。在养殖户愿意上报疫情的补偿强度中,仅有2.47%的散养户和2.08%的规模养殖户愿意接受20%以下的补偿强度,主要是因为养殖户作为理性经济人,以追求利润最大化为目的,愿意接受更高程度的补偿,使损失最小化(见表6-1)。散养户和规模养殖户愿意接受的补偿强度主要集中在51%~60%,但散养户中愿意接受60%以上补偿强度的占比低于规模养殖户,可能原因是与散养户相比,规模养殖户损失较大,对养殖收入的依赖程度较高,风险承担能力较弱,对补偿强度的需求较高。

表6-1 养殖户上报疫情情景下受偿强度分布

		散养户		规模养殖户	
		样本数(个)	比例(%)	样本数(个)	比例(%)
给予补偿,是否愿意上报疫情	是	81	77.14	192	74.41
	否	24	22.86	66	25.59

		散养户		规模养殖户	
		样本数（个）	比例（%）	样本数（个）	比例（%）
愿意接受的补偿强度（政府补偿标准对疫情损失的补偿比例）	[0，10%]	0	0.00	0	0.00
	(10%，20%]	2	2.47	4	2.08
	(20%，30%]	4	4.94	6	3.13
	(30%，40%]	10	12.35	10	5.21
	(40%，50%]	15	18.52	13	6.77
	(50%，60%]	22	27.16	49	25.52
	(60%，70%]	14	17.28	38	19.79
	(70%，80%]	7	8.64	27	14.06
	(80%，90%]	5	6.17	27	14.06
	(90%，100%]	2	2.47	18	9.38

（三）养殖户恢复生产情景下受偿强度分布

从表6-2可知，散养户中有6户（5.71%）不愿意恢复生产，规模养殖户中有16户（6.20%）不愿意恢复生产，规模养殖户不愿意恢复生产的比例略高于散养户。调研中了解到养殖户不愿意恢复生产的原因主要包括：不相信政府的补偿政策，认为不会补偿（55.56%）；无力承担疫情损失，没有足够的资金继续养殖（72.22%）；需要投入较多的时间和劳动，疫情防控程序烦琐，投入和收益不成正比（44.44%）；退出养殖行业，外出打工（16.67%）等。在养殖户恢复生产的受偿强度中，20%以下的补偿强度的接受比例为0，散养户的受偿强度主要集中在51%～60%，其次是41%～50%和61%～70%，而规模养殖户中，61%～70%的占比最高，其次是71%～80%和51%～60%，可见，规模养殖户可接受的补偿强度略高于散养户，这可能是因为规模养殖户疫情损失大，迫切需要资金方面的支持，以应对生计危机和恢复再生产。

表 6 - 2　养殖户恢复生产情景下受偿强度分布

		散养户		规模养殖户	
		样本数（个）	比例（%）	样本数（个）	比例（%）
给予补偿，是否愿意恢复生产	是	99	94.29	242	93.80
	否	6	5.71	16	6.20
愿意接受的补偿强度（政府补偿标准对疫情损失的补偿比例）	[0，10%]	0	0.00	0	0.00
	(10%，20%]	0	0.00	0	0.00
	(20%，30%]	3	3.03	4	1.65
	(30%，40%]	6	6.06	5	2.07
	(40%，50%]	26	26.27	30	12.40
	(50%，60%]	28	28.28	44	18.18
	(60%，70%]	20	20.20	55	22.73
	(70%，80%]	8	8.08	48	19.83
	(80%，90%]	5	5.05	39	16.12
	(90%，100%]	3	3.03	17	7.02

三　养殖户受偿标准测算：非参数估计

首先，本章在不考虑被调查散养户和规模养殖户的禀赋特征等相关变量影响的情况下，利用非参数估计方法测算疫区蛋鸡养殖户的平均意愿受偿水平，即疫区散养户和规模养殖户愿意接受的补偿标准。

（一）养殖户基于上报疫情的平均受偿强度区间测算

由于调查问卷中养殖户上报疫情的受偿强度是个区间值，根据统计学原理，借鉴徐大伟等（2012）的做法，利用各区间的中值代替养殖户愿意接受的补偿强度，进而借鉴 Kriström（1997）、何可和张俊彪（2013）以及颜廷武等（2015）对农户平均接受意愿上下限的计算方法，对散养户和规模养殖户上报疫情情景下的平均受偿强度上下限分别进行计算，具体计算公式如下：

$$\overline{RD} = \sum_{i=1}^{n} P_{1i}A_{1i} \qquad\qquad (6-1)$$

$$\underline{RD} = \sum_{i=1}^{n} P_{1i}A_{1i} \times d_1 \qquad\qquad (6-2)$$

式中 $\overline{RD}$、$\underline{RD}$ 分别表示养殖户基于上报疫情的平均意愿受偿强度的上限和下限；i（$i=1, 2, 3, \cdots, n$）为养殖户上报疫情情景下受偿强度层次；A_{1i} 为养殖户所选择的第 i 个受偿强度，即调查问卷中养殖户愿意接受的补偿强度区间值（5%，15%，25%，$\cdots$，95%）；P_{1i} 为养殖户选择第 i 个受偿强度的概率，即选择第 i 个受偿强度的养殖户占有上报疫情意愿养殖户的比例；d_1 表示养殖户愿意上报疫情的人数占总样本的比重，从表 6-1 中可知散养户和规模养殖户中愿意上报疫情的比例分别为 77.14%、74.41%。通过计算可知，散养户上报疫情情景下的平均受偿强度上限为 54.51%，下限为 42.03%，即散养户基于上报疫情的平均受偿强度区间为［42.03%，54.51%］。规模养殖户上报疫情情景下的平均受偿强度上限为 64.27%，下限为 47.83%，即规模养殖户基于上报疫情的平均受偿强度区间为［47.83%，64.27%］。规模养殖户上报疫情的平均受偿强度大于散养户的平均受偿强度，这可能与禽流感疫情对散养户和规模养殖户的冲击程度有关。

（二）养殖户基于恢复生产的平均受偿强度区间测算

利用养殖户基于上报疫情的受偿强度上下限测算方法，对养殖户基于恢复生产的受偿强度上下限进行计算，具体公式如下：

$$\overline{RP} = \sum_{i=1}^{n} P_{2i}A_{2i} \qquad\qquad (6-3)$$

$$\underline{RP} = \sum_{i=1}^{n} P_{2i}A_{2i} \times d_2 \qquad\qquad (6-4)$$

式中$\overline{RP}$、$\underline{RP}$分别表示养殖户基于恢复生产的平均意愿受偿强度的上限和下限；i（$i = 1$，2，3，…，n）为养殖户恢复生产情景下的受偿强度层次；A_{2i}为养殖户所选择的第i个受偿强度，即调查问卷中养殖户愿意接受的补偿强度的区间值（5%，15%，25%，…，95%）；P_{2i}为养殖户选择第i个受偿强度的概率，即选择第i个受偿强度的养殖户占有恢复生产意愿养殖户的比例；d_2表示养殖户愿意恢复生产的人数占总样本的比重，从表6-2中可知散养户和规模养殖户中愿意恢复生产的比例分别为94.29%、93.80%。通过计算可得，散养户恢复生产的平均受偿强度上限为56.62%，下限为53.39%，即散养户基于恢复生产的平均受偿强度的区间为［53.39%，56.62%］。规模养殖户恢复生产的平均受偿强度上限为66.74%，下限为62.60%，即规模养殖户基于生产恢复的平均受偿强度的区间为［62.60%，66.74%］。无论是散养户还是规模养殖户，恢复生产的平均受偿强度都高于上报疫情的平均受偿强度，可能的原因是养殖户上报疫情的受偿强度除受损失影响以外，还受养殖户疫情认知等因素的影响，如果养殖户认为禽流感疫情会传染给人，威胁食品安全等，在政府疫情补偿标准相对较低情况下，仍然可能会选择上报疫情。

（三）养殖户基于上报疫情和恢复生产的受偿标准确定

1. 养殖户平均受偿强度区间测算

书中基于养殖户上报疫情的平均受偿强度和恢复生产的平均受偿强度来确定养殖户整体平均受偿强度区间。散养户上报疫情的平均受偿强度区间为［42.03%，54.51%］，恢复生产的平均受偿强度区间为［53.39%，56.62%］，为确保补偿政策能激励养殖户上报疫情、防控疫情，同时有利于养殖户维持基本生计，恢复再生产，散养户平均受偿强度区间应该为两者的交集，即为［53.39%，54.51%］。规模养殖户上报疫情的平均受偿强度区间为

[47.83%，64.27%]，恢复生产的平均受偿强度区间为［62.60%，66.74%］，交集为［62.60%，64.27%］，所以，书中把［62.60%，64.27%］作为规模养殖户整体平均受偿强度区间。

2. 养殖户上报疫情和恢复生产情景下受偿标准确定

在已知养殖户愿意接受的疫情补偿强度情况下，核算出养殖户遭受的疫情损失即可得到养殖户愿意接受的补偿标准。利用第四章中疫区养殖户疫情损失的测算结果，对养殖户上报疫情和恢复生产情景下的受偿标准进行测算，具体分布如表6－3所示。散养户和规模养殖户愿意接受的补偿标准呈不规则的倒"V"形分布，散养户和规模养殖户对1个月龄蛋鸡可接受的补偿标准区间分别为［14.75元/只，15.06元/只］、［22.07元/只，22.66元/只］，之后呈上升趋势，对5个月龄蛋鸡可接受补偿标准区间最高，分别为［34.31元/只，35.03元/只］、［51.28元/只，52.65元/只］，之后逐渐下降，对17个月龄蛋鸡可接受的补偿标准区间分别为［10.94元/只，11.17元/只］、［12.18元/只，12.51元/只］。散养户的平均损失为41.08元/只，整体平均意愿受偿强度区间为［53.39%，54.51%］，所以散养户基于上报疫情和恢复生产可接受的补偿标准区间为［21.93元/只，22.39元/只］。规模养殖户的平均损失为48.95元/只，整体平均意愿受偿强度区间为［62.60%，64.27%］，所以规模养殖户基于上报疫情和恢复生产可接受的补偿标准区间为［30.64元/只，31.46元/只］。

表6－3　基于非参数估计方法的养殖户受偿标准区间

蛋鸡月龄（月）	散养户			规模养殖户		
	疫情损失（元/只）	补偿下限（元/只）	补偿上限（元/只）	疫情损失（元/只）	补偿下限（元/只）	补偿上限（元/只）
1	27.62	14.75	15.06	35.25	22.07	22.66
2	34.74	18.55	18.94	44.70	27.98	28.73
3	44.10	23.54	24.04	56.68	35.48	36.43

蛋鸡月龄（月）	散养户			规模养殖户		
	疫情损失（元/只）	补偿下限（元/只）	补偿上限（元/只）	疫情损失（元/只）	补偿下限（元/只）	补偿上限（元/只）
4	55.18	29.46	30.08	70.61	44.20	45.38
5	64.26	34.31	35.03	81.92	51.28	52.65
6	62.28	33.25	33.95	78.40	49.08	50.39
7	58.26	31.11	31.76	72.72	45.52	46.74
8	53.85	28.75	29.35	66.16	41.42	42.52
9	49.08	26.20	26.75	59.33	37.14	38.13
10	44.32	23.66	24.16	52.45	32.83	33.71
11	39.86	21.28	21.73	45.91	28.74	29.51
12	35.83	19.13	19.53	39.90	24.98	25.64
13	31.98	17.07	17.43	34.22	21.42	21.99
14	28.48	15.21	15.52	28.94	18.12	18.60
15	25.38	13.55	13.83	24.16	15.12	15.53
16	22.60	12.07	12.32	21.26	13.31	13.66
17	20.50	10.94	11.17	19.46	12.18	12.51
平均	41.08	21.93	22.39	48.95	30.64	31.46

四　养殖户受偿标准测算：参数估计

在考虑被调查疫区养殖户禀赋特征等相关变量影响的情况下，利用计量模型对养殖户上报疫情和恢复生产意愿及其意愿受偿强度的影响因素进行分析，进而采用参数估计方法对养殖户在上报疫情和恢复生产的情景下可接受的补偿标准进行测算。

（一）模型构建与变量选择

1. 模型构建

养殖户在上报疫情和恢复生产情景下的受偿水平是养殖户在上

报疫情和恢复生产前后保持效用无差异的最低补偿要求。假设养殖户愿意上报疫情或恢复生产的效用为 U^1，则该效用可表示为：

$$U^1 = Z_i\beta^1 + \varepsilon_i^1 \qquad (6-5)$$

养殖户不愿意上报疫情或恢复生产的效用为 U^0，则该效用可表示为：

$$U^0 = Z_i\beta^0 + \varepsilon_i^0 \qquad (6-6)$$

式（6-5）和式（6-6）中，Z_i 为第 i 个养殖户上报疫情和恢复生产前后效用的影响因素，β^1、β^0 为待估计参数，ε_i^0 为随机误差项。只有当养殖户愿意上报疫情和恢复生产的效用大于或等于不愿意养殖户的效用时，养殖户才愿意选择上报疫情和恢复生产，即：

$$U_i^1 - U_i^0 = Z_i(\beta^1 - \beta^0) + (\varepsilon_i^1 - \varepsilon_i^0) = Z_i\beta + \varepsilon_{1i} > 0 \qquad (6-7)$$

式（6-7）中，$\beta = \beta^1 - \beta^0$，$\varepsilon_{1i} = \varepsilon_i^1 - \varepsilon_i^0$。令 $y_i^* = U_i^1 - U_i^0$，则养殖户愿意上报疫情或恢复生产的概率方程为：

$$P(y_i = 1) = P(y_i^* \geq 0) = P(\varepsilon_{1i} \geq -Z_i\beta) = \Phi(Z_i\beta) \qquad (6-8)$$

式（6-8）中，y_i 表示第 i 养殖户的选择意愿，$y_i = 1$ 表示养殖户愿意接受补偿作为上报疫情和恢复生产的激励，否则为不愿意；y_i^* 表示第 i 养殖户在一定补偿下愿意上报疫情或恢复生产的潜变量，不能直接被观测；Z_i、β、ε_{1i} 含义同上式；$\Phi(\cdot)$ 表示标准正态分布的累积分布函数。

为研究养殖户在上报疫情或恢复生产情景下的受偿水平的影响因素，只能在 $y_i = 1$ 的养殖户中随机抽取，建立如下模型：

$$W_i = X_i\gamma + \varepsilon_{2i} \qquad (6-9)$$

式（6-9）中，W_i 表示第 i 养殖户基于上报疫情或恢复生产所能接受的补偿水平，X_i 为第 i 养殖户愿意接受的补偿水平的影响因素。γ 为待估计参数，ε_{2i} 为随机误差项。

由于研究养殖户基于上报疫情或恢复生产的受偿水平及其影响因素只有在 $y_i = 1$ 的养殖户中才能观测到实际数值，因此，这是一个选择性样本问题，如果直接采用 OLS 估计参数 γ，则存在样本选择性偏误。为修正该偏误，需要在式（6-9）中引入逆米尔斯比率 λ_i，即表示为：

$$W_i = X_i \gamma + \rho \sigma_2 \lambda_i + \mu_i \qquad (6-10)$$

其中，$\lambda_i = \varphi\left(\dfrac{Z_i \beta_1}{\sigma_1}\right) \bigg/ \Phi\left(\dfrac{Z_i \beta_1}{\sigma_1}\right)$，$\rho$ 为 ε_1 与 ε_2 的相关系数，σ_1、σ_2 分别为 ε_1 与 ε_2 的标准差，μ_i 为随机误差项。式（6-10）已修正了选择性偏误，能够采用 OLS 估计，得到参数 γ 的无偏估计量。

基于以上分析，本书选择 Heckman 两阶段模型分析养殖户在上报疫情或恢复生产情景下的受偿水平的影响因素。在此基础上，估计两种情境下养殖户受偿水平的期望值，估计公式如下：

$$E(W_i \mid y = 1, X_i) = X_i \gamma + \rho \sigma_2 \lambda_i \qquad (6-11)$$

式中各个变量的含义与上述一致；参数的含义与式（6-10）一致。

2. 变量选择

养殖户上报疫情情景下的受偿水平分为两个阶段，书中选择"如果政府给予补偿，您是否愿意上报疫情？"和"您愿意接受的补偿强度是多少？"作为被解释变量。在政府给予补偿激励的条件下，养殖户主动上报疫情意愿及其意愿受偿水平还要受其他因素影响，在相关研究（林光华等，2012；张晨曦，2015；Yakshshilikov et al.，2009）的基础上，书中主要从个体特征、家庭特征、禽流感疫情认知特征及政策背景认知特征四个方面进行分析。其中，个体特征主要包括户主性别、年龄和文化程度；家庭特征主要包括养殖年限、劳动力、家庭收入及养殖收入占比；禽流感疫情认知特征主要包括有没有经历过禽流感、对禽流感一般知识的认知（禽流感发病原因的认知、发病症状的认知、传播途径的认知）及对禽流感危害的认知（对禽流感会给家禽生产带来严重损失的认知、对禽流感会严重威胁食品安全的认知、对禽流感是否会传染人的认知）；政策认知特征主要包括对补偿政策的了解程度、对政府实施补偿政策的信任程度、对补偿政策效果的认知程度。

养殖户恢复生产情景下的受偿水平也分为两个阶段，书中选择"如果政府给予补偿，您是否愿意恢复生产？"和"您愿意接受的补偿强度是多少？"作为被解释变量。调查数据显示，在政府给予一定补偿作为激励的情况下，94.29%的散养户和93.80%的规模养殖户愿意恢复生产。在政府给予补偿激励的条件下，养殖户积极恢复生产意愿及其意愿受偿水平还要受到其他因素的影响，例如，张晨曦（2015）认为养殖户养殖年限显著影响其恢复生产意愿，养殖年限越长，养殖经验越丰富，且投入专用设备越多，越不愿意放弃养殖；Yakhshilikov 等（2009）认为养殖户的受偿意愿受其性别、年龄的影响，女性比男性的受偿意愿高，其年龄越大，受偿意愿越大。在相关研究的基础上，书中主要从个体特征、家庭特征、禽流感风险判断、外部支持状况及政策背景认知特征五个方面进行分析。其中，个体特征与家庭特征中的变量与上述养殖户主动上报疫情意愿及其意愿受偿水平中的变量选取相同；禽流感风险感知包括对上次疫情损失评价、对未来生产风险的判断及对未来市场风险的判断；外部支持包括亲朋帮助、政府救助、金融支持及养殖合作社帮助；政策认知变量也同上述养殖户主动上报疫情意愿及其意愿受偿水平中的变量选取相同。

（二）养殖户基于上报疫情的平均受偿强度实证估计

1. 变量定义及描述性分析

在相关研究（林光华等，2012；张晨曦，2015；Yakhshilikov

et al.，2009）的基础上，选取个体特征、家庭特征、禽流感疫情认知和政策认知特征四个方面的 16 个变量作为解释变量，具体定义和描述性统计如表 6 - 4 所示。规模养殖户对禽流感一般知识（发病症状、原因、传播途径）的认知，以及对禽流感对家禽生产造成损失程度的认知、禽流感是否会传染人的认知均高于散养户。无论是散养户还是规模养殖户对补偿政策都处于不了解状态，对政府实施的补偿政策持不信任态度，且对补偿政策效果认知较低。

表 6 - 4　上报疫情方程中的变量定义及描述性统计

变量名称	变量定义	散养户（105 户）		规模户（258 户）	
		平均值	标准差	平均值	标准差
个体特征					
性别	1 = 男；0 = 女	0.68	0.47	0.70	0.46
年龄	户主年龄（岁）	45.45	10.10	44.86	8.31
文化程度	1 = 小学以下；2 = 小学；3 = 初中；4 = 高中；5 = 大专及以上	2.70	0.69	3.01	0.81
家庭特征					
养殖年限	实际养殖年限（年）	10.25	5.74	11.05	5.06
劳动力	家庭劳动力人数（人）	2.80	1.06	3.10	1.03
家庭收入	家庭年收入（元）	45675.24	8436.04	85880.00	37427.12
养殖收入占比	养殖收入占家庭总收入比例（%）	9.53	0.02	82.70	0.15
禽流感疫情认知					
对禽流感发病症状的认知	1 ~ 5：非常不了解—非常了解	4.01	0.95	4.05	0.93
对禽流感发病原因的认知	1 ~ 5：非常不了解—非常了解	2.90	1.17	3.01	1.24
对禽流感传播途径的认知	1 ~ 5：非常不了解—非常了解	3.27	1.21	3.36	1.33
禽流感对家禽生产造成的损失程度	1 ~ 5：非常不严重—非常严重	3.72	1.05	3.82	1.00

变量名称	变量定义	散养户（105 户）		规模户（258 户）	
		平均值	标准差	平均值	标准差
禽流感是否会传染给人	1＝否；2＝不清楚；3＝是	1.96	0.60	2.43	0.85
禽流感对食品安全的威胁程度	1～5：非常不严重—非常严重	3.94	1.14	3.74	1.22
政策认知特征					
对禽流感补偿政策的了解程度	1～5：非常不了解—非常了解	2.25	1.03	2.37	1.02
对政府实施补偿政策的信任程度	1～5：非常不信任—非常信任	2.72	1.09	2.68	1.07
对疫情补偿政策效果的认知程度	1～5：非常小—非常大	2.29	1.12	2.22	0.99

2. 养殖户上报疫情意愿及其意愿受偿水平影响因素分析

利用统计软件 Stata 12.0，采用 Heckman Selection Model 对养殖户上报疫情意愿及其意愿受偿强度的影响因素进行分析，具体结果如表 6－5 所示。

第一，个体特征。性别变量负向影响散养户的上报意愿，且通过 10% 的显著性检验，同时正向影响散养户的受偿强度，并通过 10% 的显著性检验，表明女性上报疫情的意愿高于男性，且期望得到较高水平的补偿。可能的解释是与男性相比，女性一般主要负责家禽生产，对禽流感的风险认知高于男性，同时风险承受能力低于男性。年龄变量负向影响散养户和规模养殖户的上报意愿，且都在 5% 的显著性水平下显著，表明养殖户年龄越大，越不愿意上报疫情，可能是因为养殖户年龄越大，越不愿意改变，这与林光华等（2012）结论一致。

第二，家庭特征。家庭劳动力变量对规模养殖户受偿强度的影响通过了 10% 的显著性检验，且方向为正，表明规模养殖户家庭劳动力越多，可接受的补偿强度越大。可能的解释是规模养殖户在生产过程中需要较多的劳动力，家庭劳动力越多意味着生产投入越多，损失越大，同时疫后需要维持基本生活的费用较高，所以可接受的补偿水平较高。家庭收入水平变量正向显著影响散养户和规模养殖户的受偿强度，这意味着家庭收入水平越高，养殖户希望得到的补偿水平越高。可能的原因是散养户家禽饲养较少，上报疫情带来的正效应（损失补贴）远远小于其带来的负效应（遭受周围邻居、村民等抱怨），上报的积极性较低，如果选择上报，则希望得到较高的补偿水平来弥补自身承受的负效应，而对于规模养殖户来说，80%左右家庭收入来自养殖收入，收入水平越高意味着饲养家禽越多，而疫情发生后遭受的损失也越大，所以希望得到的补偿水平也越大。

第三，禽流感认知特征。禽流感对家禽生产造成的损失程度变量正向影响散养户和规模养殖户的上报意愿，且分别在5%和1%的显著性水平下显著，同时正向影响规模养殖户的受偿强度，并在1%的显著性水平下显著，表明禽流感给家禽生产带来的损失越大，散养户和规模养殖户的上报意愿越大，同时规模养殖户期望得到的补偿水平越高。可能的解释是疫情损失程度越大，意味着养殖户的家禽发病死亡比例越高，在现有政府大力监管不安全销售行为的情况下，养殖户成功出售大量病死家禽的机会较小，被政府惩罚的风险较大，养殖户更愿意主动上报疫情，同时因为规模养殖户饲养的家禽较多，自身无力承担疫情损失，期望政府给予较高水平的补偿。禽流感对食品安全的威胁程度认知变量正向影响散养户上报疫情的意愿，且通过5%的显著性检验，可能的解释是散养户越认为禽流感严重威胁社会公众健康，上报疫情的积极性就越大。

第四，政策认知特征。对禽流感补偿政策的了解程度变量显著正向影响规模养殖户的上报意愿，同时显著负向影响散养户和规模养殖户的受偿强度，表明越了解疫情补偿政策，规模养殖户越愿意上报疫情，散养户和规模养殖户可接受的补偿水平越低。可能的原因是养殖户越了解补偿政策的目的、内容、发放方式、发放速度等，对政府实施的补偿政策越信任，也就越愿意上报疫情，同时对补偿水平的期望也更为理性，相对较低。对政府实施补偿政策的信任程度变量显著正向影响规模养殖户的上报意愿，同时负向显著影响散养户和规模养殖户的受偿强度，可能的原因是养殖户对补偿政策信任程度越强，认为自己得到疫情补偿的概率越高，越倾向于上报疫情，同时对补偿水平的期望也越理性。对疫情补偿政策效果认知变量正向影响散养户和规模养殖户的上报意愿，同时负向显著影响规模养殖户的受偿强度，表明散养户和规模养殖户对补偿政策效果评价越高，上报疫情的积极性越大，期望的补偿水平越低，可能的解释是散养户和规模养殖户如果认为补偿政策对自己的帮助较大，对补偿政策的满意度就会越高，进而会积极上报疫情，配合政府扑杀，同时也不会期望更高水平的补偿。

表 6 - 5　养殖户上报疫情意愿及其意愿受偿强度的影响因素回归结果

变量名	散养户		规模户	
	上报意愿	受偿强度	上报意愿	受偿强度
个体特征				
性别	- 1.3985 * （0.7748）	0.0715 * （0.0401）	0.3124 （0.2678）	0.0326 （0.0215）
年龄	- 0.1689 ** （0.0761）	- 0.0009 （0.0032）	- 0.0512 ** （0.0208）	0.0016 （0.0016）
文化程度	0.3987 （0.5468）	- 0.0234 （0.0319）	- 0.1704 （0.1721）	- 0.0048 （0.0143）
家庭特征				
养殖年限	0.1104 （0.1047）	0.0026 （0.0043）	0.0289 （0.0290）	- 0.0014 （0.0022）
劳动力	- 0.1497 （0.2910）	0.0004 （0.0155）	0.1347 （0.1258）	0.0162 * （0.0098）

续表

变量名	散养户		规模户	
	上报意愿	受偿强度	上报意愿	受偿强度
家庭收入（对数）	- 1. 3349 （2. 3438）	0. 2701 ** （0. 1219）	0. 8801 （0. 5418）	0. 0771 * （0. 0416）
养殖收入占比	- 19. 3310 （20. 8838）	- 0. 2170 （1. 0896）	- 0. 7366 （1. 2720）	0. 0482 （0. 0902）
禽流感认知特征				
对禽流感发病症状 的认知	0. 0006 （0. 3749）	- 0. 0048 （0. 0189）	- 0. 0340 （0. 1259）	0. 0062 （0. 0110）
对禽流感发病原因 的认知	0. 4253 （0. 4632）	- 0. 0069 （0. 0217）	- 0. 1111 （0. 1207）	0. 0095 （0. 0098）
对禽流感传播途径 的认知	- 0. 3489 （0. 4801）	0. 0031 （0. 0245）	0. 0308 （0. 1156）	- 0. 0064 （0. 0094）
禽流感对家禽生产 造成的损失程度	0. 8355 ** （0. 4054）	- 0. 0075 （0. 0266）	0. 5298 *** （0. 1827）	0. 0411 *** （0. 0161）
禽流感是否会传染 给人	0. 2384 （0. 4766）	0. 0190 （0. 0278）	- 0. 1923 （0. 1647）	- 0. 0123 （0. 0124）
禽流感对食品安全 的威胁程度	0. 6170 ** （0. 2667）	0. 0204 （0. 0182）	0. 0954 （0. 1069）	- 0. 0057 （0. 0081）
政策认知特征				
对禽流感补偿政策 的了解程度	0. 0331 （0. 3920）	- 0. 1212 *** （0. 0254）	0. 4125 ** （0. 1948）	- 0. 0450 *** （0. 0151）
对政府实施补偿政 策的信任程度	0. 1329 （0. 5621）	- 0. 0780 *** （0. 0291）	0. 5379 *** （0. 1406）	- 0. 0501 *** （0. 0122）
对疫情补偿政策效 果的认知程度	2. 8526 ** （1. 2262）	0. 0479 （0. 0312）	1. 3874 *** （0. 2727）	- 0. 0367 * （0. 0122）
常数项	12. 5607 （25. 6185）	- 1. 9756 （1. 3182）	- 13. 0302 * （6. 6739）	- 0. 1857 （0. 5387）
逆米尔斯比率	0. 1098 *　（0. 0648）		0. 0936 **　（0. 0445）	
Observation	105		258	
Wald chi2 （16）	42. 39		121. 46	
Prob > chi2	0. 0003		0. 0000	

注：*** 、 ** 、 * 分别表示在 1% 、5% 、10% 的显著性水平下显著，括号内数字为标准误。

3. 养殖户上报疫情情景下的平均受偿强度估计

研究养殖户上报疫情情景下受偿强度的影响因素，是为了测算养殖户基于上报疫情的平均受偿水平。利用 Stata 12.0 统计软件，采用 Heckman Selection Model 中的期望计算方法［公式（6-11）］估计养殖户在上报疫情情景下受偿强度的期望值：

散养户：$E(W_i \mid y = 1, X_i) = X_i\gamma + \rho\sigma_2\lambda_i = 0.5549$

规模户：$E(W_i \mid y = 1, X_i) = X_i\gamma + \rho\sigma_2\lambda_i = 0.6586$

因此，散养户和规模养殖户在上报疫情情景下愿意接受的补偿强度分别是 55.49%、65.86%。

（三）养殖户基于恢复生产的平均受偿强度实证估计

1. 变量定义及描述性分析

在相关研究（张晨曦，2015；Yakhshilikov et al.，2009）的基础上，选取个体特征、家庭特征、禽流感风险评判、外部支持、政策认知特征五个方面 17 个变量作为解释变量，具体定义和描述性统计如表 6-6 所示。规模养殖户对禽流感风险的评判高于散养户，无论是对上次疫情损失的评价，还是对未来生产风险和市场风险的评判，规模养殖户的感知都高于散养户。散养户对外部支持（亲朋帮助、政府救助、金融支持、合作社帮助）的评价要低于规模养殖户，可能的原因是散养户饲养的家禽较少，在疫情中遭受的损失较小，依靠自己的能力就能抵御疫情冲击，所以对外部支持评价较低。

表 6-6　恢复生产方程中的变量定义及描述性统计

变量名称	变量定义	散养户（105 户）		规模户（258 户）	
		平均值	标准差	平均值	标准差
个体特征					
性别	1 = 男；0 = 女	0.68	0.47	0.70	0.46
年龄	户主年龄（岁）	45.45	10.10	44.86	8.31

续表

变量名称	变量定义	散养户（105 户）		规模户（258 户）	
		平均值	标准差	平均值	标准差
文化程度	1 = 小学以下；2 = 小学；3 = 初中；4 = 高中；5 = 大专及以上	2.71	0.69	3.01	0.81
家庭特征					
养殖年限	实际养殖年限（年）	10.25	5.74	11.05	5.06
劳动力	家庭劳动力人数（人）	2.80	1.06	3.11	1.03
家庭收入	家庭年收入（元）	45675.24	8436.04	85880.00	37427.12
养殖收入占比	养殖收入占家庭总收入比例（%）	9.53	0.02	82.70	0.15
禽流感风险评判					
对上次疫情损失评价	1 ~ 5：非常不同意—非常同意	4.26	0.73	4.38	0.75
对未来生产风险的判断	1 ~ 5：非常低—非常高	4.15	0.90	4.29	0.80
对未来市场风险的判断	1 ~ 5：非常低—非常高	3.35	1.05	3.71	0.98
外部支持					
亲朋帮助	1 ~ 5：非常少—非常多	2.94	1.25	3.84	0.85
政府救助	1 ~ 5：非常少—非常多	2.63	1.09	3.23	0.77
金融机构支持	1 ~ 5：非常少—非常多	1.82	0.68	2.32	0.99
养殖合作社帮助	1 ~ 5：非常少—非常多	2.01	0.67	2.55	1.33
政策认知特征					
对禽流感补偿政策的了解程度	1 ~ 5：非常不了解—非常了解	2.25	1.03	2.37	1.02
对政府实施补偿政策的信任程度	1 ~ 5：非常不信任—非常信任	2.72	1.04	2.68	1.07
对疫情补偿政策效果的认知程度	1 ~ 5：非常小—非常大	2.29	1.12	2.22	0.99

2. 养殖户恢复生产意愿及其意愿受偿水平影响因素分析

利用统计软件 Stata 12.0，采用 Heckman Selection Model 对养殖户恢复生产意愿及其意愿受偿强度的影响因素进行分析，具体结果如表 6-7 所示。

第一，个体特征。性别变量负向影响规模养殖户的恢复生产意愿及受偿强度，且都通过 5% 的显著性检验，表明女性规模养殖户比男性规模养殖户疫后恢复生产的意愿更大，同时期望接受较低水平的补偿。可能的原因是在家禽生产风险较大的情况下，男性规模养殖户在疫后容易寻找其他工作机会，恢复生产的意愿较低，同时在疫后恢复家禽生产中投入的机会成本较大，也就希望得到更高水平的补偿。年龄变量负向影响散养户的生产恢复意愿，且在 10% 的显著性水平下显著，表明散养户年龄越大，恢复生产的积极性越小，可能的解释是散养户年龄越大，抵御风险的能力越弱，越不愿意恢复生产。文化程度变量负向显著影响散养户的生产恢复意愿，意味着散养户文化程度越高，疫后恢复生产的意愿越小。可能是因为散养户文化程度越高，越能理解禽流感带来的生产风险以及对生命安全的威胁，疫后恢复生产的积极性较低。

第二，家庭特征。养殖年限变量负向影响规模养殖户恢复生产的意愿，且通过 5% 的显著性检验，这与一般情况不符（养殖户饲养时间越长，经验越丰富，疫后恢复生产的可能性越大），可能的解释是饲养年限越长的养殖户，经历的禽流感疫情次数越多，但都没有得到合理补偿，对家禽生产失去信心，不愿意再恢复生产。劳动力变量负向影响散养户的恢复生产意愿，且在 10% 的显著性水平下显著，意味着散养户家庭劳动力越多，越不愿意恢复生产，可能是因为散养户饲养家禽主要是为了自家消费，劳动力多的家庭意味着收入水平较高，在禽流感风险较大的情况下，他们更愿意选择购买安全食品，放弃恢复生产。养殖收入占比变量显著负向影响散养户的受偿强度，可能的解释是散养户的家庭收入主要来自非养殖户收入，疫后恢复生产不受资金短缺限制，另外饲养的蛋鸡越多，对禽流感疫情扩散的危害越了解，因此更愿意接受政府较低水平的补偿。

第三，禽流感风险评判。对上次疫情损失评价变量负向影响规模养殖户恢复生产的意愿，且通过5%的显著性检验，意味着规模养殖户对上次疫情损失程度评价越高，疫后越不愿意恢复生产。可能的解释是疫后规模养殖户自己承担的损失越大，疫后恢复生产的能力就越小，恢复生产的积极性就越低。对未来生产风险的判断变量显著正向影响规模养殖户的受偿强度，表明规模养殖户认为未来的生产风险越大，希望得到的补偿水平越高。可能是因为未来生产风险大，规模养殖户遭受疫情损失的可能性越大，也就希望政府给予较高水平的补偿。

第四，外部支持。亲朋帮助变量正向显著影响散养户的生产恢复意愿，负向显著影响规模养殖户的受偿强度，意味着疫后从亲戚朋友得到的帮助越大，散养户的生产恢复意愿越大，而规模养殖户期望的补偿水平越低。可能的解释是亲戚朋友是养殖户疫后主要的求助对象，得到的帮助越大，生产恢复能力越大，恢复生产的意愿就越大，同时对政府高水平补偿的期望程度较低。政府救助变量负向影响散养户和规模养殖户的受偿强度，且在1%的显著性水平下显著，表明疫后除补偿政策外的政府救助活动越大，养殖户抵御风险的能力就越大，对补偿金的期望水平就越低。养殖合作社帮助变量显著负向影响散养户的受偿强度，意味着散养户疫后从合作社得到的帮助越多，可接受的补偿水平越低，可能的解释是虽然散养户很少参加合作社，但由于周围规模养殖户作为社员的存在，疫后或多或少间接得到生产技术指导，这在一定程度增强其生产恢复能力，所以期望的补偿水平也较低。

第五，政策认知特征。对禽流感补偿政策了解程度变量正向显著影响规模养殖户的生产恢复意愿，同时负向显著影响其受偿强度，表明规模养殖户越了解政府补偿政策，其生产恢复的意愿就越大，愿意接受的补偿强度就越小。可能的解释是规模养殖户对补偿政策的目的、标准、范围等越了解，恢复生产的积极性就越高，同时对补偿标准的期望水平就越理性。对政府实施补偿政策的信任程度变量正向显著影响散养户和规模养殖户的生产恢复意愿，同时负向显著影响规模养殖户的受偿强度，可能的解释是对政府实施的补偿政策越信任，自己在遭受疫情风险后得到满意补偿的可能性越大，恢复生产的意愿就越高，可接受的补偿水平就越理性。对疫情补偿政策效果认知变量正向影响规模养殖户的恢复意愿，且负向影响散养户和规模养殖户的受偿强度，表明养殖户对补偿政策效果评价越高，其恢复生产的意愿就越大，可接受的补偿强度就越低，可能的解释是规模养殖户如果认为政府疫情补偿政策将会对自己疫后生产恢复提供较大帮助，就会选择主动恢复生产，此外，养殖户认为疫情补偿政策的效用越大，意味着其对补偿政策的满意度越高，期望的补偿标准就会越理性。

表 6 – 7　养殖户恢复生产意愿及其意愿受偿强度的影响因素回归结果

变量名	散养户		规模户	
	恢复意愿	受偿强度	恢复意愿	受偿强度
个体特征				
性别	- 2.1281 (1.8893)	0.0252 (0.0249)	- 2.1319 ** (1.0391)	- 0.0315 ** (0.0133)
年龄	- 0.1756 * (0.1054)	0.0017 (0.0019)	- 0.0149 (0.0399)	0.0001 (0.0009)
文化程度	- 2.1513 * (1.3090)	- 0.0128 (0.0217)	0.3849 (0.4005)	0.0007 (0.0085)
家庭特征				
养殖年限	0.0565 (0.1167)	0.0024 (0.0026)	- 0.1730 ** (0.0701)	- 0.0017 (0.0013)

变量名	散养户		规模户	
	恢复意愿	受偿强度	恢复意愿	受偿强度
劳动力	− 1.5782*	0.0028	0.1912	0.0059
	(0.8235)	(0.0109)	(0.3095)	(0.0059)
家庭收入	5.6773	− 0.1165	− 1.5052	− 0.0241
	(3.9763)	(0.0847)	(1.5434)	(0.0241)
养殖收入占比	− 7.9523	− 1.2515*	2.5877	0.0004
	(33.7027)	(0.6642)	(3.3175)	(0.0549)
禽流感风险评判				
对上次疫情损失评价	− 0.7800	0.0086	− 1.5845**	− 0.0038
	(1.1368)	(0.0160)	(0.8758)	(0.0090)
对未来生产风险的判断	0.1517	− 0.0131	− 0.0036	0.0342**
	(0.6099)	(0.0156)	(0.4512)	(0.0081)
对未来市场风险的判断	− 0.2906	− 0.0032	0.3697	− 0.0012
	(0.6269)	(0.0133)	(0.4858)	(0.0068)
外部支持				
亲朋帮助	1.7093*	0.0067	− 0.4784	− 0.0192**
	(0.9734)	(0.0105)	(0.3524)	(0.0079)
政府救助	− 1.5688	− 0.0431***	− 0.0692	− 0.0574***
	(1.1318)	(0.0125)	(0.4069)	(0.0103)
金融机构支持	0.1452	0.0139	− 0.0157	0.0052
	(0.6060)	(0.0161)	(0.2863)	(0.0065)
养殖合作社帮助	− 0.8562	− 0.0378*	0.3451	0.0012
	(1.0124)	(0.0203)	(0.3297)	(0.0052)
政策认知特征				
对禽流感补偿政策的了解程度	0.5112	− 0.0099	1.7284**	− 0.0173*
	(0.9427)	(0.0157)	(0.7155)	(0.0089)
对政府实施补偿政策的信任程度	3.0054*	− 0.0311	0.9860**	− 0.0400***
	(1.7410)	(0.0197)	(0.4173)	(0.0068)
对疫情补偿政策效果的认知程度	− 1.7156	− 0.0412**	2.0608**	− 0.0353***
	(1.0799)	(0.0197)	(0.9003)	(0.0097)
常数项	− 37.0981	2.2112**	18.4244	1.3099***
	(40.5149)	(0.9024)	(18.3557)	(0.2995)
逆米尔斯比率	0.0452 (0.0901)		0.0385 (0.0391)	

变量名	散养户		规模户	
	恢复意愿	受偿强度	恢复意愿	受偿强度
Observation	105		258	
Wald chi2 (17)	135.63		459.75	
Prob > chi2	0.0000		0.0000	

注：***、**、*分别表示在1%、5%、10%的显著性水平下显著，括号内数字为标准误。

3. 养殖户恢复生产情景下的平均受偿强度估计

在研究养殖户恢复生产意愿及其意愿受偿强度影响的基础上，利用 Stata 12.0 统计软件，采用 Heckman Selection Model 中的期望计算方法［公式（6-11）］估计养殖户在恢复生产情景下受偿强度的期望值：

散养户：$E(W_i | y = 1, X_i) = X_i\gamma + \rho\sigma_2\lambda_i = 0.5628$

规模户：$E(W_i | y = 1, X_i) = X_i\gamma + \rho\sigma_2\lambda_i = 0.6768$

因此，散养户和规模养殖户在恢复生产情景下愿意接受的补偿强度分别是56.28%、67.68%。

（四）养殖户基于疫情上报和生产恢复的受偿标准估计

基于养殖户上报疫情的平均受偿强度和恢复生产的平均受偿强度来确定养殖户整体平均受偿强度区间，即取这两种情景下可接受补偿强度的最大值，这样既有利于养殖户上报疫情，又可促进养殖户恢复生产。散养户上报疫情的平均受偿强度为55.49%，恢复生产的平均受偿强度为56.28%，因此，散养户整体可接受的平均补偿强度为56.28%。规模养殖户上报疫情的平均受偿强度为65.86%，恢复生产的平均受偿强度为67.68%，因此规模养殖户整体可接受的平均补偿强度为67.68%。

在已知养殖户愿意接受的疫情补偿强度情况下，基于第四章中疫区养殖户经济损失测算结果，核算养殖户在上报疫情和恢复生产情景下愿意接受的补偿标准，具体分布如表 6-8 所示。养殖户愿意接受的补偿标准随蛋鸡月龄的不同而异，饲养 1 个月龄蛋鸡的散养户和规模养殖户可接受的补偿标准分别为 15.54 元/只、23.86 元/只，之后呈上升趋势，饲养 5 个月龄蛋鸡可接受的补偿标准最高，分别为 36.17 元/只、55.44 元/只，之后逐渐下降，饲养 17 个月龄蛋鸡可接受的补偿标准分别为 11.54 元/只、13.17 元/只。散养户的平均损失为 41.08 元/只，整体平均受偿强度为 56.28%，所以散养户基于上报疫情和恢复生产可接受的补偿标准为 23.12 元/只。规模养殖户的平均损失为 48.95 元/只，整体平均受偿强度区间为 67.68%，所以规模养殖户基于上报疫情和恢复生产可接受的补偿标准区间为 33.13 元/只。

表 6-8 基于参数估计方法的养殖户受偿标准

蛋鸡月龄（月）	散养户			规模养殖户		
	疫情损失（元/只）	受偿强度（%）	补偿标准（元/只）	疫情损失（元/只）	受偿强度（%）	补偿标准（元/只）
1	27.62	56.28	15.54	35.25	67.68	23.86
2	34.74	56.28	19.55	44.70	67.68	30.25
3	44.10	56.28	24.82	56.68	67.68	38.36
4	55.18	56.28	31.06	70.61	67.68	47.79
5	64.26	56.28	36.17	81.92	67.68	55.44
6	62.28	56.28	35.05	78.40	67.68	53.06
7	58.26	56.28	32.79	72.72	67.68	49.22
8	53.85	56.28	30.31	66.16	67.68	44.78
9	49.08	56.28	27.62	59.33	67.68	40.15
10	44.32	56.28	24.94	52.45	67.68	35.50
11	39.86	56.28	22.43	45.91	67.68	31.07
12	35.83	56.28	20.17	39.90	67.68	27.00
13	31.98	56.28	18.00	34.22	67.68	23.16
14	28.48	56.28	16.03	28.94	67.68	19.59

续表

蛋鸡月龄 (月)	散养户			规模养殖户		
	疫情损失 (元/只)	受偿强度 (%)	补偿标准 (元/只)	疫情损失 (元/只)	受偿强度 (%)	补偿标准 (元/只)
15	25.38	56.28	14.28	24.16	67.68	16.35
16	22.60	56.28	12.72	21.26	67.68	14.39
17	20.50	56.28	11.54	19.46	67.68	13.17
平均	41.08	56.28	23.12	48.95	67.68	33.13

五 禽流感疫情补偿标准确定

书中利用非参数估计和参数估计两种方法，基于养殖户上报疫情和恢复生产视角，对散养户和规模养殖户的受偿标准进行测算，结果见表6-3和表6-8。为使测算的补偿标准更合理、更科学，书中把两种方法测算的养殖户受偿标准平均值作为最优的受偿标准，结果见表6-9。利用非参数估计方法最终得到的是受偿标准区间，为便于计算，书中把受偿标准区间均值作为非参数估计方法的受偿标准。饲养1个月龄蛋鸡的散养户和规模养殖户可接受的补偿标准分别为15.23元/只、23.11元/只，之后呈上升趋势，饲养5个月龄蛋鸡可接受的补偿标准最高，分别为35.42元/只、53.71元/只，之后逐渐下降，饲养17个月龄蛋鸡可接受的补偿标准分别为11.30元/只、12.76元/只。散养户在非参数估计方法下愿意接受的补偿标准平均为22.16元/只，在参数估计方法下愿意接受的补偿标准平均为23.12元/只，因此，文中认为散养户在上报疫情和恢复生产情景下平均受偿标准为22.64元/只。规模养殖户在非参数估计方法下愿意接受的补偿标准平均为31.05元/只，在参数估计方法下愿意接受的补偿标准平均为33.13元/只，因此，书中认为散养户在上报疫情和恢复生产情景下平均受偿标准为 32.09 元/只。

表 6-9　散养户和规模养殖户平均意愿受偿标准

蛋鸡月龄（月）	散养户			规模养殖户		
	非参数估计受偿标准	参数估计受偿标准	补偿标准	非参数估计受偿标准	参数估计受偿标准	补偿标准（元/只）
1	14.91	15.54	15.23	22.36	23.86	23.11
2	18.75	19.55	19.15	28.36	30.25	29.31
3	23.79	24.82	24.30	35.95	38.36	37.16
4	29.77	31.06	30.41	44.79	47.79	46.29
5	34.67	36.17	35.42	51.97	55.44	53.71
6	33.60	35.05	34.33	49.73	53.06	51.40
7	31.44	32.79	32.11	46.13	49.22	47.68
8	29.05	30.31	29.68	41.97	44.78	43.38
9	26.48	27.62	27.05	37.64	40.15	38.90
10	23.91	24.94	24.43	33.27	35.50	34.39
11	21.51	22.43	21.97	29.12	31.07	30.10
12	19.33	20.17	19.75	25.31	27.00	26.16
13	17.25	18.00	17.62	21.71	23.16	22.44
14	15.37	16.03	15.70	18.36	19.59	18.98
15	13.69	14.28	13.99	15.33	16.35	15.84
16	12.20	12.72	12.46	13.49	14.39	13.94
17	11.06	11.54	11.30	12.34	13.17	12.76
平均	22.16	23.12	22.64	31.05	33.13	32.09

　　养殖户作为理性人，以追求利润最大化为目标，如果其疫情损失得不到合理补偿，在疫情防控过程中就不会上报疫情和配合政府扑杀行动，而是选择将病死家禽偷售至市场中，威胁食品安全和社会公众健康；在疫情生产恢复中，或缩小生产规模，或放弃家禽养殖业，这不利于家禽养殖业的持续健康发展。

那么，什么样的补偿标准为合理呢？合理的补偿标准一方面要能激励养殖户上报疫情和恢复生产，促使补偿政策公共目标实现；另一方面也要使政府在实施补偿政策过程中承担较小的支出成本，但合理的补偿标准至少要不小于养殖户基于上报疫情和恢复生产的受偿标准，否则，补偿政策目标难以实现。因此，书中认为可以按照养殖户的意愿受偿标准来进行补偿，同时考虑养殖户饲养规模和家禽月龄，即按照表6-9对养殖户进行补偿。另外，政府可以通过事前和事后两种疫情补偿政策最小化方案来降低其支出成本，事前主要是指建立动物健康管理机制，通过提高疫情防控水平、减少疫情暴发频次等方法来降低政府疫情补偿支出，事后主要是指要完善疫情损失分担机制，通过政策性家禽保险、动物疫情防控基金等方式来降低政府疫情补偿支出。

六　本章小结

本章在基于养殖户上报疫情和恢复生产视角的基础上，利用非参数估计和参数估计两种方法对疫区散养户和规模养殖户可接受的补偿水平进行测算，进而确定合理的补偿标准，得到以下结论。①基于非参数估计和参数估计两种方法，散养户在上报疫情和恢复生产情景下可接受的平均补偿标准22.64元/只，规模养殖户在上报疫情和恢复生产情景下可接受的平均补偿标准为32.09元/只。②散养户在上报疫情和恢复生产情景下可接受的补偿标准都小于规模养殖户；散养户和规模养殖户愿意接受的补偿标准因蛋鸡月龄而异，其中，对5个月龄蛋鸡的意愿受偿水平最高。③运用Heckman Selection Model发现，养殖户上报疫情的意愿主要受年龄、对禽流感给家禽生产带来的损失程度认知、对补偿政策效果认知的影响，其可接受的补偿水平主要受家庭收入、对禽流感补偿政策的了解程度、对政府实施补偿政策的信任程度的影响；养殖户恢复生产的意愿主要受对政府实施补偿政策的信任程度的影响，其可接受的补偿水平主要受政府救助、对补偿政策效果认知的影响。

▶ 第七章

禽流感疫情补偿政策优化研究

　　高致病性禽流感等重大动物疫情暴发后，及时扑杀疫区内（包括疫点）的染病动物和疑似染病动物是扑灭疫情最直接有效的方法，但也不可避免地给相关养殖户带来一定的经济损失。建立合理的动物疫情补偿机制，是鼓励养殖户及时上报疫情，配合政府的扑杀行动，使禽流感等动物疫情迅速得到有效控制的重要举措，也是激励养殖户疫后积极恢复生产，促进畜牧业持续健康发展的重要保障。重大动物疫情补偿在发达国家已经形成长效机制，具有良好的实施效果，但在中国还处于尝试阶段，相关配套政策、措施及运行机制需要不断完善。

　　目前，中国禽流感疫情补偿政策存在预期目标不明确、补偿范围过小、补偿标准过低且不公平、补偿程序复杂且补偿款发放速度过慢等问题（白雪峰等，2008；翁崇鹏、毛娅卿，2011；丛振华，2013；张淑霞、陆迁，2013），以至于补偿政策的效果不明显（张莉琴等，2009）。本章首先介绍发达国家有关禽流感等动物疫情的补偿制度，借鉴其相关经验并对我国禽流感疫情补偿制度提出优化方案，包括补偿范围、补偿标准、补偿方式及补偿速度等补偿内容的确定，使禽流感疫情补偿政策在激励养殖户追求个人利益最大化的情况下实现公共目标，即实现激励相容。

一 发达国家动物疫情损失分担机制

禽流感等动物疫情暴发带来的损失可以分为直接损失（Direct Losses）和后续损失（Consequential Losses）。直接损失主要包括因禽流感暴发养殖户遭受的家禽被扑杀带来的损失及发生的消毒费用和处理费用等。后续损失主要包括营业中断带来的损失（禁养期的设备折旧等）、限制地区养殖户不能自由交易而遭受的损失、额外的恢复生产成本、由于强制免疫而不能出口到高价格地区而遭受的损失、市场价格波动带来的损失等，是直接损失的补充（Delgado et al., 2006）。禽流感等动物疫情给养殖户带来的直接损失通常由政府给予补偿，即政府制定相应的疫情补偿政策来分担养殖户的疫情损失。养殖户遭受的后续损失一般由公共灾难救助（Public Disaster Assistance）、公共－私人部门共担（Public-Private Parterships）以及私人保险（Private Insurance）等来分担（Delgado et al., 2006）。书中以欧洲国家为例，对发达国家动物疫情带来的直接损失和后续损失的分担方式进行讨论。

（一）动物疫情直接损失分担

在欧洲，动物疫情暴发带来的部分直接损失是由欧盟的兽医预算来承担的，即强制扑杀成本的50%、福利扑杀成本的70%和组织成本的50%是由欧盟财政来负担的。对于动物疫情带来的剩余直接损失（除欧盟负担外的直接损失）的分担方式在成员国之间是不同的，但主要有两种分担方式：国家预算负担和公共－私人部门共同负担。第一种分担方式的代表国家有丹麦、芬兰、法国、爱尔兰、意大利、卢森堡、葡萄牙、西班牙、瑞典和英国。这些国家对剩余直接损失的支付资金全部来自政府预算，而不是来自通过法定或自愿税收形式建立的应急基金。国家政府只对强制扑杀的动物价值进行补偿，而对限制流动等其他控制措施带来的商业影响不给予补偿。一些成员国还对被扑杀动物的健康状况进行规定，即只对被扑杀的健康动物给予补偿，被扑杀的染病动物则不在补偿范围内。例如，在英国，对于高致病性禽流感和新城疫等家禽流行病，政府只对被扑杀的健康家禽按照市场价值的100%进行补偿（Koontz et al.，2006）。

第二种分担方式的代表国家有奥地利、比利时、德国、荷兰和希腊，即动物疫情带来的剩余直接损失（除欧盟负担外的直接损失）由公共－私人部门共同承担。这种公共－私人融资计划可以通过征税建立动物疫情防控基金来实现，也可以通过强制性的农业保险计划来实现。对于强制性的动物疫情防控基金而言，需要所有农户缴纳一定的税收，但付款的形式可以是预先支付（付保证金）也可以是疫情后评估支付，或者是两者的结合。对于后两种支付方式而言，每年没有固定的税收，政府需在疫情暴发后垫付疫情补偿，然后按照此支付量来制定税收，因此，政府对疫情的补偿投入会在未来几年内得到偿还。对于公共部门和私人部门负担的剩余直接损失量而言，可以是成比例，也可以是不成比例的，还可以是两者的结合。在奥地利、比利时和德国，公共部门和私人部门按照一定的比例分担动物疫情带来的剩余直接损失，例如，在德国，国家预算承担50%的剩余直接损失，应急基金承担另外的50%。在荷兰，由私人银行担保制度来分担动物疫情剩余直接损失，但这是一个不成比例的合约，即公共部门和私人部门不按照固定的比例来承担剩余损失（Koontz et al.，2006）。对于强制性的农业保险计划而言，公共－私人部门不是通过税收制度而是通过执行农业保险计划来分担剩余疫情直接损失。例如：在希腊，强制性的农业保险计划是由希腊农业保险组织（Greek Agriculture Insurance Organization）来执行的，要求拥有家禽、牲畜等动物的养殖户参加农业保险，保险费率为动物出售价值的

0.5%，这些保险费是农业保险计划补偿动物疫情给养殖户带来的剩余直接损失的主要资金来源。

总之，政府（欧盟和国家）一般承担动物疫情带来的最大部分直接损失，剩余部分损失或由国家预算分担，或由通过税收形成的动物基金分担，或由强制性农业保险分担，具体分担方式如表 7－1 所示。

表 7－1　欧洲国家动物疫情直接损失分担方式

分担方式	第一种	第二种		
	欧盟预算＋国家预算	欧盟预算＋公共－私人部门共同分担		
		税收形成的动物基金		农业保险计划
		比例分担	非比例分担	
代表国家	丹麦、芬兰、法国、爱尔兰、意大利、卢森堡、葡萄牙、西班牙、瑞典和英国	奥地利、比利时、德国	荷兰	希腊

（二）动物疫情后续损失分担

在欧洲，动物疫情带来的后续损失往往不在政府的补偿政策之内，养殖户会通过各种公共和私人机制来缓解其遭受的后续损失，主要的分担方式有公共灾难救助、公共－私人部门共担以及私人保险（Delgado et al.，2006）。

（1）公共灾难救助

在丹麦、瑞典、芬兰和法国，动物疫情带来的后续损失主要是由公共部门来承担的，不需要私人部门为此支付费用（见表7－2）。公共部门的承担方式包括正式的公共赔偿计划和临时性的灾难支付等，其中，公共赔偿计划是在风险发生前实施的，而临时性的灾难支付则是在疫情等灾难发生后执行的（Skees and Barnett，1999），受影响的农户不知能否得到帮助，同时也不知道能得到多少帮助。在丹麦和瑞典，政府主要通过正式的公共补偿计划来给后续损失提供资金帮助。例如：丹麦政府至少补偿畜群收入损失的20%，而瑞典政府也会对农户实际利润与其继续从事生产的期望利润之间的差值损失进行补偿。在芬兰和法国，政府主要通过临时性的灾难救助方式来分担疫情带来的后续损失。例如：在芬兰，政府需要对因动物强制扑杀而造成的商业中断损失给予补偿，而在法国，政府对动物疫情带来后续损失的补偿还要考虑融资能力和流行病的重要性（Koontz et al.，2006）。

（2）公共–私人部门共担

在欧盟部分成员国，动物疫情带来的后续损失是通过公共部门—私人部门共同融资的方式来承担的。在这种分担方式中，政府通常起保险人或再保险人的作用，另一种选择则为直接对保险费进行补贴（Koontz et al.，2005）。如果政府是原保险人，那么公共保险计划通常由私人部门来零售，但它只接受佣金而不保留损失风险（Skees and Barnett，1999）。如果政府是再保险人，那么私人保险者不仅要零售保险计划，还要为其提供服务，同时也要保留一定的损失风险（Meuwissen et al.，2003）。政府对这些公共保险计划进行再保险的方式主要两种，即成数分保（Quota Share）和止损条款（Stop-loss Provision）。成数分保条款详细规定了保费的比例和私人公司将要保留的风险损失，剩下的风险损失则是由再保险人承担。止损条款则详细规定了私人保险公司自己承担的最大损失量，超过的损失则由再保险人承担（Skees and Barnett，1999）。在西班牙，农户可以通过投保的方式来抵抗动物疫情带来的后续损失，但保险计划承保的动物较少，只有牛、绵羊和山羊，保险计划对农户在动物扑杀时得到的实际援助水平与市场价值之间的差值进行补偿，而政府对保险政策的最大补贴量也因动物种类而异，牛一般为41%，而绵羊和山羊则为32%（Koontz et al.，2006）。

（3）私人保险

在一些欧盟成员国内，由于缺少对动物疫情后续损失补偿的政府救助，引致一些针对牲畜生产的私人保险计划出现。在德国、意大利、瑞典、荷兰和英国，农户往往通过一些私人保险计划来分担疫情带来的后续损失，但这些私人保险计划对后续损失的赔偿范围是有差异的。一般情况下，保险计划会对农户因牲畜感染流行疫病而遭受的损失、处于限制区域内而遭受的损失、商业中断带来的损失等给予赔偿，但农户因牲畜及其产品的市场价值减小而遭受的损失不在补偿的范围内。在意大利，保险计划不仅对牲畜数量减少而引起的商业中断损失进行补偿，还对因行动被限制而引起的损失进行补偿。在德国，私人保险计划对疫情带来的所有后续损失都给予赔偿，包括养殖户因位于限制地区不能自由交易而遭受的损失，但在荷兰和英国，此类损失不属于保险计划的损失赔偿项目（Koontz et al.，2005）。

私人保险计划对疫情后续损失的赔偿主要有三种方式：基于已发生的实际损失进行赔偿；或基于商业中断时间进行赔偿；或基于已投保牲畜价值总量的一定比例进行赔偿。第一种方式的补偿金主要是基于受损后的实际总利润与已投保的总利润之间的差值进行计算的，被保险的农户需要在未来几年中保有准确的账户记录。另外，保险计划对农户处于限制区域而遭受经济损失的赔偿不能按照已投保总量的固定比例或商业中断时间来进行。在荷兰，保险计划是按照被投保扑杀动物价值总量的 10%～30% 或根据商业中断时间来对后续损失进行赔偿。而在德国，保险计划是基于受损后的实际总利润与已投保的总利润之间的差值进行补偿的，还把免赔额和 12 月的最大补偿期限考虑进内。投保者需要在未来 3 年保有精确的账户记录，而保险费是投保总量的百分比，通常是基于每年牲畜的价值和总利润来计算的（Koontz et al.，2006）。

私人保险计划承保的动物种类和农户的参保比例在这些拥有私人保险计划的国家中也是有差别的。在荷兰，保险计划承保的动物仅限于牛，承保的疫情种类包括疯牛病（BSE）、手足口病（FMD）、牛瘟结核病（Tuberculosis）等，农户的参保比例一般不超过10%。在意大利，保险计划承保的动物包括牛和羊，农户的参保比例是有限的，一般小于5%。在英国，保险计划承保的动物种类较多，但不包括家禽，这意味家禽疫病带来的后续损失不在保险计划赔偿范围内。农户的参保比例因疫病种类而异，例如，对疯牛病（BSE）的参保比例约为10%，对牛瘟结核病（Tuberculosis）的参保比例约为10%～15%，布鲁氏菌病（Brucellosis）的参保比例约为10%，对其他保险计划承保的动物疫病，农户的参保比例一般在5%以下。在德国，保险计划承保的动物包括奶牛、牛等，但不包括绵羊。农户对奶牛、牛、母猪和猪的参保比例分别约为50%、30%、42%和23%。值得注意的是私人保险计划对家禽的承保没有继续，在2003年，农户对家禽的参保比例大约为5%（Koontz et al.，2006；Delgado et al.，2006）。

表7-2　欧洲国家动物疫情后续损失分担方式

分担方式	公共灾难救助		公共－私人部门共同分担	私人保险
	公共赔偿计划	临时性的灾难支付		
代表国家	丹麦和瑞典	芬兰和法国	西班牙	德国、意大利、瑞典、荷兰和英国

二　发达国家禽流感疫情补偿政策经验借鉴

禽流感暴发后，扑杀疫点、疫区染病家禽和疑似染病家禽是各个国家普遍采取用来控制和扑灭禽流感疫情的重要措施。而对养殖户在扑杀等防控措施实施过程中遭受的疫情损失进行补偿，是世界上广泛认可的控制和扑灭禽流感疫情的重要保障。由于各国的疫情暴发状况、财政力量、法律制度等各不相同，对疫情损失的补偿政策也不相同，但总体来说，禽流感疫情损失补偿在发达国家已形成长效机制，补偿政策具体细致，科学严谨，具有很强的激励相容性和可操作性，实施效果较好，对发展中国家的禽流感疫情补偿政策完善具有较好的借鉴意义。

（一）补偿政策的法律依据

从发达国家的禽流感疫情补偿政策可以看出，这些国家对禽流感疫情的补偿都有可靠的法律保证，这在一定程度上增加了疫情补偿政策的可行性，提高了疫情补偿政策的实施效果。加拿大关于家禽扑杀补偿的法律较为丰富和细致，不仅明确规定了家禽扑杀补偿的合法性，还在多部条例中体现家禽扑杀补偿的补偿范围、补偿标准等，使家禽扑杀补偿做到有法可依。例如：《动物卫生法》（Health of Animal Act）中规定当动物在进行检测、治疗等必要的处置时受伤或死亡，或因防控疫情而被扑杀，则要按照动物的平均市场价值支付动物补偿金（白雪峰，2008）。《动物扑杀补偿条例》（Compensation for Destroyed Animals Regulations）中则规定了家禽、家畜、宠物等不同动物的最高补偿金额，同时还规定政府应该向动物所有者支付动物尸体运输、无害处理等费用（CFIA，2000）。地方各省也可根据自己的实际情况制定地方性法规，加拿大不列颠哥伦比亚省制定了《不列颠哥伦比亚省动物扑杀（禽流感）补偿条例》（Compensation for Certain Birds Destroyed in British Columbia（Avian Influenza）Regulations），将联邦政府颁布的《动物扑杀补偿条例》中设定的家禽补偿种类、最高补偿金额、平均生产周期等作为参数，制定出考虑禽龄、市场价格等因素在内的补偿标准，使鸡、鸭和鹅的禽流感疫情补偿方案更加科学化（CFIA，2004）。美国关于禽流感疫情补偿政策的法律规定也较为详细，《动物健康保护法》（Animal Health Protection Act）明确规定政府要对养殖户在疫情中遭受的直接损失给予赔偿，而对于 HPAI 造成的营业中断损失等后续损失则不在政府赔偿范围之内。而《高致病性禽流感补偿和赔偿程序》（The HPAI Indemnity and Compensation Process）和高致病性禽流感《评估和赔偿》（Appraisal and Compensation）则详细规定了补偿范围、补偿标准和补偿程序等。当禽流感疫情暴发后，《动物健康保护法》授权美国农业部（The U. S. Department of Agriculture，USDA）对遭受损失的养殖户进行补偿，及时扑灭禽流感疫情扩散和帮助养殖户恢复生产。德国的《动物疫病法》（Animal Disease Act）也明确规定要对因疫情死亡或被扑杀的动物进行补偿，即按照动物的市场价值对养殖户的直接损失进行补偿，对疫情造成的后续损失不给予补偿，因为这部分可以由私人保险来承担。如果动物饲养者不按照有关规定及时上报疫情或发生虚报养殖数量等行为，政府一旦发现将减少补偿金额或者不给予相应补偿（Koontz. et al. ，2006）。

（二）补偿资金来源

疫情补偿资金的来源渠道主要有：政府国库中的自有资源（财政预算），家禽养殖户的贡献，牲畜和牲畜市场设施方面的税收，利益相关者的贡献和国际救助者的资助等。例如：某些国家把一定比例的收税收入（具有代表性的是 GDP 的 3% ~ 5%）用来建立常规补偿和应急基金；或向进口的家禽产品征收特定税，然后把这些税收收入投入疫情补偿基金中；或从公共部门和私人部门筹集资金用来建设牲畜应急基金。在瑞典、芬兰、丹麦和英国，政府对禽流感疫情直接损失的补偿资金主要来自政府（欧盟和国家）预算，而在奥地利、比利时、荷兰、希腊和德国，政府主要通过公共部门和私人部门合作来提供禽流感疫情直接损失的补偿资金，即政府（欧盟和国家）一方面通过财政预算提供一部分补偿款；另一方面通过强制方式或自愿方式向农民征收一定的税款，形成一个单独的基金来支付剩余补偿款（Delgado et al.，2006）。例如：在德国，政府财政和动物疫病防治基金平均分担禽流感疫情直接损失补偿，即各负担50%，而在丹麦，政府财政支付禽流感疫情直接损失补偿的80%，动物疫病防治基金承担剩余的20%（白雪峰等，2008）。此外，禽流感疫情直接损失补偿款也可由中央政府和地方政府共同分担，例如：在美国，农业部（USDA）承担禽流感疫情损失补偿的50%，剩余部分疫情补偿由州政府承担。

（三）疫情补偿内容

1. 补偿范围

发达国家目前只对禽流感疫情带来的直接损失给予补偿，而后续损失则由私人保险、公共灾害救助等来承担。在欧洲，欧共体下令为世界动物卫生组织列出的 A 类疫病造成的直接损失给予补偿，补偿的范围为被扑杀家禽的价值损失、防控措施费用以及某些农户层面的成本等（Delgado et al.，2006）。加拿大对禽流感疫情直接损失的补偿主要包括两个方面：一个方面是对在疫情中被扑杀的家禽给予补偿；另一个方面是对疫情中的处置费用给予补偿，主要有将家禽送往屠宰场的运输费用及宰杀费用，将家禽尸体送往销毁场所的运输费用、生产设备及运输工具的消毒费用等。如果养殖户自己对病死家禽进行无害化处理，则还对养殖户的人工费用、无害化费用等给予补偿（梅付春，2011）。美国对禽流感疫情直接损失的补偿范围与加拿大相似，主要包括因禽流感疫情而受损的活家禽（因禽流感死亡的家禽不在补偿范围之内）和孵化禽蛋，禽流感疫情的消毒费用和处理费用，以及受疫情污染的物料、生产设备等（USDA，2016）。德国对禽流感疫情直接损失的补偿范围包括被扑杀的家禽、处理家禽尸体的费用、大量的疫苗和实验室费用，但私人兽医、清洗和消毒费用不在补偿范围之内（Delgado et al.，2006）。总之，发达国家主要对禽流感疫情造成的直接损失给予补偿，主要包括在疫情中被扑杀的活禽（包括种鸡和鸡蛋等），还包括养殖户在疫情中的清洁、消毒和处理费用等，但一般对斗鸡等珍贵品种进行部分补偿，对在疫情中死亡的家禽则不给予补偿，因为其没有市场价值。

2. 补偿标准

目前，发达国家主要基于市场价值来对禽流感疫情的直接损失给予补偿。受损物品的市场价值是基于其在疫情暴发前一段时间的平均市场价格来进行评估的，因为发达国家拥有较为完善的市场价格监测系统，所以能够清晰准确的评估出受损物品的市场价值。美国对被扑杀家禽市场价值的评估方法主要有三种：第一种是同类销售对比法，即把同类家禽最近可比的销售价格作为被扑杀家禽的市场价格，这个方法是确定被扑杀家禽市场价值最常用的方法；第二种是成本法，在无法观察到同类家禽最近可比的销售价格时，需要根据被扑杀家禽的饲养成本来确定其价值，即假设被扑杀家禽的价值至少等于其饲养成本，但这种方法往往会低估被扑杀家禽的价值；第三种是收入法，也适用于无法观察到同类家禽可比的销售价格的情况下，利用被扑杀家禽未来的净收益来确定其市场价值，即假设被扑杀家禽的市场价值至少等于被扑杀家禽在未来的收益减去在未来时间内的成本费用（梅付春，2011）。各个国家对禽流感疫情直接损失的补偿比例也不相同，发达国家的补偿比率一般在50%～100%，例如美国按照禽流感疫情中受损物品评估价值的50%～75%进行补偿，在紧急情况下，对扑杀家禽和消毒费用等损失的补偿水平可达到100%；德国按照全市场价值对疫情中被扑杀家禽、消毒处理费用、实验室成本等损失进行补偿，即补偿比率为 100%；荷兰对被扑杀的健康家禽的补偿比率为 100%，对被扑杀的染病家禽的补偿比率则为 50%，但对死亡的家禽则不给予补偿（Delgado et al.，2006）。

发达国家对禽流感疫情的补偿标准也可分为两类，一类是关于被扑杀家禽的补偿标准，另一类是关于消毒费用等处置费用的补偿标准。发达国家一般在评估疫情中受损家禽的市场价值后，在相关的法律中规定了最高的补偿水平。例如，德国在《动物卫生法》中规定了家禽的最高补偿金额为 51 欧元；加拿大《动物扑杀补偿条例》中也详细规定了不同家禽的最高补偿金额：每只蛋鸡、蛋用父母代种鸡、蛋用祖代种鸡的最高补偿金额分别为 30 美元、60 美元和 120 美元，每只肉用父母代种鸡和肉用祖代种鸡的最高补偿金额分别为 60 美元和 100 美元，每只繁育基地的原始种鸡最高补偿金额为 1200 美元，除上述品种外每只鸡的最高补偿金额为 20 美元；每只肉用鸭、蛋用鸭、父母代种鸭和祖代种鸭的最高补偿金额分别为 28 美元、60 美元、85 美元和 250 美元；每只肉用鹅、父母代种鹅和祖代种鹅的最高补偿金额分别为 40 美元、100 美元和 300 美元。而关于疫情处置费用的补偿，发达国家也做了详细的规定，例如，加拿大的《动物扑杀补偿条例》中规定对染病家禽送往屠宰场发生的运输费用的补偿金额最多不超过在正常情况下商业卡车司机把家禽送往屠宰场的要价，对家禽尸体运往无害化处理地点所产生费用的补偿金额最多不高于在正常情况下商业卡车司机提供此服务的费用，对运送家禽尸体的交通工具进行清洗和消毒产生费用的补偿最多不超过正常情况下商业服务机构所收取的类似服务的费用，对家禽的屠宰费用和家禽尸体的处理费用最多等同于正常情况下屠宰家禽和处理其尸体的费用（CFIA，2000）。

发达国家对疫情中被扑杀家禽的补偿不仅考虑其品种，还考虑其禽龄，即不同禽龄的家禽得到的补偿水平不一样。例如，加拿大不列颠哥伦比亚省制定的《不列颠哥伦比亚省动物扑杀（禽流感）补偿条例》中规定了对不同禽龄、不同种类受损家禽市场价值的计算方法。当肉用种鸡的禽龄为 25 周和小于 25 周，或蛋鸡禽龄为 19 周和小于 19 周时，其市场价值的计算公式为：

$$Y_1 = B + [(A - B)/D] \times E \qquad\qquad (7-1)$$

当肉用种鸡的禽龄大于 25 周和蛋鸡禽龄大于 19 周时，其市场价值计算公式为：

$$Y_1 = A + [(C - A)/(F - D)] \times (E - D) \qquad\qquad (7-2)$$

其中，Y_1 为疫情中受损害肉用种鸡或蛋鸡的市场价值，A 为《动物扑杀补偿条例》中规定的肉用种鸡和蛋鸡的最高补偿金额，B 为 1 日龄肉用种鸡或蛋鸡的价值，C 为肉用种鸡或蛋鸡的残余价值，D 为肉用种鸡或蛋鸡的标准禽龄，分别为 25 周和 19 周，E 为肉用种鸡或蛋鸡被损害时以周计算的禽龄，F 为肉用种鸡或蛋鸡以周为单位计算的平均生长周期长度。根据上式计算出来的不同禽龄肉用种鸡和蛋鸡的市场价值在原则上不能超过《动物扑杀补偿条例》中规定的最高补偿金额（CFIA，2004）。

3. 补偿速度

世界动物卫生组织（OIE）建议从禽流感疫情上报到家禽扑杀之间的时间间隔最好不要超过 48 小时，虽然这在很多国家都很难实施，但如果超过这个时间间隔，对家禽扑杀的防控效果将大大下降，甚至可能引起疫情的潜在大范围传播。而保证禽流感疫情及时被发现和家禽扑杀行动迅速展开的有效方法就是要取得养殖户的信任和配合，这就需要实施合适的补偿方式和及时的补偿速度。政府对受损养殖户发放补偿款的方式主要有五种：第一种是银行账户转账，即直接通过家禽受益人银行账户发放补偿款；第二种是支票，即通过支票形式给受损养殖户发放补偿款；第三种是现金，即政府把养殖户的疫情损失直接以现金形式弥补；第四种是付款凭证，在无法及时发放现金的情况下，可以先给养殖户发放付款凭证，随后及时补上现金；第五种是政府也可以把补偿款直接发放到村庄的银行账户，然后再分发给受损养殖户。对于商业性的家禽养殖户，政府最好是通过银行账户转账和支票的形式发放，而对于规模养殖户，政府最好通过现金和支付凭证的方式来发放疫情补偿款（Delgado et al.，2006）。目前，发达国家主要通过银行账户转账的方式来发放补偿款，例如，在美国，养殖户申请禽流感疫情补偿后，美国农业部（USDA）会直接把补偿款直接发放到养殖户的银行账户，养殖户在申请后大约2～3周内就可看到补偿款。

疫情补偿款的发放速度会影响养殖户对疫情扑杀行动的配合程度，进而影响疫情防控措施的实施效果，及时发放疫情补偿款有利于控制疫情的扩散和蔓延。一个东南亚国家的实践证明了如果政府把疫情补偿款的发放速度从正常的6周（或更久）提高到家禽扑杀后的24小时内，养殖户对政府扑杀行动的配合意愿将显著增加，政府对染病家禽的扑杀率也明显上升（Delgado et al.，2006）。及时发放疫情补偿款的重要性也要因家禽生产方式而异，补偿款发放速度对从事第三种（低生物安全水平的商品化生产）和第四种（村庄或庭院式养殖）家禽生产养殖户的影响远远大于从事第一种（工业化和集约化）和第二种（高生物安全水平的商品化生产）家禽生产的养殖户，这是因为第一种和第二种生产方式具有较好的融资渠道、风险分担渠道等，疫情发生后他们相信政府会对其补偿，同时也具有恢复生产的资金和能力。发达国家目前的生产方式主要是第一种和第二种，所以对疫情补偿款的发放没有明确的要求，而且各个国家的差异较大，最短的可能是7～15天，也可能长达60天，甚至更长。例如，美国的疫情补偿款发放速度大约为2～3周，而欧盟规定的补偿款发放的最长时间为4年。

（四）补偿政策监督

补偿政策实施过程中容易出现欺骗、滥用、贪污等现象，因此需要建立合理的监督机制来确保补偿资金使用的透明和有效。发达国家的补偿政策监督机制主要包括内部控制机制、审计制度和社会问责制度。内部控制机制主要是指在禽流感疫情扑杀补偿过程中，扑杀团队、评估团队和监管团队共同合作并互相监督。例如：评估团队的人员组成中需要有扑杀团队的代表、当地政府的代表和家禽养殖户的代表，以至于评估团队能正确核实被扑杀家禽的种类、数量、禽龄、市场价值等，进而做出合理的价值评估。而监管团队需要对扑杀团队和评估团队的工作进行监督，防止谎报扑杀数量、错估被扑杀家禽价值、偷运疫区外家禽骗取补偿款等事件的发生。审计制度包括年度定期评估和独立的外部审计制度，其中，年度定期评估是指每年随机抽取一个当年实施过疫情补偿的村庄，并对其补偿政策的有效性和合法性进行评估，即检查农业部数据信息维护情况、核实从村庄获得信息的真实情况以及检查上报报告、扑杀报告和认证报告等。独立的外部审计制度则是指由第三方组成的审计团队对补偿资金的整体实施和运行情况进行评估，以确保补偿政策实施的公平性、合理性和合法性等。社会问责制度是指农户在利益受损情况下可通过诉讼等方式来维权的一种制度，发达国家鼓励养殖户参与到社会问责的过程中，当养殖户在疫情补偿过程中遇到不赔偿、不合理的赔偿或不及时的赔偿等问题时，可以向有关部门提起诉讼进而维护自己的利益（Delgado et al.，2006）。例如：在美国，如果养殖户对专家关于被扑杀家禽价值的评估结果不满，可向政府部门提起诉讼，但必须有足够的证据来证明专家评估的价值太低（梅付春，2011）。

三　中国禽流感疫情损失分担机制设计

（一）现有禽流感疫情损失分担方式

通过第四章分析可知，禽流感疫情给养殖户带来的损失可以分为直接损失和间接损失，其中直接损失包括蛋鸡自身价值损失、鸡蛋损失、饲料损失、设备损失、防疫费用增加值、处理费用等其他费用；间接损失则包括未收回的成本投入、预期净收益损失、设备的机会成本、贷款的利息支出等损失。目前，禽流感疫情给养殖户带来的直接经济损失一般是由政府来分担的，即政府通过疫情补偿政策对被扑杀的家禽、受污染的鸡蛋和饲料、疫情应急处置费用等给予一定补偿，但不包括设备损失、防疫费用增加值等费用。禽流感疫情给养殖户带来的间接经济损失一般是由养殖户自身承担，这是因为中国目前不存在家禽私人保险等分担方式，以至于养殖户只能凭借自身力量承担。总之，禽流感疫情给养殖户带来的经济损失（直接损失和间接损失）除被政府补偿政策补偿外，剩余损失大都由养殖户自身承担。

中国养殖户目前的生产方式主要为第三种（低生物安全水平的商品化生产）和第四种（村庄或庭院式养殖），他们既没有较好的防疫水平，也没有较好的融资渠道，往往通过向亲戚朋友借贷等非正式融资渠道来获取生产资金，很少能获得正规金融机构的资金支持。因此，疫情发生后，养殖户需要承担剩余近70%的疫情损失，在没有外部资金支持下，他们往往无法自己承担其剩余损失，以至于缩小生产规模或放弃养殖行业，这将影响家禽市场的产品供给，不利于家禽养殖业的持续健康发展，同时也使养殖户因疫情暴发而致贫返贫，正常的生活水平受到影响。在这种情况下，急需外部力量来分担养殖户的剩余损失，以便于更好的防控疫情和恢复生产。因此，需在借鉴发达国家疫情损失分担机制的基础上，优化设计符合我国国情的禽流感疫情损失分担机制。

（二）禽流感疫情损失分担机制设计

在欧洲国家，动物疫情损失主要是由政府财政、公共－私人部门共担、公共灾难救助及私人保险等方式分担。但在中国，利用私人疫情保险来分担疫情损失目前是行不通的，这是因为商业保险在没有政府补贴和税收优惠的条件下不愿意经营家禽保险：家禽保险的风险较大，赔付率较高，损失核定困难，商业保险公司在追求利润最大化的情况下会压缩家禽保险业务，或提高保费来抬高参保门槛，一般不会开展针对禽流感等重大动物疫情的险种。从养殖户层面来说，通过参与商业保险来分担疫情损失在目前的中国也是行不通的，因为商业保险面向的是大中规模养殖户，需要参保的养殖户有较好的生产技术、防疫水平以及管理水平，而中国目前的家禽养殖户还以散养、小规模养殖为主，连基本的饲养记录、免疫记录、产蛋记录等都难保证，无法达到商业保险公司愿意承保的条件。同时，商业保险以营利为目的，要求的保费一般较高，而中国家禽养殖行业利润较低，养殖户的收入也较低，无法承担起高额的保费。此外，部分养殖户的参保意识也不高，他们因为自己养殖规模不大或收入有限等原因，不愿意参加保险。因此，目前在中国通过发展商业保险的方式来分担疫情损失是不可行的，可以借鉴公共－私人部门合作的方式来进行分担。

公共－私人部门合作的分担方式主要包括动物疫情防控基金和公共政策保险两种，他们都属于事前的风险管理方式。动物疫情防控基金是通过向养殖户收取税金的方式依法建立的强制性基金，用于分担疫情带来的直接损失。它一般是由养殖户代表、家禽主管部门及政府三方组成的理事会对基金进行管理，并实行专款专用制度，即从一种动物身上征收的动物疫病应急基金只能用于此动物的疫病补偿。动物疫情防控基金征收税收的方式也是不同的，例如，在德国，基金主要依据牲畜的养殖登记数量来进行征收，而在丹麦，基金是按照动物屠宰数量来进行征税的。动物疫情防控基金在不同国家分担的损失比例也是不同的，例如，在德国，防控基金承担 50% 的疫情直接损失，而在丹麦，防控基金则承担 20% 的疫情直接损失（白雪峰等，2008；浦华、王济民，2008）。我国可尝试建立动物疫病防控基金，由政府部门、兽医部门、畜牧协会、养殖户代表等组成的基金管理委员会进行管理，下设基金管理办公室统一管理基金日常事务。按照畜禽种类和数量向养殖户收取疫病防治基金，考虑到散养农户饲养数量少、经济承受能力弱等特点，可由政府财政代替缴纳。另外，国家和地方财政应当按照当年畜牧产值的一定比例，设立动物疫情配套专项基金（翁崇鹏、毛娅卿，2011）。

公共政策保险即为政策性农业保险，它是政府通过补贴保费的手段扶持保险公司进行市场化经营，并由保险公司对因自然风险与意外事故造成的种植户或养殖户的直接经济损失提供保险。发达国家的政策性农业保险早已成为缓解农业生产风险，保护农业持续健康发展的一个重要手段。例如：在美国，农作物保险计划是由美国联邦农作物保险公司、私营保险公司和农作物保险协会共同实施的，联邦政府通过保费补贴、再保险、免税等形式对农作物保险计划给予扶持（白雪峰等，2008）。在日本，农业保险组织形式是由市町村的农业共济组合、都道府县的共济联合会及全国农业保险协会联合保险的三级村民共济制度（翁崇鹏、毛娅卿，2011）。在中国，十六届三中全会中首次明确提出"探索建立政策性农业保险制度"，并在 2009 年的中央一号文件中提到，进一步增加政策性农业保险的险种，并扩大试点范围。在各级政府的大力支持下，政策性农业保险近年来保持了较快发展势头，主要表现为保险试点工作逐步推进、保险服务领域不断拓宽、新农业保险组织形式向多元化方向发展、农业保险的功能作用逐步发挥等。家禽保险属于典型的政策性保险，在政府财政的大力支持下，在政策性农业保险试点工作的经验借鉴下，利用政策性家禽保险来分担禽流感疫情损失是可行的。

在借鉴发达国家动物疫情损失分担机制的基础上，在考虑家禽业发展模式、保险业发展现状以及中国国情的情况下，书中认为禽流感疫情带来的直接经济损失可由政府财政、动物疫情防控基金及政策性家禽保险共同分担，禽流感疫情带来的间接经济损失可由动物疫情防控基金和政策性家禽保险共同分担（见图7－1）。总体来看，禽流感疫情直接损失和间接损失的分担方式都是在政府主导下进行的，因此，禽流感疫情损失可由政府财政、动物疫情应急基金和政策性家禽保险共同分担，即"国家财政＋动物疫情应急基金＋政策性家禽保险"的分担模式。在这种疫情损失分担模式下，养殖户的直接损失和间接损失都可以得到相应补偿，因此，其对疫情扑杀等防控行动的配合程度和疫后生产恢复的积极性都会提高，这将大大有利于疫情补偿政策目标的实现。同时，补偿基金由财政、疫情基金和政策性保险共同承担，不仅减轻了政府的财政压力，也保证了补偿资金能及时到位，为补偿政策顺利实施提供保障。

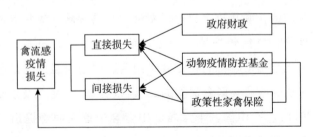

图7－1　中国禽流感疫情损失分担机制设计

四　中国禽流感疫情补偿政策优化

（一）禽流感疫情补偿政策优化思路

禽流感疫情补偿政策主要包括以下几个构成要素：补偿主体（谁提供补偿）、补偿客体（谁接受补偿）、补偿范围（对什么损失提供补偿）、补偿标准（补偿多少）、补偿速度（补偿支付经历时间）、补偿政策法律依据、补偿资金来源、补偿监督机制等。我国现有禽流感疫情主要存在补偿政策有待法律化、补偿范围偏小、补偿标准不合理、补偿速度较慢、补偿政策缺乏监督机制等问题，以至于养殖户不愿意主动上报疫情，对扑杀行动的配合程度较低，不安全销售行为时常发生，疫后生产恢复积极性不足，补偿政策目标顺利实现存在困难。在借鉴国外动物疫情补偿政策经验的基础上，首先确定禽流感疫情补偿政策的优化原则，使疫情补偿政策在共担原则、"三公原则"、激励相容原则及经济性原则下进行完善。其次对存在问题的禽流感疫情补偿政策构成要素进行完善，即确定禽流感疫情补偿政策的法律依据，增加禽流感疫情补偿政策的资金来源渠道，确定合理的禽流感疫情补偿范围、标准和速度，建立禽流感疫情补偿政策监督机制，使禽流感疫情补偿政策具有激励相容性，进而实现疫情补偿政策目标。

（二）禽流感疫情补偿政策优化原则

1. 共担原则

公共负担平等学说是多数国家行政补偿制度的理论基础，该学说认为合法的行政行为对公民、法人或其他组织的合法权益造成的损失不应当由受害人个人承担，而应当平等地分配给社会公众，其分配方式为国家以全体纳税人缴纳的金钱补偿受害人所遭受的损失（王晓琳，2004）。禽流感疫情暴发后，国家行政机关在实施强制免疫、强制隔离、强制扑杀等防控措施时，不可避免地会对部分养殖户、公民或其他组织造成一定损失，使其合法权益遭受损害。为保障社会公众平等享有的合法权利，根据公共负担平等原则，国家应当对遭受损害的养殖户、公众等给予行政补偿，而补偿款则由社会公众共同负担（苏学振、王艳玲，2006）。在实践中，各国政府依据其财力确定禽流感等重大动物疫情的补偿标准，目前我国仍属于发展中国家，拥有的财力有限，国家对受损养殖户、公众等的补偿不可能面面俱到。同时由于家禽产业属于高风险产业，养殖户不仅是家禽生产主体，也是疫情防控主体，理应在疫情风险暴发中承担一定的责任。因此，应当坚持由养殖户、政府及市场三方共同负担禽流感疫情造成的损失。

2. "三公" 原则

公平原则是我国行政补偿制度的重要指导原则，它以尽可能补偿受害人的特别损失为目标，采取灵活的补偿标准和补偿方式等，以实现行政补偿的公平性（李惠惠，2014）。在禽流感疫情补偿中，公平原则一方面体现在补偿客体的公平性，即在疫点（区）内遭受损失的养殖户都可以平等地接受补偿；另一方面体现在补偿标准的公平性，即不同禽类、不同月龄的家禽要有不同的补偿标准。公开原则也是行政补偿需要遵循的重要原则，这既是公平正义的体现和要求，也是保证行政补偿公正性和合法性的重要措施（王晓琳，2004）。禽流感疫情补偿也要遵循公开原则，向社会公开疫情补偿依据、补偿标准、补偿方式、补偿结果等，使疫情补偿政策公开透明，避免暗箱操作，并接受社会公众的监督，达到公平公正的目的。公正原则是规范行政补偿制度的基本原则，要求行政补偿程序要公正，即行政补偿要以实施行政行为的基本程序为依据，严格按照法定补偿范围、补偿标准等给予补偿。禽流感疫情补偿中，要求各地政府按照补偿程序公正地分配补偿金，避免出现偏私、行政参与等行为，使遭受损失的养殖户得到合理的疫情补偿。

3. 激励相容性原则

激励相容性原则是判断政策质量好坏的重要标准，所谓激励相容是指政府通过一种政策机制设计，使个人在追逐自身利益最大化的同时实现政府的政策目标，进而使双方的利益都达到最大化。在禽流感疫情防控过程中，政府的政策目标是及时有效地控制禽流感疫情的扩散蔓延、确保家禽养殖业健康持续发展、保护公众身体健康与生命安全及维护正常的社会秩序，而这些政策目标的实现必须要取得养殖户的配合，即只有养殖户主动上报疫情、配合扑杀行动、疫后积极恢复生产，这些目标才能顺利实现，但养殖户要承担额外的生产成本和机会成本。养殖户作为理性经济人，以追求利润最大化为目标，在没有合理的补偿情况下，往往发生不安全销售、退出养殖行业等行为，这就需要政府设计合理的补偿政策，使其发挥正确的导向功能，使养殖户的行为引导至预期的政策目标方向上，减少道德风险和逆向选择的发生，进而使养殖户个人目标与政府目标趋向一致。激励相容性原则要求补偿政策要直接关注养殖户的个人利益，补偿范围不宜太窄，补偿标准不宜太低，补偿速度不宜太慢（梅付春，2011）。

4. 经济性原则

所谓经济性原则，是在保证政策目标实现的前提下，最大限度地降低政策在制定和执行过程中发生的信息搜集成本、协调沟通成本、政策执行成本及政策评估成本等，以最小的成本费用实现最大的经济效益、社会效益及生态效益等。禽流感疫情补偿政策成本主要包括疫情信息搜寻成本、与养殖户沟通协调成本、评估核算补偿标准的成本、发放给养殖户的疫情补偿款等，虽然这些成本的发生不可避免，但应该从经济性原则出发，在合理制定补偿范围、补偿标准、补偿速度的前提下，最大限度地减少不必要的开支，避免浪费，追求成本最小化。当然，这种成本最小化并不是单纯地追求成本支出最小，否则将影响补偿政策目标的实现，而是使补偿政策在具备激励相容性的前提下追求成本最小化。经济性原则除要求政府节约开支外，还要求政府寻求成本分担，将政府独自承担的补偿成本转变为疫情防控基金、农业保险等多方分担，不仅达到成本最小化的目的，还能为扩大补偿范围、提高补偿标准等提供可靠保障，从而更好地实现补偿政策的激励相容（梅付春，2011）。

（三）禽流感疫情补偿政策优化框架

1. 补偿政策的法律依据

中国禽流感疫情补偿政策目前多以行政法规的形式存在，各地区在执行的过程中各自为政，标准不一。在养殖户处于弱势地位的现实条件下，只有把疫情补偿政策上升到法律法规层面，明确各政策主体在疫情扑杀和补偿过程中的权利和义务，才能有效维护养殖户的合法权益，使其遭受的疫情损失得到合理补偿，进而实现社会公平（丛振华，2013）。中国应该在国家层面建立一套完整的针对禽流感等重大动物疫情的损失补偿的法律法规，里面要明确规定政策主体和客体的权利和义务，使养殖户在维护权利时有法可依，也使各地政府在实施疫情补偿过程中受到约束。同时，在法律法规中，应当明确疫情损失评估方法、补偿资金来源、补偿程序、补偿方式、补偿标准、补偿范围、补偿速度等内容，并制定相应的操作内容。另外，还应该包括疫情补偿政策的监督机制，即监督主体的确定、监督范围、监督方式等，以保证疫情补偿政策实施的合法性、公平性和有效性。在制定疫情补偿政策法律法规时，还要考虑疫情种类、动物种类、禽龄、养殖方式等，使疫情补偿政策在实施中具有差异化，以便更好地统筹疫情扑杀补偿工作（见表7-3）。

2. 补偿政策资金来源

充足而有保障的经费来源是实现禽流感疫情补偿政策目标的基础保证。目前，中国禽流感疫情补偿政策的资金主要来源于中央和地方政府：在东部、中部和西部地区，中央和地方财政的分担比例分别为20%和80%、50%和50%、80%和20%；对于国家扶贫工作重点县，中央财政负担的比例将提高10%。可见，禽流感疫情补偿资金主要来源于政府财政，但由于我国现处于发展中国家，拥有的财力有限，以至于对疫情补偿不能做到面面俱到，这将影响疫情政策目标的顺利实现。从发达国家的经验来看，动物疫情补偿资金主要来自政府财政、疫情防控基金、农业保险等，这不仅减轻了政府的财政压力，同时也保证了疫情补偿资金的充足。根据中国禽流感疫情损失分担机制的分析结果可知，在没有商业保险等分担方式下，为鼓励养殖户上报疫情和积极恢复生产，政府需对养殖户遭受的直接损失和间接损失给予补贴，其资金可以通过成立动物疫情防控基金和推广政策性家禽保险的方式来分担，这样不仅可以扩大禽流感疫情补偿范围，提高疫情补偿标准，还能减轻政府的疫情损失承担比例。因此，未来应该拓宽疫情资金来源渠道，使疫情资金由单一来自财政的方式转变为来自政府财政、防控基金、农业保险、社会援助等的方式（见表7-3）。

3. 补偿政策内容

（1）补偿范围

国际上关于禽流感疫情直接损失的补偿范围较为一致，主要包括被扑杀的家禽、被污染的鸡蛋和饲料、被污染或损毁的生产设备、疫情应急处置费用（清洗、消毒、运输费、屠杀费和人工费等）等，但在中国，疫情直接损失的补偿范围还应该包括病死家禽，这与梅付春（2011）的观点一致，这是因为病死家禽在中国具有市场价值，加上市场监管体制不完善、政府扑杀补偿标准过低、养殖户疫情防控意识不强等原因，导致养殖户偷偷出售病死家禽的事件经常出现，因此，只有将病死家禽列入补偿范围，才能防止不安全销售事件的发生。疫情间接损失补偿范围不仅包括禁养期的折旧损失、预期利润，还包括未收回的成本投入、贷款利息等，这部分损失在发达国家是由公共灾难救助、公共－私人部门共担、私人保险等方式来分担的，但在中国，由于这些分担方式不存在致使养殖户自己承担这部分损失，所以往往出现养殖户无力承担而放弃养殖行业的现象。为维护养殖户的合法权益和促进家禽业持续健康发展，在未有其他分担方式的情况下，政府应该分担此类损失，所以这些疫情间接损失在中国也应该被纳入疫情补偿范围（见表7－3）。

（2）补偿标准

发达国家主要是基于市场价值方法对疫情直接损失给予补偿，即参照市场价值对被扑杀的家禽、发生的应急费用等进行补偿。而在中国，政府不仅需要对疫情直接损失给予补偿，还需要承担部分疫情间接损失，所以只能按照养殖户遭受的损失给予补偿，如果按照市场价值方法进行评估，则无法对某些间接损失的价值进行评估。在评估养殖户疫情损失的过程中，要考虑养殖户的养殖方式和蛋鸡月龄，即对不同规模养殖户、不同月龄的蛋鸡进行差异化补偿，以保证补偿标准的公平性。书中基于上报疫情和恢复生产视角对养殖户的受偿标准进行测算，发现如果把散养户和规模养殖户的平均补偿标准提高至 22.64 元/只和 32.09 元/只，则可鼓励其上报疫情和恢复生产，进而也可实现政府的补偿政策目标，实现激励相容。关于不同月龄蛋鸡的补偿标准具体如表6－9所示，值得注意的是在核算养殖户损失的过程中，没有把受污染的鸡蛋和饲料费用包含在内，这是因为养殖户每家受污染的饲料和鸡蛋都不一样，而且政府是单独对这些项目进行补偿的，例如，宁夏政府除对被扑杀的家禽给予补偿外，还根据市价对受污染的饲料和鸡蛋给予补偿。关于病死家禽的补偿标准，应该低于被扑杀染病家禽和健康家禽的补偿标准，但应该高于偷售到市场中获得的收益，但养殖户必须有足够的证据来证明这些死亡家禽是因禽流感而死亡的，而且是在上报疫情后扑杀前死亡的（见表 7-3）。

（3）补偿速度

在中国，政府的疫情补偿款主要是由地方政府和中央政府共同分担的，这就形成了两级政府按照两种程序发放补偿款的烦琐局面。地方政府承担的补偿款主要来自省财政，发放程序为自上而下，速度较快。中央政府承担的补偿款主要来自财政部，需要经过自下而上申请，再自上而下审批的过程，程序较为复杂，速度较慢。根据调查可知，2012 年宁夏地区省财政的补偿款 3 个月后发放到养殖户手中，而中央财政的补偿款 6 个月后才到达养殖户手中，无论是散养户还是规模养殖户都对这样的补偿速度感到不满意，这不利于养殖户疫后的生产恢复和未来对政府疫情防控措施的配合程度，因此，需要对疫情补偿款的发放程序进行简化，以便于及时到达养殖户手中。对于地方政府承担的补偿款，可以在扑杀现场以现金的形式发放，或在扑杀后的 24 小时内发放，这有利于增加养殖户对政府的信任程度，也极大提高了养殖户的配合程度和疫情扑杀工作的进度。对于中央政府承担的补偿款，可以采取先由地方政府垫支，然后由中央财政进行下拨的方式来发放，即先由地方政府向中央政府申请补偿款，待审批后地方政府可先垫支中央政府承担的补偿款，并将其通过现金或账户的形式及时发放给养殖户，然后再由中央政府逐步下拨给地方政府，这样能大大缩短中央政府补偿款发放到养殖户手中的时间，有利于疫后生产恢复，同时也增加了养殖户对政府的信任程度（见表 7-3）。

表 7 – 3 发达国家与中国疫情补偿政策比较及优化

补偿要素	发达国家	中国	建议
法律依据	法制化程度相对更高，呈现多层次、多样化的特点；对补偿主体、补偿客体、补偿范围、补偿标准、补偿方式等内容的规定具体完善	多以行政法规或政策文件的形式存在，各地区的标准不统一；对补偿范围、补偿标准、补偿速度等内容的规定较为宽泛	推进疫情补偿政策的法制化建设；明确疫情的发放主体、补偿资金来源、补偿范围、补偿标准、补偿速度、评估程序等内容
资金来源	疫情补偿资金来源渠道广，充分发挥疫情防控基金、各类保险的责任分担作用	疫情资金来源渠道单一，主要来自政府财政，中央财政和地方财政共同分担	拓宽疫情资金来源渠道，由政府财政、动物疫情防控基金、政策性农业保险共同分担
补偿范围	不仅包括被扑杀的家禽、疫情处置费用等直接损失；部分还涵盖营业中断带来的损失、因贸易限制而遭受的损失等损失	只对疫情直接损失给予补偿，且范围较小；仅包括被扑杀的家禽、被污染的鸡蛋和饲料、处理费用	在直接损失中加入设备损失、防疫费用增加值等项目；还包括未收回的成本投入等间接损失；另外对因疫情发生而死亡的家禽进行补偿
补偿标准	一般按照市场价值对被扑杀的家禽等进行补偿，但不固定，按照市场价格波动进行调节；同时考虑家禽种类、家禽月龄；补偿金额计算科学严谨，合理公平	对被扑杀的家禽统一按照 10 元/只的标准进行补偿，个别地区考虑家禽种类；对被污染的鸡蛋和饲料按照市价补偿；个别地区还给与 0.5 元/只的处理费用	按照养殖户的疫情损失（直接 + 间接损失）给予补偿；同时考虑家禽养殖户的饲养规模和家禽月龄；病死家禽的补偿低于被扑杀家禽，但高于偷售的市场价格
补偿速度	疫情补偿款发放形式多样，且以银行转账的方式为主；风险分担渠道多，对补偿款发放时间没有明确要求，各个国家的差异较大	采用银行转账的方式发放补偿款，但经历中央和地方政府两种程序发放的烦琐局面；中央和地方政府的发放速度分别为 6 个月和 3 个月	地方政府补偿款以现金形式在扑杀现场发放，或在扑杀后 24 小时内发放；中央政府补偿款先由地方政府垫支，以现金或账户的形式发放

续表

补偿要素	发达国家	中国	完善
监督机制	内部控制机制；审计制度（年度定期评估和独立的外部审计制度）；社会问责制度	以政府内部评估和监督为主，缺少独立的第三方审查和社会问责制度	需建立包括内部控制制度、外部独立审核制度和社会问责制度在内的疫情政策监督机制

4. 补偿政策监督机制

中国目前对禽流感疫情补偿政策的监督机制主要是以政府内部评估和监督为主，缺少独立的第三方审查和社会问责制度，以至于在疫情补偿过程中出现骗取补偿款、养殖户得不到满意补偿款的现象。在借鉴国外疫情补偿政策监督机制的基础上，书中认为中国也应该建立包括内部控制制度、外部独立审核制度和社会问责制度在内的疫情政策监督机制。内部控制制度主要是对扑杀补偿过程的监督，即实现管理部门和监督部门分离，成立一个包括政府代表、第三方代表、养殖户代表在内的监督团队对家禽扑杀和价值评估过程进行监督。同时还需将养殖户的扑杀数量、扑杀种类、家禽月龄、补偿标准等明细公开示众，接受其他养殖户等社会公众的监督。外部独立的审核制度是指在疫情补偿完成之后，需要独立的第三方部门对疫情补偿政策实施全过程进行检查审核，包括对扑杀档案、评估报告等的核实，对补偿资金流向的检查，对补偿政策实施效果的评估等，已防止政府截留补偿款、虚报扑杀数量骗取补偿款等事件的发生。另外，还要成立社会问责制度，即让社会公众参与到疫情扑杀补偿过程的监督中。当社会公众发现扑杀补偿过程中存在弄虚作假的成分时，可以向当地政府疫情监管部门反映，当社会公众发现有养殖户偷运偷卖病死家禽时，可以向当地政府疫情监管部门上报，而当受损养殖户不满意补偿结果时，也可以向当地政府疫情监管部门申诉（见表7－3）。

五　本章小结

本章首先分析发达国家动物疫情损失的分担机制，其次详细介绍发达国家禽流感疫情补偿政策的法律依据、资金来源、补偿范围、补偿标准、补偿速度等内容，进而提出中国禽流感疫情损失的分担机制和疫情补偿政策的完善方案，得到的结论和启示如下。①欧洲国家对疫情直接损失的分担方式主要两种：一种是"欧盟预算＋国家预算"，另一种是"欧盟预算＋公共－私人部门共担"，即"欧盟预算＋国家预算＋动物疫情防控基金"。欧洲国家对疫情间接损失的分担方式主要有三种：第一种是"公共灾难救助"，包括正式的公共赔偿计划和临时性的灾难支付，第二种是"公共－私人部门共担"，主要是政策性农业保险，第三种则是"私人保险"，即商业保险。②禽流感疫情损失补偿在发达国家已形成长效机制，补偿政策有明确的法律依据；补偿资金除政府预算外，还有动物疫情防控基金和政策性农业保险等；补偿范围主要包括被扑杀的家禽、疫情应急费用等，但包括病死家禽；补偿标准主要依据价值评估和补偿比率来确定，而被扑杀家禽一般是按照市价由专门的评估团队来评估，补偿比例在发达国家一般在50%～100%，同时补偿标准的确定还要考虑家禽种类和月龄；补偿款在发达国家一般是通过银行账户的形式发放的，对补偿速度的没有明确的要求，各个国家的差异也较大，最短的可能是7～15天，但也可能是60天，或者更长；补偿政策实施有系统的监督机制，包括内部控制机制、外部独立评审制度和社会责任制度。③禽流感疫情损失在中国应该由政府来补偿，而补偿的资金主要由"政府财政＋动物疫情防控基金＋政策性家禽保险"来分担。中国的禽流感疫情补偿政策有待法律化；补偿范围除被扑杀的家禽和疫情处置费用等，还应该包括病死家禽；补偿标准应该基于养殖户疫情损失来给予补偿，同时要考虑养殖户饲养方式和家禽月龄；补偿款的发放程序有待简化，最好是在扑杀现场以现金的方式发放或在扑杀后 24 小时内发放；补偿政策需要一套包括内部控制制度、外部独立审核制度和社会问责制度在内的制度来进行监督。

▶第八章
研究结论、政策建议与研究展望

禽流感疫情暴发后，扑杀疫区（包括疫点）内染病家禽是目前控制禽流感疫情扩散蔓延最直接、最有效的方法，但不可避免地给家禽养殖户带来了经济损失，对受损养殖户给予经济补偿是国际上的通用做法，我国也不例外。然而，由于我国禽流感疫情补偿工作尚处于尝试阶段，存在补偿范围偏小、补偿标准不合理等问题，以至于补偿政策实施效果不理想，经常出现养殖户偷卖病死家禽、不配合疫情扑杀、缩小生产规模或不恢复生产等现象，这严重影响禽流感疫情的防控和家禽业的持续健康发展。因此，测算禽流感疫情冲击下养殖户的经济损失，在此基础上制定出合理的补偿标准，进而优化禽流感疫情补偿政策对于鼓励养殖户上报疫情和恢复生产、实现疫情补偿政策目标具有重要意义。

本书在宁夏中卫沙坡区调研数据的基础上，首先，构建蛋鸡养殖户疫情损失评价模型，测算散养户和规模养殖户的疫情损失，进而对国家疫情补偿标准和宁夏疫情补偿标准的补偿强度进行分析，发现现有补偿标准和补偿强度的不足。其次，书中利用因子分析对散养户和规模养殖户补偿政策总体满意度进行测评，发现养殖户对现有补偿政策处于不满状态，通过对现有疫情补偿政策进行分析，发现疫情补偿政策存在补偿范围过小、补偿标准不合理等问题，优化补偿政策显得尤为迫切。补偿标准是补偿政策的核心内容，书中基于上报疫情和恢复生产两个视角利用参数估计和非参数估计方法测算出最优的补偿标准，在实现养殖户个人利益的同时也实现补偿政策目标，即激励相容。在确定出合理补偿标准的基础上，借鉴国外禽流感疫情补偿政策经验，对我国的疫情补偿政策进行优化设计，以便于更好地实现疫情补偿政策目标。

一　研究结论

（一）家禽生产特征

家禽养殖业是我国畜牧业的支柱产业，其综合生产能力近年来显著增强，在发展农村经济和增加农民收入方面做出了巨大贡献。了解家禽生产模式和家禽生产分布对于防控禽流感疫情具有重要意义，它也是分析禽流感疫情对养殖户损失的冲击程度、建立有效疫情防控措施和优化疫情损失补偿政策的前提基础。

首先，我国目前的家禽生产方式主要有三种。第一种是集约化生产模式，具有合理的规划布局，先进的生产设备，良好的生产环境，及完备的防疫措施等特点，它是我国家禽业未来的努力方向和发展方向。第二种是规模化生产模式，具有较为完备的生产设备和较为先进的生产技术，但生产中仍存在布局不合理、设备简陋和产品质量不高等问题，它是我国商品化家禽目前主要的养殖方式。第三种是农村传统养殖，主要是在庭院内圈养或在村庄内自由散养，食用家庭剩菜剩饭或生活环境中的可寻食料，与其他禽类和人的接触率较高，基本没有防疫措施。这种方式在我国家禽生产中还占有较大比例，尤其是在偏远地区。总之，我国家禽生产整体上还处于"小规模、大群体"的发展阶段，虽然生物安全水平也在不断改进，但疫病防控形势依然险峻。

其次，中国家禽业发展迅速，1995～2014年，中国家禽年末出栏量和禽蛋产量平均每年以3.39%和2.99%的速度增长。从整体空间分布来看，家禽年末出栏量主要集中在山东、广东、河南、辽宁、江苏、安徽、四川、河北等省份，从区域分布上来看，家禽年末出栏量主要集中在东部和中部地区，即主要围绕粮食主产区和主要消费市场进行分布。中国禽蛋产量空间布局与家禽年末出栏量空间布局较为一致，但也存在差异，可能与各地家禽饲养种类、饲养模式、防疫水平、饲料供应等因素有关。从整体空间分布来看，中国禽蛋产量主要集中在山东、河南、河北、辽宁、江苏、湖北、四川、安徽、吉林和黑龙江，从区域分布上来看，也是主要集中在东部和中部地区。

最后，宁夏的家禽业也得到迅速发展，自 1995 年以来，宁夏家禽年末出栏数平均每年以 2.65% 的速度增长，低于全国平均增长速度，但禽蛋产量平均每年以 5.07% 的速度增长，比全国平均增长速度高 2.08%，可能与宁夏地区蛋鸡养殖较多有关。从宁夏禽蛋产量的走势可知，禽蛋产量于 2006 年和 2012 年出现谷底，而这些年份刚好发生过高致病性禽流感疫情，可见，禽流感疫情的暴发对禽蛋产量会产生一定的冲击效应。从宁夏各市禽蛋产量分布来看，中卫市的禽蛋产量最多，平均占宁夏总禽蛋产量的 49.47%，这意味着宁夏将近一半的禽蛋来自中卫市。银川市是宁夏禽蛋产量的第二大市，其禽蛋产量占比平均为 21.73%，其次是吴忠市、固原市和石嘴山市。

（二）禽流感疫情暴发的时空特征

了解高致病性禽流感暴发的时空特征，对有效预防和控制禽流感暴发蔓延、促进家禽业健康持续发展具有重要意义。书中利用中国 31 个省（自治区、直辖市）禽流感暴发数据，从暴发频次、死亡数量、病毒种类、发病禽种四个方面分析禽流感暴发的时间和空间特征，得到以下结论。

第一，禽流感疫情暴发的时间特征可以分为年度特征和月度特征。从年度变化特征来看，禽流感暴发频次在 2004～2010 年呈递减趋势，在 2010～2015 年呈递增趋势；禽流感造成的家禽死亡数量在 2004～2006 年较大，其中 2005 年家禽死亡和扑杀数最大（2226.63 万只），之后逐年减小到无，2010 年后开始反弹；2004～2012 年禽流感暴发种类都为 H5N1 亚型，2013 年后 H5N2、H5N6 亚型相继出现并呈增加趋势；发病禽种包括鸡、鸭、鹅、野鸟、鹌鹑、珍禽等，其中，鸡是禽流感疫情最易感染的禽种，其次是鸭和鹅。从月度变化特征来看，禽流感暴发主要集中在寒冷的 1月、2月、11月、12月和温暖的 4月、5月、6月、9月；禽流感引致的家禽死亡数较大的月度为 1月、2月、6月、11月，也是禽流感暴发次数和波及省份较多的月度；每个月度都曾发生过 H5N1 亚型禽流感，而 H5N2、H5N6 亚型只在 1月、2月、4月、8月、9月、12月暴发过；鸡、鸭、鹅是禽流感病毒易感禽种，至少 8个月份都诊断出禽流感病毒，野鸟只在 1月、2月、4月、5月诊断出禽流感病毒。

第二，禽流感疫情暴发的空间特征可以分为全局特征和局部特征。从全局变化特征来看，2004～2015 年除北京、山东、福建、重庆、海南 5省份外，其他 26 省份都发生过禽流感疫情，其中新疆、湖北、广东、湖南暴发频次较大；禽流感疫情致使辽宁家禽死亡和被扑杀的最多，其次是山西、宁夏、新疆、广东的死亡数量；除黑龙江外，其他 25 个省份都发生过 H5N1 亚型禽流感，H5N2 亚型主要发生在河北、江苏，而 H5N6 亚型主要发生在黑龙江、江苏、湖南、广东四省份；除青海、浙江、上海以外，其他 23 个省份都从鸡中诊断出禽流感疫情，鸭、鹅中诊断出禽流感的区域主要以南方省份为主，野鸟中诊断出禽流感的地区以北方省份为主，鹌鹑和珍禽中诊断出禽流感主要发生在贵州、江苏和湖南地区。从区域变化特征来看，禽流感的暴发频次主要集中在西部地区，其次是中部地区和东部地区；禽流感疫情给东部地区家禽造成死亡数量较多，其次是西部和中部地区；H5N1 亚型在东中西部地区都有发生，但 H5N2 亚型主要出现在东部地区，H5N6 亚型主要出现在东部和中部地区；家禽发病种类的区域差异不大，鸡和野鸟在西部发病次数较多，鸭在中部地区发病次数较多，鹅在东部地区发病次数较多。

第三，2004～2015 年，宁夏共发生 6 次禽流感疫情，从暴发的时间特征来看，2006 年的暴发频次最多（3 次），其次是 2012 年和 2005 年；2012 年的禽流感引致的家禽死亡数量最大，达到 550.72 万只，其次是 2006 年的 94.78 万只和 2005 年的 9.963 万只。2004～2015 年，宁夏禽流感病毒的种类都是 H5N1，且都在鸡中得到确诊。从暴发的月份来看，禽流感于 4 月发生 2 次，于 6 月、7 月、9 月、11 月分别发生 1 次；禽流感在 4 月暴发带来的死亡数量最大（550.72 万只），其次是 6 月和 7 月的 58.77 万只和 36 万只。从宁夏禽流感暴发的空间特征来看，2004～2015 年中卫市禽流感的暴发次数最多，占总疫情的 50%，其次是银川市和固原市的 2 次和 1 次，分别占总疫情的 33.33% 和 16.67%。从禽流感导致的家禽死亡数量来看，中卫市禽流感发生造成的家禽死亡数最多，达到 607.78 万只，其次是固原市和银川市的家禽死亡数量。从禽流感病毒种类和发病禽种来看，中卫市、固原市和银川市的禽流感病毒都为 H5N1，且都是在鸡群中发现。

（三）禽流感疫区蛋鸡养殖户经济损失评价

养殖户疫情损失评价是确定补偿标准的基础，只有对养殖户疫情损失进行精确核算，才能确定出合理的补偿标准。书中以蛋鸡养殖户为例，在实地调研数据的基础上构建养殖户经济损失评价模型，在考虑蛋鸡月龄的情况下对散养户和规模养殖户的疫情损失进行测算，进而分析现有国家和宁夏补偿标准的补偿强度，得到以下结论。

第一，疫区蛋鸡养殖户遭受的疫情损失主要包括直接经济损失和间接经济损失，其中直接经济损失主要包括蛋鸡自身价值损失、鸡蛋损失、设备损失、防疫费用增加值、处理费用等其他损失，而间接经济损失主要包括未收回的成本投入、预期净收益损失、禁养期的设备折旧、贷款的利息支出等其他损失。通过测算可知，散养户和规模养殖户遭受的疫情损失平均为41.08元/只和48.95元/只，其中直接经济损失平均为15.21元/只和15.92元/只，分别占其总经济损失的37.03%、32.53%；间接经济损失平均为25.87元/只和33.03元/只，分别占其总经济损失的62.97%、67.47%；可见，散养户和规模养殖户遭受的间接经济损失大于直接经济损失。

第二，养殖户遭受的经济损失不仅因其饲养规模而异，还因其饲养的蛋鸡月龄而异。散养户遭受的疫情直接经济损失、间接经济损失都小于规模养殖户，这意味着禽流感疫情给规模养殖户带来的疫情损失相对较大。不同月龄蛋鸡给养殖户（散养户和规模养殖户）带来的经济损失是不同的，主要表现为：养殖户遭受的直接经济损失随着饲养蛋鸡月龄的增大而增大，即1个月龄蛋鸡给养殖户带来的直接经济损失最小，而17个月龄蛋鸡给养殖户带来的直接经济损失最大；养殖户遭受的间接经济损失随着饲养蛋鸡月龄的增大呈先增大后减小趋势，即1～5个月龄的蛋鸡给养殖户带来的间接经济损失呈逐渐增加趋势，5个月龄的蛋鸡给养殖户带来的间接经济损失最大，6～17个月的蛋鸡给养殖户带来的间接经济损失呈逐渐减小趋势；养殖户遭受的疫情总损失与间接经济损失走势相似，随蛋鸡月龄的增加呈不规则的倒"V"形，其中，5个月龄蛋鸡给养殖户带来的疫情损失最大。

第三，国家和宁夏的补偿标准对养殖户疫情损失的补偿程度较低。国家目前对蛋鸡的补偿标准为10元/只，只能弥补疫区散养户和规模养殖户经济损失的24.34%、20.43%，同时不考虑养殖户的饲养规模和蛋鸡月龄，缺乏公平性。宁夏当地政府对蛋鸡的补偿标准为幼雏鸡（1～2月龄）5.5元/只，中雏鸡（3～4月龄）11.5元/只，成年鸡（5月龄及其以上）16.5元/只，虽然考虑了月龄，但按照月龄逐渐增大的补偿标准不符合不同月龄蛋鸡经济损失的走势，依然存在不公平现象。宁夏补偿标准平均为11.17元/只，仅能弥补疫区散养户和规模养殖户经济损失的27.19%和22.82%，补偿强度依然不足，同时也没有考虑养殖户饲养规模，因此，疫情补偿标准有待提高，并考虑蛋鸡月龄和养殖户饲养规模。

（四）禽流感疫情补偿政策实施效果

禽流感疫情实施效果的科学评价是改善疫情补偿政策，提高疫情政策实施质量，保证疫情政策目标及早实现的重要方法。书中基于养殖户满意度视角，利用因子分析方法对补偿政策的实施效果进行评估，进而分析现有疫情政策存在的问题，为疫情补偿政策优化设计奠定基础，得到以下主要结论。

第一，养殖户（散养户和规模养殖户）对补偿政策整体处于不满状态。散养户和规模养殖户对疫情补偿政策整体满意度的因子得分分别为2.38和2.30，换算为百分制则分别为47.6%和46%，这说明散养户和规模养殖户对疫情补偿整体满意度较低，但散养户的疫情补偿政策整体满意度高于规模养殖户，可能与其损失程度有关。散养户补偿范围满意度、补偿标准满意度和补偿速度满意度均值分别为2.58、2.04、2.31，换算为百分制则分别为51.6%、40.8%和46.2%，规模养殖户补偿范围满意度、补偿标准满意度和补偿速度满意度均值分别为2.49、1.99、2.20，换算为百分制则分别为49.8%、39.8%和44%，可见散养户和规模养殖户对补偿标准最不满意，其次是补偿速度和补偿范围。

第二，影响养殖户（散养户和规模养殖户）补偿政策整体满意度、补偿范围满意度、补偿标准满意度和补偿速度满意度的因素有养殖户个人特征（性别、年龄、文化程度）、家庭特征（养殖年限、劳动力、家庭收入、养殖收入占比）、疫情风险评价（疫情传播速度、疫情损失程度）、政策环境认知（补偿政策了解程度、对政府实施补偿政策的信任程度）等。通过有序 Probit 模型实证结果可知，养殖户收入占比、疫情损失程度、对补偿政策的了解程度和对政府实施补偿政策的信任程度是共同影响养殖户（散养户和规模养殖户）疫情补偿整体满意度、补偿标准满意度、补偿范围满意度和补偿速度满意度的主要因素。

第三，禽流感疫情补偿工作还处于尝试阶段，补偿政策存在诸多不足。我国目前没有一部针对禽流感疫情补偿的法律法规，现有疫情补偿政策多来自行政法规，缺乏权威性，同时也没有明确规定补偿主体和补偿客体的权利和义务等内容。疫情补偿政策主要对被杀的家禽、被污染的鸡蛋和饲料以及无害化处理费用给予一定补偿，但不包括病死家禽、被损坏的生产设备、禁养期的折旧等损失。疫情补偿标准过低，对养殖户疫情损失的补偿强度不足，同时不考虑家禽种类、家禽月龄、养殖户的生产规模等，有失公平性。补偿资金主要来自地方财政和国家财政，发放程序繁杂，发放速度较慢，以至于养殖户不愿意信任政府的疫情补偿政策，导致偷卖病死家禽、不配合疫情扑杀行动等事件发生。另外，禽流感疫情补偿政策的实施缺乏系统的监督机制，这严重影响补偿政策的实施效果和补偿政策目标的实现程度。

（五）禽流感疫情补偿标准确定

补偿标准是补偿政策最实质、最核心的部分，直接关系到补偿政策目标能否实现和其实现程度，在完善疫情补偿政策时首先要确定合理的补偿标准。禽流感疫情补偿政策目标具有多重性，而上报疫情和恢复生产是实现禽流感疫情补偿政策公共目标的重要途径，因此，在确定疫情补偿标准时，也要考虑养殖户的上报疫情和恢复生产的意愿及其意愿受偿强度，只有在满足养殖户个人目标的前提下，才可以激励养殖户上报疫情和恢复生产，进而实现禽流感疫情补偿政策公共目标。书中基于养殖户上报疫情和恢复生产的双重视角，利用非参数估计和参数估计两种方法对养殖户可接受的补偿强度进行测算，进而确定合理的补偿标准，得到以下结论。

第一，在不考虑养殖户禀赋特性等因素的影响下，散养户基于上报疫情和恢复生产的平均受偿强度区间为 [53.39%，54.51%]，规模养殖户基于上报疫情和恢复生产的平均受偿强度区间为 [62.60%，64.27%]。依据散养户和规模养殖户疫情损失测算结果，可得散养户和规模养殖户在上报疫情和恢复生产情景下的受偿标准，即散养户基于上报疫情和恢复生产的平均受偿标准区间为 [21.93元/只，22.39元/只]，规模养殖户基于上报疫情和恢复生产的平均受偿标准区间 [30.64元/只，31.46元/只]。

第二，在考虑养殖户禀赋特性等因素的影响下，散养户基于上报疫情和恢复生产的平均受偿强度为56.28%，规模养殖户基于上报疫情和恢复生产的平均受偿强度为67.68%。利用散养户和规模养殖户疫情损失测算结果，得到散养户和规模养殖户基于上报疫情和恢复生产的受偿标准：散养户在上报疫情和恢复生产情景下的平均受偿标准为23.12元/只，规模养殖户在上报疫情和恢复生产情景下的平均受偿标准为33.13元/只。

第三，书中基于参数估计和非参数估计两种方法对散养户和规模养殖户在上报疫情和恢复生产两种情景下可接受平均补偿标准进行确定。散养户在上报疫情和恢复生产两种情景下可接受补偿标准平均为22.64元/只，规模养殖户在上报疫情和恢复生产两种情景下可接受补偿标准平均为32.09元/只。散养户和规模养殖户在上报疫情和恢复生产两种情景下可接受的补偿标准因蛋鸡月龄而异，其中对5个月龄蛋鸡的受偿标准最高，分别为35.42元/只和53.71元/只，但整体来说，散养户可接受的最优补偿标准小于规模养殖户。合理的补偿标准至少不小于养殖户基于上报疫情和恢复生产的意愿受偿标准，否则疫情补偿政策目标难以实现。

第四，运用 Heckman Selection Model 分析发现，养殖户上报疫情的意愿主要受年龄、对禽流感给家禽生产带来的损失程度认知、对补偿政策效果认知的影响，其可接受的补偿水平主要受家庭收入、对禽流感补偿政策的了解程度、对政府实施补偿政策的信任程度的影响；养殖户恢复生产的意愿主要受对政府实施补偿政策的信任程度的影响，其可接受的补偿水平主要受政府救助、对补偿政策效果认知的影响。可见，补偿政策认知变量（对补偿政策的了解程度、对政府实施补偿政策的信任程度和补偿政策效果认知）是影响养殖户上报疫情意愿及其意愿受偿强度、恢复生产意愿及其意愿受偿强度的主要因素。

（六）禽流感疫情补偿政策优化设计

重大动物疫情补偿在发达国家已经形成长效机制，具有良好的实施效果，但在中国还处于尝试阶段，相关配套政策、措施及运行机制需要不断完善。在借鉴发达国家疫情损失分担机制和疫情补偿政策的基础上，提出适合我国的疫情损失分担机制，同时对补偿范围、补偿标准、补偿方式及补偿速度等内容进行完善，以便于疫情补偿政策目标的实现。

其一，欧洲国家对疫情直接损失的分担方式主要两种：一种是"欧盟预算 + 国家预算"，另一种是"欧盟预算 + 公共 - 私人部门共担"，即"欧盟预算 + 国家预算 + 动物疫情防控基金"。欧洲国家对疫情后续损失的分担方式主要有三种：一种是"公共灾难救助"，包括正式的公共赔偿计划和临时性的灾难支付；另一种是"公共 - 私人部门共担"，主要是政策性农业保险；第三种则是"私人保险"，即商业保险。

其二，禽流感疫情损失补偿在发达国家较为完善，补偿政策有明确的法律依据；补偿资金除政府预算外，还有动物疫情防控基金和政策性农业保险等；补偿范围主要包括被扑杀的家禽、疫情应急费用等，但不包括病死家禽；补偿标准主要依据价值评估和补偿比率来确定，而被扑杀家禽一般是按照市价由专门的评估团队来评估，补偿比例在发达国家一般在50%～100%，同时补偿标准的确定还要考虑家禽种类和月龄；补偿款在发达国家一般是通过银行账户的形式发放的，对补偿速度没有明确的要求，各个国家的差异也较大，最短的可能是7～15天，但也可能是60天，或者更长；补偿政策实施有系统的监督机制，包括内部控制机制、外部独立评审制度和社会责任制度。

其三，禽流感疫情损失在中国应该由政府来补偿，而补偿的资金主要由"政府财政＋动物疫情防控基金＋政策性家禽保险"来分担。中国应该在国家层面建立一套完整的针对禽流感等重大动物疫情的损失补偿的法律法规，里面要明确规定政策主体和客体的权利和义务，使养殖户在维护权利时有法可依，也使各地政府在实施疫情补偿过程中受到约束；补偿范围除被扑杀的家禽、疫情处置费用、被污染的鸡蛋和饲料等，还应该包括病死家禽、被损坏的生产设备等损失；补偿标准需提高至养殖户在上报疫情和恢复生产情景下可接受的最低补偿水平，同时要考虑养殖户饲养方式和家禽月龄；补偿款的发放程序有待简化，最好是在扑杀现场以现金的方式发放或在扑杀后24小时内发放；补偿政策需要一套包括内部控制制度、外部独立审核制度和社会问责制度在内的制度来监督。

二　政策建议

（一）推进家禽业生产由"小规模、大群体"向"规模化、标准化"转变

虽然标准化、集约化的家禽生产模式正在兴起，但中国家禽

生产仍以"小规模、大群体"为主，尤其是在中部和西部地区。"小规模、大群体"的生产模式存在生产资金投入不足、厂址布局不合理、生产设备简陋、生产技术不高、生物安全防控水平较低等缺点，以至于家禽生产效率不高，产品质量较低且只能面向国内市场，禽流感、新城疫等疫情发生的概率较高。例如，2004～2015年，中国禽流感疫情暴发频次在西部地区最多，其次是中部地区和东部地区，而西部和中部地区家禽生产方式主要为"小规模、大群体"模式。推进家禽养殖由"小规模、大群体"向"规模化、标准化"转变，可以提高禽流感等疫情防控水平，从源头上降低禽流感等疫情的暴发频率和家禽死亡数量，进而减少养殖户遭受的疫情损失和政府的疫情补偿支出，同时也有利于家禽业健康持续发展。因此，要加大投入、集中力量推进家禽生产模式转型，主要表现在以下几个方面：一是要建立良种繁育体系，使家禽生产性能得到持久而高效的改进；二是要采用标准化的生产模式，这种模式可利用先进的饮水、光照、清粪及温控系统等，不仅可以提高生产效率，也可以保证生产质量；三是要实现生产的科学化管理，可依据家禽的生长周期制定科学的管理计划，同时注重饲养过程中各类数据的收集与分析，包括饲养密度及饲养环境因素（通风、湿度、温度、光照、卫生）等数据，为实现生产经营管理的最优化提供决策参考；四是要建立一个综合的疫病防控系统，包括全进全出、隔离消毒、接种疫苗、药物防治等，对禽流感等疫病进行有效防控。

（二）依据禽流感暴发的时空特征实施差异化的防控策略

积极防控禽流感疫情是降低禽流感疫情暴发频次和暴发强度的重要举措，同时也对减少养殖户疫情损失、缩小政府疫情补偿投入具有重要意义。禽流感疫情暴发具有明显的时空特征，如果依照其暴发特征来制定差异化防控策略，可以使疫情防控工作事半功倍。差异化的疫情防控策略主要包括以下几个方面。一是在禽流感疫情多发季节实施重点防控。1 月、2 月、11 月和 12 月是禽流感疫情的多发月份，这个时期天气寒冷，禽类免疫能力低，容易感染禽流感病毒，同时 1 月和 2 月又临近春节，禽类交易频繁，加大了禽流感病毒传播的速度和范围，因此，在这个疫病多发时期，养殖户要加大禽舍清洗和消毒的次数，仔细留意禽类的异常情况，同时家禽市场部门要加大对活禽的检查力度，防止携带禽流感病毒的家禽流入市场，另外还要加大对交易摊位、屠宰摊位等交易场所的消毒力度。二是在禽流感疫情多发地区实施重点防控。从区域分布来看，禽流感疫情在西部地区的暴发次数最多，其次是中部和东部地区，这可能是因为西部地区家禽以散养和小规模生产为主，防疫水平落后或无防疫措施，另外，在庭院内散养也大大增加了家禽与野禽的接触机会。从不同省份来看，禽流感疫情在新疆、湖北、广东的暴发次数较多，这可能跟家禽饲养方式、饲养密度、水域面积、饲养禽种等因素有关。因此，处于疫情多发地区的政府，要落实当地家禽的禽流感疫苗接种工作，定期对当地家禽进行抽样检测，同时还要加大对活禽市场的监管和消毒工作。三是针对不同的禽类实施差异化防控策略。北方省份诊断出禽流感病毒的家禽种类主要是鸡和野鸟，而南方省份诊断出禽流感病毒的家禽种类主要是鸡、鸭和鹅，这可能是因为北方地区水域面积较少，养殖户饲养家禽的种类以鸡为主，新疆、宁夏、辽宁等北方省份处于候鸟迁徙路线上，与候鸟接触的概率较大；南方地区水域面积充足，养殖户除饲养鸡外，还饲养大量的鸭和鹅。因此，当地政府在实施强制免疫计划时，北方省份要重点关注鸡和野鸟，而南方省份要重点关注鸡、鸭和鹅，此外，云南、湖南等南方省份珍禽种类较多，政府的免疫计划还要包括孔雀等珍禽种类。四是根据禽流感病毒种类实施差异化防控策略。虽然我国暴发的禽流感疫情主要以 H5N1 为主，但 2013 年后 H5N2、H5N6 亚型相继在中东部地区出现并呈增加趋势，这意味着禽流感病毒出现变异现象。根据实地调查可知，国家现在免费发放的疫苗主要是 H5N1 疫苗，H5N2 和 H5N6 疫苗还不包括在国家的免疫方案之内。因此，在禽流感病毒快速变异的情况下，国家要加大疫苗研发力度，完善疫情免疫方案，同时，发生过 H5N2、H5N6 亚型禽流感的中东部省份要及早对家禽实施 H5N2 和 H5N6 免疫计划。

（三）针对不同规模养殖户、不同月龄家禽实施差异化补偿标准

养殖户遭受的疫情损失因其饲养规模而异，根据核算结果可知，散养户遭受的直接经济损失平均为 15.21 元/只，间接经济损失平均为 25.87 元/只，总经济损失平均为 41.08 元/只；而规模养殖户遭受的直接经济损失平均为 15.92 元/只，间接经济损失平均为 33.03 元/只，总经济损失平均为 48.95 元/只，无论是直接经济损失、间接经济损失还是总经济损失平均值，散养户都低于规模养殖户，因此，在实施疫情补偿时要考虑养殖户的饲养规模，对散养户和规模养殖户实施差别化补偿标准。养殖户（散养户和规模养殖户）遭受的疫情损失还因其饲养蛋鸡的月龄而异：1 个月龄蛋鸡给散养户和规模养殖户带来的经济损失最小，之后随月龄增加呈递增趋势，5 个月龄蛋鸡给散养户和规模养殖户带来的经济损失最大，分别为 64.26 元/只、81.92 元/只，之后随月龄增加呈递减趋势，17 个月龄的蛋鸡给散养户和规模养殖户带来的经济损失分别为 20.5 元/只、19.46 元/只。政府在实施疫情补偿时，要按照家禽的月龄给予不同的补偿标准，如果对不同月龄的家禽按照统一标准进行补偿，则有失公平性，会使饲养家禽多、损失较大的养殖户不愿意配合家禽扑杀等防控措施，甚至会出现偷卖病死家禽等不文明销售行为。因此，政府首先要完善疫

情损失构成，仔细核算散养户和规模养殖户不同月龄的家禽损失，然后扑杀团队要详细记录被扑杀家禽的数量、饲养方式、种类、月龄，进而按照不同补偿标准进行差异化补偿，同时要把疫情补偿明细进行公示，接受社会公众监督。

（四）建立禽流感疫情防控基金和大力发展政策性家禽保险

禽流感疫情给养殖户带来的损失不仅包括被扑杀的家禽、被污染的饲料和鸡蛋等直接损失，还包括预期利益损失、禁养期的折旧等间接损失。发达国家主要通过政府财政和公共－私人部门共担（动物疫情防控基金）的方式对养殖户疫情直接损失给予补偿，通过公共部门公共灾难救助、公共－私人部门共担（政策性保险）和私人保险的方式对养殖户疫情后续损失进行分担。在中国，政府目前的疫情补偿范围只包括部分养殖户的疫情直接损失，剩余疫情损失则由养殖户自己承担，在养殖户无力承担损失的情况下，往往选择将病死家禽偷售到市场，或缩小生产规模，或退出家禽业等，这将严重影响疫情的防控和家禽业的持续健康发展。因此，政府的疫情补偿范围还需包括养殖户疫情间接损失，补偿资金主要由"政府财政＋禽流感疫情防控基金＋政策性家禽保险"来共同承担。政府一方面需要通过税收的形式建立禽流感疫情防控基金，例如，对于规模养殖户，政府可以根据其饲养的家禽种类、家禽数量等直接收税，而对于散养户而言，可以以自然村为单位，由村主任根据其饲养的家禽种类、家禽数量等收取税金，然后再转交给当地政府，不同家禽的税率则是由政府、养殖户、第三方代表等商讨后决定的。另一方面，政府要大力发展政策性家禽保险。由于商业保险以营利为目的，要求的保费一般较高，而中国家禽养殖行业利润较低，养殖户的收入也较低，无法承担高额的保费，商业保险需求不足。中国家禽生产目前仍以散养和小规模为主，防疫水平较低，疫情发生概率高，疫情发生后家禽损失核算也较为困难，因此，商业保险一般不愿意开展家禽险种，即商业保险供给不足。在这种情况下，就要大力发展政策性家禽保险，政府可以通过保费补贴的形式帮助养殖户参保，并提高其参保意识，使其认识到参保是防范疫情风险、分担疫情损失的重要手段。同时，要成立专门的政策性保险公司来经营家禽保险，类似于现在的政策性银行，或者通过补贴、税收优惠等措施支持现有商业保险公司开展政策性家禽保险业务，使家禽养殖户有险可保。

（五）加大禽流感疫情补偿政策宣传力度

养殖户对疫情补偿政策的认知直接影响其上报疫情意愿、恢复生产意愿以及在这两种情景下的意愿受偿强度，增加养殖户对补偿政策的了解程度、对政府实施补偿政策的信任程度和对补偿政策效果认知是鼓励养殖户上报疫情和恢复生产的重要途径。大部分养殖户在疫情暴发前对疫情补偿政策处于不了解状态，以至于在疫情暴发时不知道该做什么，不该做什么，使得扑杀团队大费周章给养殖户讲解疫情补偿政策，以取得对疫情扑杀工作的配合。然而部分养殖户依然对疫情补偿政策半信半疑，在担心得不到疫情补偿款的情况下将病死家禽偷售到市场中。因此，要加大对禽流感疫情补偿政策宣传力度，使养殖户对疫情补偿政策了解方式由事后了解转变为事前了解，进而提高养殖户对政府的信任程度和疫情扑杀配合程度。首先，政府可以通过向养殖户发放简易手册的方式来宣传疫情补偿政策，这些宣传册子要图文并茂、通俗易懂，对疫情补偿主体、受偿对象、补偿范围、补偿标准、补偿资金来源、补偿发放方式及速度等内容进行重点解释和说明。其次，政府可以在农村动物疫情防疫站或养殖户较多的村庄里通过宣传海报的方式进行宣传，使养殖户在防疫过程中或日常生活中能有机会了解疫情补偿政策，在疫情暴发时不会处于茫然状态，知道上报疫情和接受补偿。再次，政府可以先向养殖大户（养殖规模户、养殖示范户等）宣传疫情补偿政策，再利用其社会网络向其他养殖户进行宣传。养殖户在日常的家禽生产过程中，"跟风"现象严重，即养殖户容易跟随养殖户示范户或周围养殖户进行生产决策，利用养殖大户的社会网络来宣传疫情补偿政策甚至比政府正面宣传更有效果。最后，政府也可借助手机、电视、网络等新媒体对疫情补偿政策进行宣传，使养殖户了解到疫情补偿政策是值得信任的，是有利于养殖户的，进而提高其疫情扑杀配合程度和生产恢复意愿。

（六）提高养殖户疫情认知水平和生产技术水平

养殖户疫情认知包括疫情一般知识的认识（发病原因、传播途径、传播速度等）和危害知识的认知（带来的损失程度、对食品安全的威胁程度、是否会传染人等），这不仅会影响养殖户的防控决策，还会影响其上报疫情意愿和愿意接受的补偿水平。如果养殖户了解禽流感疫情的发病原因和传播途径等，就可以采取针对性的措施来预防疫情发生，这将大大增加养殖户的疫情防控效果。如果养殖户能认识到禽流感疫情除给自己带来损失外，还会严重影响食品安全和公众身体健康，那么养殖户上报疫情的积极性越大，同时对政府补偿标准的期望越合理。养殖户的生产技术包括饲养技术、防疫技术、无害化处理技术等，直接影响家禽的生产质量、疫病的发生和传播等，而养殖户现有生产技术多为自身经验积累，缺乏科学、系统的养殖知识培训，以至于在饲养过程中出现不能及时发现病情、延误最佳治疗时期等，进而造成禽流感等疫病的发生。因此，政府需要加大对养殖户禽流感知识和科学养殖知识的培训和教育，提高养殖户疫情认知水平和生产技术水平。首先，政府可以建立培训基金，引导动物防疫部门、技术推广部门、饲料公司、农业大专院校等参与，对养殖户进行有关禽流感知识和科学养殖技术知识的教育和培训。对养殖户进行教育培训是一项长期的基础性工作，因此要建立专门的培训基金，为其提供资金支持。动物防疫部门、技术推广部门等具有不同的资源优势，根据不同时间内不同地区的需要，由不同的培训主体对养殖户进行培训，效果更佳。其次，通过喜闻乐见的方式对禽流感知识和科学养殖技术知识进行宣传，以达到教育培训的目的。政府组织的教育培训主要是面向规模养殖户的，散养户饲养家禽少，参与的积极性不高，因此，政府可以通过宣传手册、简易海报、宣传单等形式来宣传相关知识，或通过报纸、电视、网络等媒体进行宣传，使养殖户在日常生活中就可了解到禽流感传播途径、危害程度、防控措施、科学养殖等相关知识。此外，养殖户合作社也要发挥其作用，除在日常生活中对社员进行科学养殖技术的教育培训外，还要宣传禽流感等疫病的防控知识，甚至邀请专家进行现场指导，以达到提高社员科学养殖技术和疫情防控技术水平。

三 研究展望

评价禽流感疫情冲击下养殖户遭受的经济损失，制定合理的补偿标准并优化疫情补偿政策方案，对防控禽流感疫情扩散蔓延和促进家禽业持续健康发展具有重要的现实意义。在调研数据的基础上，本书测算出养殖户遭受的疫情损失，并基于上报疫情和恢复生产视角提出合理的补偿标准，进而对疫情补偿政策进行优化设计，为政府完善疫情补偿政策提供实证和理论依据。然而，由于疫情损失评估是一个复杂的过程，疫情补偿政策涉及不同的利益群体，因此，本书的研究过程中还存在一定的缺陷，这也是未来要努力的方向。

第一，书中对疫情冲击下养殖户经济损失的评价和疫情补偿政策研究是以疫区蛋鸡养殖户为例来进行的，由于受调研区域数据的限制，没有对疫区肉鸡养殖户、鸭养殖户等其他家禽养殖户进行研究，也没有对受威胁区的蛋鸡养殖户进行研究，具有一定的局限性。禽流感疫情冲击下不同品种家禽养殖户遭受的疫情损失是不同的，同一种家禽疫区内的养殖户和受威胁区的养殖户遭受的损失也是不同的，例如，受威胁区的蛋鸡养殖户遭受的损失主要为间接损失（因强制免疫导致产蛋量下降造成的损失、因价格下降而遭受的损失等）。因此，未来需对这些家禽养殖户遭受的损失进行研究。

第二，书中基于养殖户上报疫情和恢复生产视角对疫情补偿标准进行确定，即利用非参数估计和参数估计两种方法对养殖户在上报疫情和恢复生产情景下愿意接受的补偿标准进行测算。这样的补偿标准不仅可以鼓励养殖户上报疫情和恢复生产，还可以实现防控禽流感疫情、维护公众身体健康、促进养殖业持续健康发展等公共目标，即可实现激励相容。但由于数据缺失，书中没有对道德风险和逆向选择问题进行讨论，即没有判断制定出的补偿标准是否会发生道德风险和逆向选择问题，这是未来需努力的方向。

第三，在发达国家，养殖户遭受的疫情损失有一套相对完整的分担机制，而在中国，只有部分养殖户遭受的直接损失可以由政府来承担。在考虑中国目前养殖方式和商业保险发展特征的情况下，书中认为养殖户遭受的疫情直接损失和间接损失应该由政府来分担，资金可以通过"政府财政＋动物疫情防控基金＋政策性家禽保险"来获得。但书中没有对政府财政、疫情防控基金和政策性家禽保险的资金分担比例进行确定，也没有对疫情防控基金中税率、政策性家禽保险中的保费进行确定，这也是未来需研究的方向。

参考文献 ◀

白雪峰，2008，《中国与加拿大动物卫生法律体系比较研究》，硕士学位论文，内蒙古农业大学。

白雪峰、张杰、李卫华等，2008，《国外重大动物疫病补偿制度简介》，《中国动物检疫》第9期。

曹智，2006，《禽流感疫情对饲料原料市场影响分析》，《农业展望》第1期。

常平凡，2004，《禽流感给家禽业带来挑战和机遇》，《中国食物与营养》第5期。

陈利、谢家智，2013，《农户对农业灾害赔偿满意度的测量与减灾行为研究——基于15个省524户农户的入户调查》，《农业经济问题》第3期。

陈琼、吕新业、王济民，2012，《我国禽肉消费及影响因素分析》，《农业技术经济》第5期。

丛振华，2013，《我国禽流感现行扑杀补偿政策研究》，《财经问题研究》第S1期。

方堃，2005，《论建立长效的农业公共灾害社会保险法律制度——由"禽流感"公共危机引起的思考》，《上海交通大学学报》（哲学社会科学版）第2期。

方明旺，2016，《国内外重大动物疫情扑杀补偿机制研究》，硕士学位论文，郑州大学。

冯永辉，2005，《禽流感疫情对家禽市场的影响评估》，《中国禽业导刊》第 22 期。

高兴武，2008，《公共政策评估：体系与过程》，《中国行政管理》第 2 期。

郭伟、王克强，2016，《农民对"十二五"高标准农田建设满意度分析——以上海市某镇为例》，《农业技术经济》第 7 期。

郭晓波，2004，《高致病性禽流感的发病历史和危害》，《中国动物检疫》第 3 期。

国家动物流行病学中心动物卫生信息室，2006，《2006 年 6～7 月全球重大动物疫情综述》，《中国动物检疫》第 8 期。

国务院，2004，《高致病性禽流感防治经费管理暂行办法》，中华人民共和国财政部网站，2 月 10 日。

国务院，2004，《全国高致病性禽流感应急预案》，《中华人民共和国国务院公报》第 5 期。

国务院，2005，《重大动物疫情应急条例》，中华人民共和国中央人民政府，11 月 18 日。

何可、张俊飚，2013，《基于农户 WTA 的农业废弃物资源化补偿标准研究——以湖北省为例》，《中国农村观察》第 5 期。

黄德林、董蕾、王济民，2004，《禽流感对养禽业和农民收入的影响》，《农业经济问题》第 6 期。

黄泽颖、王济民，2015，《2004～2014 年我国禽流感发生状况与特征分析》，《广东农业科学》第 4 期。

蒋芳，2006，《浅谈我国禽流感疫情对家禽业的影响及建议》，《中国畜牧杂志》第 10 期。

鞠珍香，2007，《禽流感的传播途径》，《科学教育》第 6 期。

康小玮，2006，《高致病性禽流感防制中养殖户的经济补偿方式与标准研究》，硕士学位论文，中国农业大学。

康之望，2016，《基于公共物品理论农村环境连片整治研究》，《经营管理者》第 13 期。

李惠惠，2014，《突发性公共卫生事件中的行政补偿制度研究》，硕士学位论文，广东外语外贸大学。

李亮、浦华，2011，《经济评估在动物卫生风险分析的应用与启示》，《世界农业》第 3 期。

李鹏、刘影，2009，《禽流感及其对经济社会影响的研究综述》，《江西师范大学学报》（自然科学版）第 2 期。

李小云、汪力斌、郑红娥等，2010，《禽流感及其控制措施对小农户的社会经济影响》，社会科学文献出版社。

梁瑞华，2007，《禽流感疫病控制博弈模型与中央政府宏观调控模式选择》，《南都学坛：南阳师范学院人文社会科学学报》第 3 期。

梁瑞华，2007，《禽流感疫病控制的宏观调控模式探析》，《南阳师范学院学报》第 4 期。

林成，2007，《从市场失灵到政府失灵：外部性理论及其政策的演进》，硕士学位论文，辽宁大学。

林光华、王凤霞、邹佳瑶，2012，《农户禽流感报告意愿分析》，《农业经济问题》第 7 期。

林莉、林伯全，2007，《高致病性禽流感对我国养禽业的影响及应对措施》，《福建畜牧兽医》第 1 期。

刘国华等，2013，《沙坡头区免疫鸡群高致病性禽流感再发生情况及分析》，中国畜牧兽医学会家畜传染病学分会第八届全国会员代表大会暨第十五次学术研讨会论文集。

刘军弟、霍学喜、黄玉祥等，2012，《基于农户受偿意愿的节水灌溉补贴标准研究》，《农业技术经济》第 11 期。

刘林锋、宗明、郑长春等，2013，《蛋鸡和肉鸡养殖成本测算》，《吉林畜牧兽医》第 4 期。

刘明月，2013，《禽流感疫情对新疆鸡蛋价格的冲击效应研究》，硕士学位论文，西北农林科技大学。

刘明月、陆迁，2016，《禽流感疫情冲击下疫区养殖户生产恢复行为研究——以宁夏中卫沙坡区为例》，《农业经济问题》第5期。

刘明月、陆迁、张淑霞，2016，《禽流感疫区蛋鸡养殖户经济损失评价及其补偿强度分析——以宁夏中卫沙坡区为例》，《中国农业大学学报》第11期。

刘明月、陆迁、张淑霞，2017，《高致病性禽流感补偿政策农民满意度研究》，《湖南农业大学学报：社会科学版》第1期。

刘瑞鹏，2012，《动物疫情风险下养殖户经济损失评价研究——以禽流感为例》，硕士学位论文，西北农林科技大学。

毛薇，2015，《动物疫情处理补偿政策的研究》，《安徽农业科学》第34期。

梅付春，2011，《政府应对禽流感突发事件的扑杀补偿政策研究》，中国农业出版社。

梅付春、张陆彪，2008，《禽流感疫区散养户对扑杀补偿政策配合意愿的实证分析》，《农业经济问题》第S1期。

梅付春、张陆彪，2009，《加拿大应对禽流感的扑杀补偿政策及启示》，《中国农学通报》第25期。

聂凤英，2004，《禽流感对我国禽类产品的影响》，《中国动物保健》第3期。

宁夏回族自治区人民政府办公厅，2004，《宁夏回族自治区高致病性禽流感防治应急预案》，法律教育网，2月6日。

农新办，2013，《全国加强H7N9禽流感病毒监测稳定家禽业生产视频会议召开》，《中国动物检疫》第5期。

农业部，2007，《高致病性禽流感免疫方案》，《中国禽业导刊》第3期。

浦华、王济民，2008，《发达国家防控重大动物疫病的财政支持政策》，《世界农业》第 9 期。

邱询旻、冉祥勇，2009，《机制设计理论辨析》，《吉林工商学院学报》第 4 期。

沙爱龙、刘泽隆，2007，《禽流感及其对经济的影响》，《动物医学进展》第 6 期。

沈满洪、何灵巧，2002，《外部性的分类及外部性理论的演化》，《浙江大学学报人文社会科学版》第 1 期。

宋敏训、李峰、刘玉山，2004，《禽流感及其防制》，《山东农业科学》第 1 期。

苏学振、王艳玲，2006，《从禽流感谈我国的行政补偿制度》，《辽宁行政学院学报》第 11 期。

孙梦洁、陈雪原，2016，《北京市农村居民对财政支农政策实施效果的满意度分析——一项基于北京市 40 个样本村调查的实证分析》，《经济问题探索》第 6 期。

唐江桥、徐学荣，2010，《我国活鸡价格波动分析与预测》，《技术经济》第 7 期。

田怀玉，2012，《中国 H5N1 高致病性禽流感暴发的时空分布与环境危险因素研究》，硕士学位论文，湖南师范大学。

王凤霞，2010，《农户对禽流感报告意愿和受偿意愿的分析》，硕士学位论文，南京农业大学。

王晓琳，2004，《由禽流感引发的关于我国行政补偿制度的思考》，《云南行政学院学报》第 5 期。

翁崇鹏、毛娅卿，2011，《浅谈重大动物疫病损失补偿制度》，《中国动物检疫》第 6 期。

武深树、刘伟、谭美英，2004，《由禽流感疫情反思家禽业发展》，《中国家禽》第 6 期。

徐大伟、常亮、侯铁珊等，2012，《基于 WTP 和 WTA 的流域生态补偿标准测算——以辽河为例》,《资源科学》第 7 期。

闫振宇,2012,《基于风险沟通的重大动物疫情应急管理完善研究》,博士学位论文,华中农业大学。

闫振宇、陶建平、徐家鹏,2012,《养殖农户报告动物疫情行为意愿及影响因素分析——以湖北地区养殖农户为例》,《中国农业大学学报》第 3 期。

颜廷武、何可、张俊飚等,2015,《农民参与生物质资源循环利用的补偿标准测算——基于湖北省武汉、随州与黄冈三市的调查》,《农业经济问题》第 11 期。

叶晗,2014,《内蒙古牧区草原生态补偿机制研究》,博士学位论文,中国农业科学院。

银梅、李建勋、陈鹏程,2007,《关于我国家禽业保险现状的思考》,《中国家禽》第 4 期。

于乐荣、李小云、汪力斌,2009,《禽流感发生后家禽养殖农户的生产行为变化分析》,《农业经济问题》第 7 期。

于乐荣、李小云、汪力斌等,2009,《禽流感发生对家禽养殖农户的经济影响评估——基于两期面板数据的分析》,《中国农村经济》第 7 期。

余亮亮、蔡银莺,2015,《基于农户满意度的耕地保护经济补偿政策绩效评价及障碍因子诊断》,《自然资源学报》第 7 期。

张晨曦,2015,《疫情损失补偿政策的有效性评价》,硕士学位论文,西北农林科技大学。

张东辉,2003,《经济机制理论:回顾与发展》,《学术评论》第 8 期。

张桂新、张淑霞,2013,《动物疫情风险下养殖户防控行为影响因素分析》,《农村经济》第 2 期。

张莉琴、康小玮、林万龙,2009,《高致病性禽流感疫情防制措施造成的养殖户损失及政府补偿分析》,《农业经济问题》第

12 期。

张泉、王余丁、崔和瑞，2006，《禽流感对中国经济产生的影响及启示》，《中国农学通报》第 2 期。

张瑞莉、郑世民、葛铭，2005，《禽流感及其防制》，《黑龙江畜牧兽医》第 10 期。

张淑霞、刘明月、张晨曦，2015，《动物疫情冲击下养殖户生产恢复行为研究——以高致病性禽流感为例》，《东北农业大学学报》（社会科学版）第 6 期。

张淑霞、刘明月、张晨曦，2016，《疫情损失补偿政策对养殖户不安全销售行为抑制效应——基于宁夏中卫蛋鸡养殖户的分析》，《农业现代化研究》第 3 期。

张淑霞、陆迁，2013，《禽流感暴发造成的养殖户经济损失评价及补偿政策分析》，《山东农业大学学报》（社会科学版）第 1 期。

张志诚、李长友、黄保续等，2008，《基于 GIS 的禽流感发生格局研究》，《浙江大学学报：农业与生命科学版》第 3 期。

郑国中，2004，《禽流感：中国经济新变数》，《企业导报》第 3 期。

中国经营网，2014，《禽流感致家禽业损失超 800 亿的幕后》，2 月 13 日。

中国新闻网，2014，《世界卫生组织：H7N9 禽流感患者预计会增加》，2 月 4 日。

周立楠、李雯洁，2006，《禽流感对新疆经济的影响分析》，《新疆财经学院学报》第 1 期。

朱慧，2007，《机制设计理论——2007 年诺贝尔经济学奖得主理论评介》，《浙江社会科学》第 6 期。

Aral, Y., Yalcin, C., Cevger, Y., et al., 2010, Financial Effects of the Highly Pathogenic Avian Influenza Outbreaks on the

Turkish Broiler Producers, *Poultry Science*, Vol. 14, No. 5, pp. 1085 - 1088.

Beach, R. H. , Poulos, C. , and Pattanayak, S. K. , 2007, Agricultural Household Response to Avian Influenza Prevention and Control Policies, *Journal of Agricultural and Applied Economics*, No. 8, pp. 301 - 311.

Burgos, S. , Hinrichs, J. , Otte, J. , Pfeiffer, D. , Roland-Holst, D. , Schwabenbauer, K. , and Thieme, O. , 2008, Poultry, HPAI and Livelihoods in Cambodia-A Review, Cdn. dairyasia. org.

Canadian Food Inspection Agency (CFIA), 2000, Compensation for Destroyed Animals Regulations. Canada Gazette, Vol. 138, No. 12- June 16, 2004, 2000 - 6 - 21 http://Canadagazette. gc. ca/ partII/2000/20000621/html/sor150 - e. html.

Canadian Food Inspection Agency (CFIA), 2004, Compensation for Certain Birds Destroyed in British Columbia (Avian Influenza) Regulations, 2004 - 6 - 16. http://Canadagazette. gc. ca/partII/2004/ 20040616/html/sor150 - e. html.

Capua, I. , and Alexander, D. J. , 2009, Avian Influenza Infection in Birds: A Challenge and Opportunity for the Poultry Veterinarian, *Poultry Science*, Vol. 88, No. 4, pp. 842 - 846.

Chang, C. C. , Lee, D. H. , Lin, H. C. , and Hsu, S. S. , 2007, The Potential Economic Impact of Avian Flu Pandemic on Taiwan. Selected paper for American Agricultural Economics Association Annual Meeting, Oregon.

Delgado, M. , and Riviere-Cinnamond, M. , 2006, Enhancing Control of Highly Pathogenic Avian influenza in Developing Countries through Compensation: Issues and Good Practice, Working Paper Presented at the Bamako Pledging Conference, World Bank, FAO, IFPRI,

OIE.

Fang, L. Q. , Vlas, S. J. , Liang, S. , Looman, C. W. , Gong, P. , Xu, B. , Yan, L. , Yang, H. , Richardus, J. H. , and Cao, W. C. , 2008, Environmental Factors Contributing to the Spread of H5N1 Avian Influenza in Mainland China, *Plos One*, Vol. 3, No. 5, pp. 2268 – 2268.

FAO. 2004. Avian Infiuenza Diseose Emergency-Update on the Avian Influenza Situation. News Issue No. 19. Rome, Italy: FAO, Technical Task Force on Avian Influenz.

Gasley, F. A. , 2003, Economics of Avian Influenza: Control vs Noncontrol, *Avian Diseases*, No. 47, pp. 390 – 399.

Hall, D. , Benigno, C. , and Kalpravidh, W. , 2006, The Impact of Avian Influenza on Small and Medium Scale Poultry Producers in South East Asia (preliminary findings) , Selected Paper for American Agricultural Economics Association Annual Meeting, pp. 1 – 27.

Hartono, H. , 2004, Social and Economic Aspects of Long Term Control of AI in Indonesia. In: Social and Economic Impacts of Avian Infiuenza Control, FAO Workshop Proceedings, pp. 23 – 50.

Hsiao, K. , Chang, C. L. , Huang, B. W. , Chen, C. C. , and Mcaleer, M. , 2009, Estimating the Impact of Avian Flu on International Tourism Demand using Panel Data, *Tourism Economics*, Vol. 15, No. 3, pp. 501 – 511.

Hsiao, K. , Chen, C. C. , Weichun, T. , Ju, L. F. , and Huang, B. W. , 2008, Assessing Impacts of SARS and Avian Flu on International Tourism Demand to Asia, *Tourism Management*, Vol. 29, No. 5, pp. 917 – 928.

Jiang, W. M. , Liu, S. , Hou, G. , Li, J. , Zhuang, Q. , Wang, S. C. , Zhang, P. , and Chen, J. M. , 2012, Chinese and Global Distribution of H9 Subtype Avian Influenza Viruses, *Plos One*, Vol. 7, No. 12, pp. e52671.

Koontz, S. , Hoag, D. , Thilmany, D. , Green, J. , and Grannis, J. , 2006, *Economics of Livestock Disease Insurance: Concepts, Issues and International Cases Studies*, Cambridge, CABI Publishing.

Kriström, B. , 1997, Spike Models in Contingent Valuation, *American Journal of Agricultural Economics*, Vol. 79, No. 4, pp. 1013 – 1023.

Landman, W. J. , 2004, Avain Influenza: Eradication from Commercial Poultry is still not in Sight, *Agricultural Sciences of Dutch*, Vol. 129, No. 23, pp. 782 – 796.

Li, X. , Liu, k. , Yao, H. W. , Sun, Y. , Chen, W. J. , Sun, R. X. , Vlas, S. J. , Fang, L. Q. , and Cao, W. C. , 2015, Highly Pathogenic Avian Influenza H5N1 in Mainland China, *International Journal of Environment Research and Public Health*, Vol. 12, No. 5, pp. 5026 – 5045. .

Liu, M. Y. , Lu, Q. , Zhang, S. X. , et al. Temporal and Spatial Characteristics of Highhy Pathogenic Avian Influenza Outbrecks in China During 2004 to 2015, *Poultry Science*, 2017, 3113 – 3121.

Liu, K. E. , Huang, M. H. , and Hsu, J. L. , 2007, Consumer Awareness of the Avain Influenza Threat in Taiwan, Selected Paper Prepared for Presentation at the American Agricultural Economics Association Annual Meeting, Portland, OR.

Martin, V. , Pfeiffer, D. U. , Zhou, X. Y. , Xiao, X. M. , Prosser, D. J. , Guo, F. S. , and Gilbert, M. , 2011, Spatial Distribution and Risk Factors of Highly Pathogenic Avian Influenza (HPAI) H5N1 in China, *Plos Pathogens*, Vol. 7, No. 3, pp. 741 – 743.

Meuwissen, M. P. , Asseldonk, M. A. , and Huirne, R. B. ,

2003, Alternative Risk Financing Instruments for Swine Epidemics, *Agricultural Systems*, Vol. 75, No. 2 - 3, pp. 305 - 322.

NaRanong, V. , 2007, Structural Changes in Thailand's Poultry Sector and its Social Implications, In: Proceedings of the FAO Conference "Poultry in the 21st Century, Avian In? uenza and Beyond".

Obayelu, A. E. , 2007, Socio-economic Analysis of the Impacts of Avian Influenza Epidemic on Households Poultry Consumption and Poultry Industry in Nigeria: Empirical Investigation of Kwara State, *Livestock Research for Rural Development*, Vol. 19, No. 1, pp. 4.

Olsen, S. J. , Ungchusak, K. , Birmingham, M. , Bresee, J. , Dowell, S. F. , and Chunsuttiwat, S. , 2006, Surveillance for Avain Influenza in Human Beings in Thailand, *The Lancet infectious Diseasea*, Vol. 6, No. 12, pp. 757 - 758.

Otte, J. , Hinrichs, J. , Rushton, J. , Roland-Holst, D. , and Zilberman, D. , 2008, Impacts of Avian Influenza Virus on Animal Production in Developing Countries, CAB Reviews: *Perspectives in Agriculture, Veterinary Science, Nutrition and Natural Resources*, Vol. 3, No. 80, pp. 1 - 18.

Phan, V. L. , Le, T. , Pinners, E. , Purcell, T. , Son, T. , and Trung, P. Q. , 2007, The Economic Impact of Highly Pathogenic Avian Infiuenza-related Biosecurity Policies on the Vietnamese Poultry Sector. In: Future of Poultry in Viet Nam after HPAI, FAO Workshop Proceedings, pp. 35 - 46.

Pratt, A. , and Falconi, C. , 2007, Potential Economic Impact of Avian Influenza on the Latin American and Caribbean Poultry Sector, Publication of the Inter-American Development Bank, pp. 72.

Si, Y. L. , Debba, P. , Skidmore, A. K. , Toxopeus, A. G. , and Li, L. , 2008, *Spatial and Temporal Patterns of Global H5N1 Out-*

breaks, International Society for Photogrammetry & Remote Sensing, pp. 37.

Skees, J. R. , and Barnett, B. J. , 1999, Conceptual and Practical Considerations for Sharing Catastrophic/Systemic Risks, *Applied Economic Perspectives and Policy*, Vol. 21, No. 2, pp. 424 – 441.

Suarez, D. L. , 2000, Evolution of Avian Influenza Viruses. *Veterinary Microbiology*, Vol. 74, No. 1 – 2, pp. 15 – 27.

Tian, H. , Cui, Y. , Lu, D. , Zhou, S. , Li, X. , Huang, S. , Yang, R. , and Xu, B. , 2015, Spatial, Temporal and Genetic Dynamics of Highly Pathogenic Avian Influenza A (H5N1) Virus in China, *Bmc Infectious Diseases*, Vol. 15, No. 1, pp. 1 – 15.

Tiensin, T. , Chaitaweesub, P. , Songserm, T. , Chaisingh, A. , Hoonsuwan, W. , Buranathai, C. , Parakamawongsa, T. , Premashthira, S. , Amonsin, A. , Gilbert, M. , Nielen, M. , and Stegeman, A. , 2005, Highly Pathogenic Avian Influenza H5N1, Thailand, 2004, *Emerging Infectious Diseases*, Vol. 11, No. 11, pp. 1664 – 1672.

Tong, S. , Li, Y. , Rivailler, P. , et al. 2012, A Distinct Lineage of Influenza A Virus from Bats, *Proceedings of the National Academy of Sciences*, Vol. 109, No. 11, pp. 4269 – 4274.

Unite States Department of Agriculture, 2016a, *The HPAI Indemnity and Compensation Process*, USDA.

Unite States Department of Agriculture, 2016b, *Appraisal and Compensation: What You Need to Know if You Have an HPAI-Infected Bird Flock*, USDA.

Verbiest, J. P. A. , and Castillo, C. N. , 2004, Avian Flu: An Economic Assessment for Selected Developing Countries in Asia. ERD Policy Brief Series, No. 24. ADB, Manila, Philippines.

Vu, T. T. H. , 2011, *The Effects of Avian Influenza on Rural*

Poultry Farmers' Livelihood: A Case Study in Yen Son and Tan Binh communes-Tam Diep town-Ninh Binh province, Vietnam, [Master Thesis]. Sweden: Swedish University of Agricultural Sciences.

Wang, Y., Jiang, Z., Jin, Z., Tan, H., and Xu, B., 2013, Risk Factors for Infectious Diseases in Backyard Poultry Farms in the Poyang Lake Area, China, *Plos One*, Vol. 8, No. 6, pp. 1475 – 1478.

WHO, 2016, Influenza at the Human-animal Interface Summary and Assessment, 20 July to 3 October, http://www. who. int/influenza/human_animal_interface/Influenza_Summary_IRA_HA_interface_10_03_2016. pdf? ua = 1.

Yakhshilikov, Y., Birol, E., Tiongco, M., Narrod, C., and Friedman, J., 2009, A Contingent Valuation Study on Indonesian Farmers' Willingness to Accept Compensation for Poultry, Controlling Avian Flu and Protecting People's Livelihoods in Africa and Indonesia, HPAI Research Brief, No. 18.

▶附　录

禽流感疫情调查问卷

问卷编号：_____

调查地点：_____省_____市（县）

_____镇（乡）_____村

调查时间：_____年_____月_____日

调查人员姓名：_____

录入核查人员姓名：_____

被调查者姓名：_____

联系方式：_____

第一部分　基本情况

1. 被调查者性别_____（A：男；B：女），年龄_____岁，文化程度_____（A：小学以下；B：小学；C：初中，D：高中/中专；E：大专及以上），是否是村干部_____（A：是；B：否）。如果被调查者不是户主，则回答以下问题：户主性别_____（A：男；B：女），年龄_____岁，文化程度_____（A：小学以下；B：小学；C：初中，D：高中/中专；

E 大专及以上），是否是村干部＿＿＿＿＿＿＿（A：是；B：否）。

2. 家庭人数＿＿＿＿＿＿，家庭劳动力＿＿＿＿＿＿人，从事家禽养殖的劳动力＿＿＿＿＿＿人，从事家禽养殖的女性劳动力＿＿＿＿＿＿人，雇工＿＿＿＿＿＿人，从事家禽养殖＿＿＿＿＿＿年，养殖方式＿＿＿＿＿＿［A：自由放养（舍外）；B：层架式鸡笼；C：自由活动式饲养（舍内）；D：富集型鸡笼；E：其他］。

3. 家庭收入情况：（元/年）

	总收入	养殖收入	种植收入	非农收入	其他
2013 年					
2012 年					
2011 年					

4. 目前饲养家禽情况：（天，只）

种类	一批		二批		三批		四批	
	日龄	数量	日龄	数量	日龄	数量	日龄	数量
蛋鸡								
肉鸡								
鸡苗								
其他								

5. 家禽生产成本情况：（一只家禽在一个饲养周期内的成本，1kg＝1000g＝1 公斤＝2 斤＝20 两）

种类	平均饲养周期（天）	鸡苗费用（元/只）	饲料费用（元/只）	家禽防疫、治疗费用（元/只）	设备折旧、维护费用（元/只）	水电、燃料费用（元/只）	人工费用（元/只）	其他费用（元/只）
蛋鸡								
肉鸡								
鸡苗								

续表

种类	平均饲养周期（天）	鸡苗费用（元/只）	饲料费用（元/只）	家禽防疫、治疗费用（元/只）	设备折旧、维护费用（元/只）	水电、燃料费用（元/只）	人工费用（元/只）	其他费用（元/只）
其他								

6. 家禽收入情况：（一只家禽在一个饲养周期内的收入，1kg = 1000g = 1 公斤 = 2 斤 = 20 两）

种类	蛋	肉	粪
	收入（元/只）	收入（元/只）	收入（元/只）
蛋鸡			
肉鸡			
鸡苗			
其他（____）			

7. 从事家禽生产的资金来源：_____% 来自自己积累，_____% 来自亲戚朋友等非正式借贷，_____% 来自银行贷款等正式金融借贷，_____% 来自政府政策支持，_____% 来自其他_____。

8. 有关家禽养殖知识的来源渠道（可多选）：（　　　）

A：政府部门及相关部门宣传；

B：报纸杂志、广播、电视、网络等媒体；

C：养殖互助小组或养殖协会等专业组织；

D：兽医院、兽药公司和饲料供应商；

E：其他养殖户；

F：自有积累经验；

H：其他_____

9. 当地有没有专门的兽医门诊、兽医院或高校等其他服务组织：

A：有；

B：无。如果有，距离此地_____公里。

10. 遇到养殖方面问题，寻求兽医或有关专家等帮助方便程度如何：（　　）

    A：非常不方便；   B：不方便；

    C：一般；   D：方便；

    E：非常方便

11. 如果您在日常的家禽饲养过程中遇到困难，您会向谁寻求帮助？（可多选）（　　）

    A：其他养殖户；   B：亲戚朋友、邻居；

    C：政府技术推广部门；

    D：兽医院、兽药公司和饲料供应处；

    E：高校等组织的专家；

    F：家禽养殖协会等专门组织；

    G：其他_____

12. 请问您认为养殖业利润如何？（　　）

    A：非常低；   B：比较低；

    C：一般；   D：比较高；

    E：非常高

第二部分　禽流感疫情防控情况

一、禽流感疫情基本情况

1. 您经历过的最近一次禽流感疫情发生时间_____年_____月，大约持续_____天。

2. 此次疫情发生前，本地区或附近地区是否发生过禽流感疫情？（　　）

A：是；   B：否

3. 此次疫情之前，您是否有经历过禽流感疫情？（　　）

A：是；   B：否

4. 您是通过什么渠道了解到禽流感疫情发生（可多选）（　　　）?

A：自家鸡的发病情况；

B：政府及相关部门宣传；

C：其他养殖户；

D：兽药公司；

E：报纸杂志 、广播、电视等媒体；

F：亲戚朋友；

G：养殖互助小组或畜牧养殖等专业组织

H：其他_____

5. 您认为此次疫情暴发的原因主要有：（可多选）（　　　）

A：鸡群抗病素质不强；

B：没有定期清洁消毒；

C：没有按要求进行疫苗或药物防疫；

D：防疫知识少，疫病发现晚；

E：其他区域暴发被传染；

F：野鸟携带病毒传播；

G：其他原因_____

6. 对此禽流感疫情的传播速度评价：（　　　）

A：非常慢；　　　　　　　　　B：比较慢；

C：一般；　　　　　　　　　　D：比较快；

E：非常快

7. 对此禽流感疫情的损失程度评价：（　　　）

A：非常不严重；　　　　　　　B：比较严重；

C：一般；　　　　　　　　　　D：比较严重；

E：非常严重

二、禽流感疫情认知

1. 您对禽流感疫情发病症状的了解程度：（　　　）

A：非常不了解；　　　　　B：比较了解；

C：一般；　　　　　　　D：比较了解；

E：非常了解

2. 您认为禽流感疫情主要是由什么原因引起的？（可多选）

（　　）

A：鸡群抗病素质不强；　　B：跟季节气候有关；

C：养殖户没有定期清洁消毒；

D：养殖户没有按要求进行疫苗或药物防疫；

E：养殖户防疫知识少，疫病发现晚；

F：野鸟携带病毒传播；

G：其他原因_____

3. 您对禽流感疫情发病原因的了解程度：（　　　）

A：非常不了解；　　　　　B：比较了解；

C：一般；　　　　　　　D：比较了解；

E：非常了解

4. 您认为禽流感疫情是通过何种途径传播的？（可多选）（　　　）

A：直接接触病禽；　　　　B：接触病禽的粪便；

C：直接接触死禽；　　　　D：空气传播；

E：通过饲料传播；　　　　F：通过运输工具传播；

G：通过人员活动传播；　　H：其他_____

5. 您对禽流感疫情传播途径的了解程度：（　　　）

A：非常不了解；　　　　　B：比较了解；

C：一般；　　　　　　　D：比较了解；

E：非常了解

6. 您认为禽流感疫情是否会传染给人？（　　　）

A：会；　　　　　　　　B：不清楚；

C：不会

7. 您对"禽流感疫情会严重威胁食品安全"的同意程度？

（　　）

A：非常不同意；　　　　　　B：比较不同意；

C：一般；　　　　　　　　　D：比较同意；

E：非常同意

8. 您对"禽流感疫情会对家禽生产造成严重损失"的同意程度？（　　　）

A：非常不同意；　　　　　　B：比较不同意；

C：一般；　　　　　　　　　D：比较同意；

E：非常同意

9. 您认为禽流感疫情的传播速度：（　　　）

A：非常慢；　　　　　　　　B：比较慢；

C：一般；　　　　　　　　　D：比较快；

E：非常快

三、禽流感疫情防控情况

1. 疫情发生后消毒次数是否增加？A：是；B：否；平均增加_____次，花费_____元；给家禽注射疫苗的次数是否增加？A：是；B：否；注射次数平均增加_____次，花费_____元；给家禽喂药的次数是否增加？A：是；B：否；喂药次数平均增加_____次，花费_____元。

2. 禽流感发生后，是否有上报疫情经历？A：是，B：否；如果是，则回答 2.1—2.3

2.1　您觉得疫情上报的程序复杂吗？（　　　）

A：非常复杂；　　　　　　　B：比较复杂；

C：一般；　　　　　　　　　D：比较不复杂；

E：完全不复杂

2.2　您对政府防疫监督机构关于疫情处理情况的满意程度：

（　　　）

A：非常不满意；　　　　　　B：不满意；

C：一般；　　　　　　　　　D：满意；

E：非常满意

3. 您对政府扑杀行动的配合程度？（　　　）

A：非常不配合；　　　　　　　B：比较不配合；

C：一般；　　　　　　　　　　D：比较配合；

E：非常配合

4. 为减少疫情损失，您是否有过私下出售病死家禽的行为？
（　　　）

A：有，出售数量_____，出售价格_____；

B：没有，政府不允许

5. 若是私自低价销售病死家禽，被政府发现后会有惩罚吗？
（　　　）

A：不会；　　　　　　　　　　B：会

6. 即使私自低价销售病死家禽被发现后有惩罚，您也会选择
低价销售吗？（　　　）

A：不会；　　　　　　　　　B：会

7. 您对政府防控疫情措施的满意程度？（　　　）

A：非常不满意；　　　　　　　B：不满意；

C：一般；　　　　　　　　　　D：满意；

E：非常满意

8. 您是从哪些渠道获得关于禽流感防控方面的知识（可多
选）？（　　　）

A：报纸杂志、广播、电视、网络等媒体；

B：政府及相关部门宣传；

C：其他养殖户；

D：兽药公司；

E：亲戚朋友；

F：养殖互助小组或养殖协会等专业组织

G. 其他_____

9. 您认为禽流感疫情防范应该由谁负责？（可多选）（   ）

A：政府；   B：政府与养殖户；

C：发生禽流感疫情的养殖户D：社会公众；

E：不清楚

10. 您是否会因为防疫费用太高而拒绝防疫？（   ）

A：不会；   B：不确定；

C：会

11. 您认为注射疫苗是否会影响家禽的正常生长？（   ）

A：是；   B：不确定；

C：否

如果是，会产生怎样的影响？（   ）

A：影响家禽进食量；   B：影响家禽成长速度；

C：影响蛋鸡产蛋量；   D：其他影响_____

12. 如果您饲养的家禽出现疑似禽流感疫情的现象，您会不会及时向动物防疫监督机构上报？（   ）

A：会；   B：不会

如果您发现其他养殖户家饲养的家禽出现疑似禽流感疫情的现象，您会不会及时向动物防疫监督机构报告？（   ）

A：会；   B：不会

如果您发现亲戚朋友、邻居家等饲养的家禽出现疑似禽流感疫情的现象，您会不会及时向动物防疫监督机构报告？（   ）

A：会；   B：不会

13. 如果未来发生禽流感疫情，您对政府扑杀行动的配合意愿（   ）

A：非常不愿意；   B：比较不愿意；

C：一般；   D：比较愿意；

E：非常愿意

14. 家禽生产中，对病死家禽的处理方式（可多选）（   ）

A：随意抛弃；

B：低价卖掉，大约_____元/只；

C：自行销毁；

D：使用；

E：根据政府规定销毁；

F：其他_____

15. 家禽生产中，对发病家禽的处理方式（可多选）（　　　）

A：没采取任何措施，继续饲养；

B：清洁消毒；

C：自行免疫（喂药、打针）；

D：政府强制免疫；

E：低价卖掉，大约_____元/只；

F：使用；

G：其他措施：_____

第三部分　养殖户疫情损失情况

1. 疫情发生时，家禽饲养情况：（天，只）

种类	一批		二批		三批		四批	
	日龄	数量	日龄	数量	日龄	数量	日龄	数量
蛋鸡								
肉鸡								
鸡苗								
其他								

2. 疫情发生时，家禽生产成本情况：（一只家禽在一个饲养周期内的成本，$1kg = 1000g = 1$ 公斤 $= 2$ 斤 $= 20$ 两）

2.1　一只家禽在一个饲养周期内的饲料费用：

A：蛋鸡饲料量_____（kg/天），价格_____（kg/

元）；

　　B：肉鸡饲料量_____（kg/天），价格_____（kg/元）；

　　C：鸡苗饲料量_____（kg/天），价格_____（kg/元）；

　　D：其他_____饲料量_____（kg/天），价格_____（kg/元）。

　　2.2　一只家禽在一个饲养周期内的防疫治疗费用：

　　A：蛋鸡　平均消毒_____次，每次_____元，共_____元；打疫苗_____次，每次_____元，共_____元；药品费用共_____元；其他防疫治疗费用_____元。

　　B：肉鸡　平均消毒_____次，每次_____元，共_____元；打疫苗_____次，每次_____元，共_____元；药品费用共_____元；其他防疫治疗费用_____元。

　　C：鸡苗　平均消毒_____次，每次_____元，共_____元；打疫苗_____次，每次_____元，共_____元；药品费用共_____元；其他防疫治疗费用_____元。

　　D：其他_____平均消毒_____次，每次_____元，共_____元；打疫苗_____次，每次_____元，共_____元；药品费用共_____元；其他防疫治疗费用_____元。

　　2.3　一只家禽在一个饲养周期内的设备折旧费用：

　　A：蛋鸡　鸡舍修建时间_____，花费_____元，预计使用期限_____年；设备购买时间_____，花费_____元，预计使用期限_____年；蛋鸡成活率_____。

　　B：肉鸡　鸡舍修建时间_____，花费_____元，预计使用期限_____年；设备购买时间_____，花费_____元，预计使用期限_____年；蛋鸡成活率_____。

　　C：鸡苗　鸡舍修建时间_____，花费_____元，预计使用期限_____年；设备购买时间_____，花费元，预计使用期限_____年；蛋鸡成活率_____。

D：其他_____　鸡舍修建时间_____，花费_____

元，预计使用期限_____年；设备购买时间_____，花费

_____元，预计使用期限_____年；蛋鸡成活率_____。

2.4　一只家禽在一个饲养周期内的水电燃料费用：

A：蛋鸡　水费_____元；电费_____元；其他费用

_____元。

B：肉鸡　水费_____元；电费_____元；其他费用

_____元。

C：鸡苗　水费_____元；电费_____元；其他费用

_____元。

D：其他_____　水费_____元；电费_____元；其他

费用_____元。

2.5　一只家禽在一个饲养周期内的人工费用：

A：蛋鸡　一天投入的人工量_____小时，当地人工工资

_____元/月。

B：肉鸡　一天投入的人工量_____小时，当地人工工资

_____元/月。

C：鸡苗　一天投入的人工量_____小时，当地人工工资

_____元/月。

D：其他_____　一天投入的人工量_____小时，当地人

工工资_____元/月。

种类	平均饲养周期（天）	鸡苗费用（元/只）	饲料费用（元/只）	家禽防疫、治疗费用（元/只）	设备折旧、维护费用（元/只）	水电、燃料费用（元/只）	人工费用（元/只）	其他费用（元/只）
蛋鸡								
肉鸡								
鸡苗								

续表

种类	平均饲养周期（天）	鸡苗费用（元/只）	饲料费用（元/只）	家禽防疫、治疗费用（元/只）	设备折旧、维护费用（元/只）	水电、燃料费用（元/只）	人工费用（元/只）	其他费用（元/只）
其他								

3. 疫情发生时，家禽收入情况：（一只家禽在一个饲养周期内的收入，1kg = 1000g = 1 公斤 = 2 斤 = 20 两）

3.1　一只蛋鸡在一个饲养周期内的鸡蛋收入：平均_____月开产，一个饲养周期内平均生产鸡蛋量_____ kg 或_____个，鸡蛋市场价格平均为_____元/kg 或_____元/个。

3.2　一只家禽在一个饲养周期内的鸡肉收入：A：蛋鸡　出售时若按体重，则一只蛋鸡平均体重_____ kg，市场价格_____元/kg；出售时若按个数，则一只蛋鸡_____元。B：肉鸡　出售时若按体重，则一只肉鸡平均体重_____ kg，市场价格_____元/kg；出售时若按个数，则一只肉鸡_____元。C：鸡苗，出售时一只_____元。D：其他_____出售时若按体重，则一只平均体重_____ kg，市场价格_____元/kg；出售时若按个数，则一只_____元。

3.3　一只家禽在一个饲养周期内的鸡粪收入：

A：蛋鸡　平均产粪量_____ kg，市场价格_____元/kg；

B：肉鸡　平均产粪量_____ kg，市场价格_____元/kg；

C：鸡苗　平均产粪量_____ kg，市场价格_____元/kg；

D：其他_____平均产粪量_____ kg，市场价格_____元/kg。

种类	蛋	肉	粪
	收入（元/只）	收入（元/只）	收入（元/只）
蛋鸡			

种类	蛋	肉	粪
	收入（元/只）	收入（元/只）	收入（元/只）
肉鸡			
鸡苗			
其他			

4. 疫情发生后，家禽遭遇情况：

	蛋鸡			肉鸡			鸡苗	其他
	___日龄	___日龄	___日龄	___日龄	___日龄	___日龄	___日龄	___日龄
	数量	数量	数量	数量	数量	数量	数量	数量
发病								
死亡								
扑杀								
剩余								

5. 疫情发生后，扑杀家禽所造成的设备损坏情况：

A：鸡笼损坏_____组，总价值_____元；

B：鸡舍损坏_____组，总价值_____元；

C：引水设施损坏_____组，总价值_____元；

D：其他设施损坏（请分别列出）：_____损坏_____组，总价值_____元；_____损坏_____组，总价值_____元。

6. 疫情发生后，防疫费用增加情况：

A：消毒增加_____次，花费_____元；

B：疫苗增加_____次，花费_____元；

C：药品增加花费_____元；

D：_____花费_____元。

7. 此次疫情中，是否有因受污染而销毁的饲料吗？（A：有；B：没有），如果有，共销毁_____kg饲料，价值_____元；如果您饲养的是蛋鸡，疫情发生时共有鸡蛋_____kg，共计

_____元。

8. 在此疫情期间，您有没有低价卖掉自己的家禽产品？

A. 有

B. 没有；如果有，回答以下问题：

A：肉鸡_____ kg 或者日龄_____天_____只，出售价格为_____元/kg，正常价格为_____元/kg。

B：蛋鸡_____ kg 或者日龄_____天_____只，出售价格为_____元/kg，正常价格为_____元/kg。

C：鸡苗蛋鸡_____ kg 或者日龄_____天_____只，出售价格为 _____ 元/kg 或者 _____ 元/只，正常价格为_____元/kg 或者_____元/只。

D：鸡蛋_____ kg，出售价格为_____元/kg，正常价格为_____元/kg。

9. 针对此次疫情的处理，您所投入的疫情处理费用：

A：宰杀禽只的费用，共计_____元；

B：销毁禽只的费用，共计_____元；

C：期间的运输费用，共计_____元；

D：家禽粪便处理费，共计_____元；

E：圈舍消毒费用，共计_____元；

F：劳务费用，共计_____元；

G：其他处理费用，如：_____，共计_____元。

第四部分　养殖户疫后生产恢复情况

1. 疫情之后，您有没有恢复家禽养殖生产？

A：有；　　　　　　　　　　B：没有

如果选择有，请回答 2 题，如果没有，请回答第 3 题。

2. 您于_____年_____月开始恢复家禽养殖，您选择恢复家禽生产的原因是：_____（多选）

A：有较好的预期收益；

B：家禽养殖是唯一的经济来源；

C：此次疫情带来的损失可以承受；

D：政府等社会组织帮助恢复生产；

E：设备已投入，不得不恢复生产；

F：其他原因＿＿＿＿＿＿

3. 您不恢复生产的原因是：＿＿＿＿＿＿（多选）

A：无力承担疫情损失，没有足够的资金继续养殖；

B：对家禽养殖行业失去信心；

C：家禽养殖行业风险较大；

D：改入其他行业；

E：其他原因＿＿＿＿＿＿

4. 疫情后，您恢复的家禽饲养规模：（天，只）

种类	一批		二批		三批		四批	
	日龄	数量	日龄	数量	日龄	数量	日龄	数量
蛋鸡								
肉鸡								
鸡苗								
其他								

5. 您经历多长时间恢复到疫情前饲养规模？（　　　）

A：恢复生产时就恢复到原有规模；

B：8个月内恢复到原有规模；

C：9～16个月恢复到原有规模；

D：17～24个月恢复到原有规模；

E：调研时未恢复到原有规模

6. 疫情后，您开始恢复生产距离家禽扑杀的时间（　　　）

A：非常长；　　　　　　　　B：比较长；

C：一般；   D：比较短；

E：非常短

7. 疫情后，您恢复生产时的饲养规模与疫情前饲养规模相比
（   ）

A：非常小；   B：比较小；

C：一般；   D：比较大；

E：非常大

8. 疫情后，您恢复到疫情前生产规模的时间（   ）

A：非常慢；   B：比较慢；

C：一般；   D：比较快；

E：非常快

9. 您恢复家禽生产时的资金主要来源是（   ）

A：自家资金；   B：亲朋好友借款；

C：银行贷款；   D：政府扶持；

E：其他＿＿＿＿＿＿＿＿

10. 亲戚朋友对您恢复生产的帮助（   ）

A：非常少；   B：比较少；

C：一般；   D：比较多；

E：非常多

11. 政府部门对您恢复生产的帮助（   ）

A：非常少；   B：比较少；

C：一般；   D：比较多；

E：非常多

12. 您对政府部门提供的疫后帮助的满意程度（   ）

A：非常不满意；   B：不满意；

C：一般；   D：满意；

E：非常满意

13. 金融机构对您恢复生产的帮助（   ）

A：非常少；   B：比较少；

C：一般；   D：比较多；

E：非常多

14. 养殖合作社对您恢复生产的帮助 （   ）

A：非常少；   B：比较少；

C：一般；   D：比较多；

E：非常多

15. 您对我国的政策性农业保险的了解程度？（   ）

A：非常不了解；   B：不了解；

C：一般；   D：了解；

E：非常了解

16. 您有没有参与过我国的政策性农业保险：（   ）

A：没有；   B：有；

16.1   如果没有则回答：您没有参加的原因是 （可多选）

（   ）：

A：没听说过有；   B：不知道怎么参加；

C：感觉不必要参加；   D：怕得不到损失补偿；

E：其他＿＿＿＿＿＿＿；

您未来愿意参加政策性农业保险的程度是：（   ）

A：非常不愿意；   B：不愿意；

C：一般；   D：愿意；

E：非常愿意；

16.2   如果有则回答：参与保费为＿＿＿＿元，如果有损失发生，其补偿标准为＿＿＿＿；您对我国政策性农业保险的满意程度：

A：非常不满意；   B：不满意；

C：一般；   D：满意；

E：非常满意

第五部分　禽流感疫情补偿情况

1. 您是通过什么渠道知道禽流感疫情补偿政策的？（　　）

A：政府部门及相关部门宣传；

B：报纸杂志、广播、电视等媒体；

C：养殖互助小组或养殖合作社；

D：兽医院或兽药公司；

E：其他养殖户；

F：亲戚朋友；

G：其他＿＿＿＿＿＿＿＿

2. 您对我国现有禽流感疫情补偿政策的了解程度：（　　）

A：非常不了解；　　　　　　B：不了解；

C：一般；　　　　　　　　　D：了解；

E：非常了解

3. 您对政府实施补偿政策的信任程度：（　　）

A：非常不信任；　　　　　　B：不信任；

C：一般；　　　　　　　　　D：信任；

E：非常信任

4. 此次疫情中，政府疫情损失补偿范围包括（可多选）（　　）

A：被扑杀家禽；　　　　　　B：因禽流感而死亡的家禽；

C：被污染的鸡蛋和饲料；

D：养殖户疫情中无害化处理费用；

E：被损毁的设备；

G：其他＿＿＿＿＿＿＿＿

5. 您对现有疫情补偿范围的满意程度（　　）

A：非常不满意；　　　　　　B：不满意；

C：一般；　　　　　　　　　D：满意；

E：非常满意

6. 您希望未来政府疫情损失补偿范围包括（可多选）（　　）

A：被扑杀家禽；　　　　　　　B：因禽流感而死亡的家禽；

C：被污染的鸡蛋和饲料；

D：养殖户疫情中无害化处理费用；

E：被损毁的设备；

G：其他_____

7. 此次疫情中，政府的补偿标准为：被扑杀的家禽_____
_____月龄_____标准_____元/只；家禽_____
月龄_____标准_____元/只；家禽_____月龄
_____标准_____元/只；被污染的鸡蛋_____；
被污染的饲料_____；疫情处理费用_____。

8. 现有疫情补偿标准平均可以弥补您疫情损失的_____％，
您对现有疫情补偿标准的满意程度（　　）

A：非常不满意；　　　　　　　B：不满意；

C：一般；　　　　　　　　　　D：满意；

E：非常满意

9. 您希望未来政府的补偿标准可以弥补您疫情损失的_____
_____％？

10. 从家禽扑杀到补偿款发放的时间间隔大约为_____天，
您对政府补偿款发放速度的满意程度：（　　）

A：非常不满意；　　　　　　　B：不满意；

C：一般；　　　　　　　　　　D：满意；

E：非常满意

11. 您希望未来政府疫情补偿款的发放方式是（　　）

A：银行账户；　　　　　　　　B：现金；

C：支付凭证；　　　　　　　　D：其他_____；

发放速度是_____天。

12. 如果给予一定的补偿，您是否愿意上报疫情？如果是，则回答：您愿意接受的政府补偿标准能弥补您疫情损失的多少？
（　　）

  A：[0，10%]；   B：(10%，20%]；

  C：(20%，30%]；   D：(30%，40%]；

  E：(40%，50%]；   F：(50%，60%]；

  G：(60%，70%]；   H：(70%，80%]；

  I：(80%，90%]；   J：(90%，100%]

  如果否，则回答原因是（可多选）（　　）

  A：不相信政府的补偿政策，认为不会补偿；

  B：补偿标准过低，自己需承担巨大损失；

  C：自己上报会影响邻里关系，受到指责；

  D：自己不上报，别人也会上报

  E：其他＿＿＿＿＿＿

13. 如果给予一定的补偿，您是否愿意恢复生产？如果是，
则回答：您愿意接受的政府补偿标准能弥补您疫情损失的多少？
（　　）

  A：[0，10%]；   B：(10%，20%]；

  C：(20%，30%]；   D：(30%，40%]；

  E：(40%，50%]；   F：(50%，60%]；

  G：(60%，70%]；   H：(70%，80%]；

  I：(80%，90%]；   J：(90%，100%]

  如果否，则回答原因是（可多选）（　　）

  A：不相信政府的补偿政策，认为不会补偿；

  B：无力承担疫情损失，没有足够的资金继续养殖；

  C：需要投入较多的时间和劳动，疫情防控程序烦琐，投入
和收益不成正比；

  D：退出养殖行业，外出打工

  E：其他＿＿＿＿＿＿

图书在版编目(CIP)数据

养殖户经济损失评价及补偿政策优化：以禽流感疫情冲击为例 / 刘明月，陆迁著. -- 北京：社会科学文献出版社，2018.11

（中国"三农"问题前沿丛书）

ISBN 978 - 7 - 5201 - 3043 - 1

Ⅰ.①养… Ⅱ.①刘… ②陆… Ⅲ.①养殖业 - 损失 - 经济评价 - 研究②养殖业 - 损失 - 补偿机制 - 研究 Ⅳ.①F326.3

中国版本图书馆 CIP 数据核字（2018）第 155404 号

中国"三农"问题前沿丛书

养殖户经济损失评价及补偿政策优化
——以禽流感疫情冲击为例

著　　者 / 刘明月　陆　迁

出 版 人 / 谢寿光
项目统筹 / 任晓霞
责任编辑 / 任晓霞　李吉环

出　　版 / 社会科学文献出版社·社会学出版中心（010）59367159
　　　　　　地址：北京市北三环中路甲 29 号院华龙大厦　邮编：100029
　　　　　　网址：www.ssap.com.cn
发　　行 / 市场营销中心（010）59367081　59367083
印　　装 / 三河市尚艺印装有限公司

规　　格 / 开本：787mm × 1092mm　1/16
　　　　　　印张：16.5　字数：214 千字
版　　次 / 2018 年 11 月第 1 版　2018 年 11 月第 1 次印刷
书　　号 / ISBN 978 - 7 - 5201 - 3043 - 1
定　　价 / 79.00 元

本书如有印装质量问题，请与读者服务中心（010 - 59367028）联系